TEXTES DE LA RENAISSANCE
sous la direction de Mireille Huchon
192

Série *Traités sur la langue française*
dirigée par Colette Demaizière
18

Donait françois

Johan Barton

Donait françois

Édition critique par Bernard Colombat

PARIS
CLASSIQUES GARNIER
2014

Bernard Colombat est professeur à l'université Paris-Diderot – Paris 7. Spécialiste des traditions grammaticales latine et française, il s'intéresse notamment au développement des parties du discours et à l'histoire du métalangage et des concepts linguistiques. Ses travaux portent en particulier sur l'utilisation du modèle grammatical latin pour les premières descriptions du français.

ISBN 978-2-8124-2844-9 (livre broché)
ISBN 978-2-8124-2845-6 (livre relié)
ISSN 2105-9950

À Claire.

INTRODUCTION

L'idée de publier une nouvelle édition du *Donait françois* dans la collection des *Traités sur la langue française* peut paraître saugrenue, en raison de la brièveté même de ce texte (moins de 25 000 signes), cette longueur se prêtant mal au format d'un livre, voire d'une plaquette, d'autant qu'il existe déjà trois éditions de cet opuscule, dans des articles (Stengel 1879, Swiggers 1985a), ou intégrée dans un livre (Städtler 1988), et que les deux éditions les plus récentes, malgré quelques divergences, peuvent être considérées comme définitives[1]. En fait, il nous a paru intéressant d'accompagner ce texte, rédigé en moyen français, d'une traduction en français moderne, pour l'ouvrir sinon au grand public, du moins à un public plus large que celui des spécialistes d'histoire de la langue française, et de l'éclairer par des comparaisons avec d'autres documents, soit antérieurs, soit contemporains, soit même postérieurs. Nous disposons d'un texte numérisé, fiable et exploitable, pour le *Grand Corpus des grammaires de la Renaissance* (Classiques Garnier Numérique) et il nous est apparu utile d'en faciliter l'accès à des étudiants que l'on veut initier à l'histoire des théories linguistiques. L'ouvrage présente en outre l'intérêt d'être rédigé à l'usage des Anglais, dans un pays où l'on parle une variété de français, l'anglo-normand, et où l'on s'intéresse beaucoup à la langue du continent voisin[2].

---

1 Le manuscrit 182 de la Codrington Library, dans lequel se trouve ce texte, a été refolioté par A. G. Watson (1997, p. 210-214). Nous renvoyons à cette version. *Cf. infra*, « L'insertion dans le manuscrit et la structure » et, à la fin de l'introduction, le tableau de correspondance.

2 Il y a une très abondante littérature sur l'anglo-normand et le français en Angleterre. Les textes utilisés pour l'apprentissage du français en Angleterre ont notamment fait l'objet de nombreuses études ou éditions. Voir notamment, parmi les plus récents, les travaux de R. Ingham, D. Kibbee, A. M. Kristol, S. Lusignan, B. Merrilees, W. Rothwell, I. Short, D. Trotter cités en bibliographie.

QU'EST-CE QUI FAIT L'IMPORTANCE DE CE TEXTE ?

On voit dans cet ouvrage la première grammaire du français, ce qui suffit à en établir l'importance. Pourquoi ? parce qu'il constitue bien la première description connue *du* français *en* français. En fait, il faut le comparer avec des ouvrages au moins en apparence similaires, comme toute cette série de « Donat français » édités par T. Städtler (1988) – il faut en excepter le *Donait françois* (appelé « DonatOxf », p. 128-137), qui est précisément le nôtre – et par Maria Colombo Timelli (1996). On sait qu'il y a des différences essentielles, dont les deux suivantes : le fait que, dans ces ouvrages, la langue cible soit le latin, et non le français, qui est là pour faciliter l'accès à la langue de Cicéron à ceux qui l'ignorent encore ; le fait que ces ouvrages soient le plus souvent bilingues, mêlant français et latin par une traduction phrase par phrase ou syntagmes par syntagmes[1]. Le *Donait françois* est au contraire une « pure » grammaire française, c'est-à-dire une grammaire dont la langue cible et la métalangue sont le français. Que l'ouvrage soit rédigé à l'usage des Anglais n'enlève rien à sa valeur : cela en fait la première grammaire de « FLE » (français langue étrangère), annonciatrice de celles qu'on verra se développer durant tout le XVIe siècle. Mais à cette différence près que ces dernières sont rédigées dans la langue de l'apprenant (anglais, allemand) ou encore dans la langue utilisée dans l'apprentissage, c'est-à-dire le latin, alors que l'utilisation du *Donait françois*, rédigé dans la langue cible, suppose que ses utilisateurs connaissent déjà assez cette langue pour suivre cette formation.

De fait, il ne faut pas non plus, en sens inverse, surestimer l'importance du *Donait françois* dans la tradition grammaticale française. Il est tentant d'en faire le point de départ, commode, pour toute une tradition[2]. Or il

1 S. Lusignan me fait en outre remarquer à juste titre que : (1) il faut envisager l'hypothèse que ces grammaires servaient à apprendre en même temps le français lettré et le latin ; (2) les *Donat français* avaient pour ambition d'apprendre aux jeunes non pas « le latin de Cicéron », mais un latin fonctionnel et minimal pour les besoins de la vie courante (lire une charte par exemple) ou au mieux de leur permettre de maîtriser le latin médiéval nécessaire pour devenir prêtre ou juriste.

2 On constate cette promotion dans nombre de thèses récentes en histoire de la linguistique. Mais ce phénomène s'observe pour d'autres textes difficiles d'accès pour des raisons

ne faut pas oublier que le texte est resté à l'état de manuscrit, unique à notre connaissance, et que son utilisation a sans doute été isolée, réduite à l'Angleterre[1], sans exportation sur le continent, si bien que l'ouvrage est certainement plus diffusé et mieux connu… à l'époque moderne qu'il ne l'a été au temps de sa rédaction[2].

Mais l'ouvrage vaut donc bien qu'on lui accorde quelque attention, une attention que réclamait Serge Lusignan dès 1987 dans les quelques pages (1987, p. 111-115) qu'il lui consacre. Lusignan rappelle d'abord la

---

diverses. On sait ainsi que *Lesclarcissement* de Palsgrave a été très peu diffusé, l'auteur s'assurant de la gestion du stock qu'il diffusait avec parcimonie (Palsgrave « veut garder à tout prix le contrôle complet sur l'impression de son livre : il le finance entièrement lui-même, donne la copie au compte-goutte, et organise personnellement le système de distribution des exemplaires », Baddeley éd. 2003, p. 27) pour rester maître de sa méthode d'enseignement ; en outre, l'ouvrage était énorme (donc très cher), non paginé en continu, écrit en caractère Blackletter (« gothique »), et il a été beaucoup plus connu après l'édition avec transcription de F. Génin (1852). On peut penser que son accès dans la base de données du Grand Corpus va encore faciliter sa connaissance, du fait de son exploitation en ligne. Toutes proportions gardées, la situation du *Trętté* de Meigret est sans doute un peu similaire : à l'origine écrit dans une orthographe phonétique difficile et mal acceptée par ses contemporains, presque sans division (à part le chapitrage), ni alinéas, il est sans doute beaucoup mieux connu depuis l'édition de F. J. Hausmann (1980), même si l'édition de W. Foerster (1888) permettait déjà une lecture plus aisée. L'historien de la linguistique doit tenir compte de ces effets de loupe, ou de focalisation, dus à des contingences purement matérielles.

1 On peut se demander si John Palsgrave a eu connaissance du *Donait françois*. Il dit en effet au chap. 35 du premier livre de *Lesclarcissement*, à propos du livre d'Alexander Barkeley (ou Barclay/Barcley), *Here begynneth the introductory to wryte, and to pronounce frenche* (Londres, 1521) : « J'ai vu un vieux livre écrit sur du parchemin [note de S. Baddeley : "Sans doute l'un des *Donait françois* médiévaux."] qui ressemble en tous points à son *Introductory*, et qui n'a pas dû être mis à jour depuis cent ans. Je ne sais si Barcley est tombé par hasard sur ce livre, mais en effet, à l'époque où l'on demandait aux maîtres de grammaire d'enseigner le français aux jeunes Anglais en même temps que le latin, il y a eu plusieurs livres de ce genre rédigés » (trad. S. Baddeley, 1993, p. 403-404, et son introd., p. 16). Néanmoins, Palsgrave écrit cela à propos d'un reproche adressé à Barcley d'utiliser beaucoup la lettre *k* en français, ce que le *Donait françois* ne fait que dans *bank* (f. 323[v]b.31). De même, le traité de Barclay comporte un traité d'orthographe (*Here after foloweth a smal treatyse or introductory of orthography or true wrytynge*, 1521, f. [A. iv[v]] *sq.*) qui examine les lettres les unes à la suite des autres, d'une façon très différente de la présentation suivie par le *Donait françois*. Le texte auquel Palsgrave fait référence n'est donc certainement pas le *Donait françois*, mais un de ces nombreux manuels qui ont servi à apprendre le français en Angleterre. Je remercie Valérie Raby d'avoir attiré mon attention sur ce point.

2 On ne peut cependant pas conclure du faible nombre d'exemplaires qui nous sont parvenus de ces ouvrages qu'il soit l'indice d'une faible diffusion médiévale. Il s'agissait en effet de manuscrits sans valeur que rien ne prédisposait à une longue conservation (remarque de S. Lusignan).

difficulté que la critique a éprouvée à considérer qu'une grammaire française pouvait être écrite à l'étranger[1]. Il insiste ensuite sur la continuité avec la grammaire médiévale : « Au-delà des différences entre Barton et les grammairiens du siècle précédent, nous sommes surtout frappé par la similitude générale dans leur approche et dans leur façon de poser le problème. » (1987, p. 114). Il en conclut à la nécessité de commenter ligne à ligne l'ouvrage en le resituant entre son amont et son aval :

> La grammaire de Barton, en raison même de sa concision, devrait être commentée ligne par ligne. Mais pour dépasser le niveau de la paraphrase et du commentaire, cette étude exigerait la mise en contexte historique du traité de Barton. Car ce traité a à la fois un aval dans les grammaires françaises qui vont se succéder à un rythme de plus en plus accéléré au siècle suivant et il a un amont d'où émergent deux voies entre lesquelles s'exercent des échanges. La première de ces voies est celle de la grammaire latine dont il emprunte à la fois les catégories et la structure, l'autre est constituée par cette réflexion grammaticale sur le français qui se manifeste aussi bien dans la grammaire universitaire que dans la grammaire didactique du latin, et dont notre étude a mis en lumière la vigueur dès le début du XIIIe siècle, et peut-être même avant. (1987, p. 115[2])

Lusignan mettant l'accent sur la nécessité de comparer l'ouvrage avec les travaux antérieurs, il nous semble que c'est au premier chef avec le « modèle » (au moins théorique !) du *Donait françois*, à savoir l'*Ars* de Donat (l'*Ars minor*, mais aussi l'*Ars maior*) qu'il nous faut établir le parallèle et tenter une comparaison aussi systématique que possible. Or il se trouve que l'ouvrage de Donat, qui a fait l'objet de l'édition de référence et de la superbe étude de Louis Holtz (1981), est resté, malheureusement, sans traduction française, alors qu'il constitue un maillon clé pour la description de tous les vernaculaires à la Renaissance[3]. Nous

1 Comme me le fait remarquer P. Swiggers, la chose n'est en fait guère surprenante : dans ses phases initiales au moins, les débuts d'une tradition grammaticale sont souvent à rechercher en dehors du « territoire national ».

2 Sur l'importance de l'ouvrage, *cf.* aussi Kibbee 1991, p. 88-89 : « The *Donait françois* is remarkable not only for being the first and the most complete of the 15th century grammars, but also for the links it has to a number of traditions – the Latin grammatical tradition of Aelius Donatus from which the work takes its name ; the medieval grammatical tradition of the *modistae* ; the tradition of Law French ; the pedagogical traditions of the orthographic treatises, the *manières de langage* and the nominalia. »

3 *Cf.* Auroux 1994 et *infra*, « "Un" Donait », p. 27, sur le rôle qu'il a joué dans la « grammatisation » des vernaculaires.

avons donc tenté une comparaison aussi systématique que possible entre l'*Ars Donati* et le *Donait françois*, en donnant dans les notes rattachées à la transcription (page de gauche) le texte de Donat et, quand ce dernier ne donnait pas lieu à une version bilingue (comme dans le *Libellus*, *cf. infra*), sa traduction.

Mais il faut tenir compte des apports d'autres traditions, notamment celle, essentielle, issue de l'*Ars Prisciani*. Il est bien établi maintenant que la tradition grammaticale latine, tant médiévale qu'humaniste, s'est constituée sur la base d'une conciliation de ces deux sources majeures, conciliation parfois difficile quand les deux textes entraient en contradiction, nous le verrons.

Ensuite, il y a le développement parallèle de la description du latin en français, pour les apprenants qui ne connaissent pas la langue de Cicéron. Les ouvrages qui en résultent et dont l'élaboration s'échelonne du XIIIe au XVe siècle – à l'issue d'un long processus qui manifeste que le Moyen Âge ne s'est pas désintéressé des langues vernaculaires (Lusignan 1987 le montre bien) – ont fait l'objet de nombreuses études, notamment les deux séries d'édition de T. Städtler (1988) et de M. Colombo Timelli (1996)[1].

Il ne serait pas non plus sans intérêt de voir comment s'est produite l'élaboration d'autres traditions vernaculaires. En effet, si une langue différente implique à chaque fois une adaptation différente, du fait que le modèle est massivement le même, les stratégies d'adaptation reposent très souvent sur les mêmes principes[2].

Pour cette édition, nous avons choisi de comparer assez systématiquement le texte avec :

- l'*Ars* de Donat : l'*Ars minor* qui constitue la première partie du traité, qui, sous une forme « érotématique » (par questions/réponses), donne l'essentiel de ce qu'il faut savoir sur les parties du discours et leurs accidents, mais aussi l'*Ars maior* qui, pour quelques points (comme le traitement de la lettre), est aussi la source du *Donait françois* ;

1 Voir aussi en bibliographie les éditions complémentaires de nombreux traités par M. Colombo Timelli, par B. Merrilees, l'édition des *Manières de langage* par A. M. Kristol (1995), celles du *Tretiz* de Walter de Bibbesworth et du *Femina* par W. Rothwell (en ligne, 2002 et 2005), outre les nombreuses études de ces auteurs sur ces textes, auxquelles il faut encore ajouter ceux de D. Kibbee et S. Lusignan.

2 *Cf.* Swiggers 1988, 2003.

- sur certaines questions, l'*Ars Prisciani*, gros traité en 18 livres (dont les deux derniers consacrés à la syntaxe) qui n'a pas été sans influence sur la tradition ultérieure, notamment quand il s'écartait de Donat (ainsi sur la définition du pronom, et donc la répartition des pronoms) ;
- les textes des *Donat* en françois dont la langue cible est le latin, notamment le traité *Quantes parties d'oroison sont ?*, qui date du XIVe siècle, et le *Aelii Donati de octo partibus orationis Libellus* édité par R. Estienne en 1585 [1545] : comme le *Donait françois*, les deux textes se présentent sous forme érotématique, mais le premier est rédigé tout en français, alors que le second présente l'intérêt d'offrir phrase par phrase un texte totalement bilingue qui permet un examen approfondi de l'adaptation du métalangage[1].

À côté de ces comparaisons systématiques, nous avons également rapproché le *Donait françois* d'autres textes, médiévaux comme la *Summa super Priscianum* de Pierre Hélie, ou humanistes, comme les grammaires latines et les grammaires françaises de la Renaissance.

LE FRANÇAIS EN ANGLETERRE AU XVe SIÈCLE

LA QUESTION DE L'ANGLO-NORMAND

Le « français » est présent au Moyen Âge en Angleterre sous la forme de ce qu'on appelle l'« anglo-normand », langue d'oïl parlée à la Cour des rois, par l'aristocratie anglo-normande et aussi par une bonne partie des populations citadine[2]. La conquête du royaume anglais en 1066 par Guillaume le Conquérant (ou Guillaume Ier d'Angleterre) a eu pour

1 Ces deux textes édités par M. Colombo Timelli sont accessibles, comme le *Donait françois*, sous forme numérisée sur le site du *Corpus des grammaires de la Renaissance* (Classiques Garnier Numérique). Le premier a été repris à l'éd. de M. Colombo Timelli (1996, p. 164-179) établie sur le ms. Paris, Bibliothèque Mazarine, ms. 3794, f. 41^r^b-52^r^b (version M2). Il a été également édité par T. Städtler (DonatM², 1988, p. 109-125).

2 *Cf.* Lusignan 2004, Richter 1979, Short 2009 ; sur l'histoire de sa reconnaissance, *cf.* Kibbee 2000.

conséquence l'utilisation du langage normand dans une contrée où dominaient le vieil anglais (northumbrien, anglien, saxon, kentois) et les langues celtiques (gallois, cornique, écossais, cambrien).

Les membres de la Cour et les barons venus de France parlaient une sorte de langue d'oïl, plutôt normande (même si de nombreux compagnons d'armes de Guillaume le Conquérant venaient d'autres régions que de Normandie). C'est ce « normand insulaire » qu'on appelle anglo-normand[1] par commodité.

Deux périodes (Kristol 1989, p. 338) : de la conquête normande en 1066 vers la fin de la première moitié du XIIIe siècle, l'anglo-normand est alors « un dialecte français autonome et pleinement vivant » ; l'annexion de la Normandie par Philippe Auguste (en 1204) isole l'Angleterre : elle oblige les barons normands à choisir entre leurs possessions continentales et leurs possessions insulaires ; beaucoup se replient en Angleterre, le français parlé comme langue courante s'étiole, sans que le prestige de la langue en pâtisse, mais le sort du français se rapproche de celui du latin : il ne s'agit pas encore d'une langue morte, mais d'une langue dont le caractère vivant doit être soutenu par un apprentissage. Et cet apprentissage doit se faire à la meilleure école[2].

Une fois posées ces généralités, on parvient à une question « brûlante » chez les spécialistes de l'anglo-normand, celle de son statut à la fin du XIVe siècle, et ce d'un double point de vue : (i) s'agit-il d'une langue à la fois dégradée dans son usage, presque « morte » et maintenue artificiellement – position tenue par les « déclinologues » –, ou au contraire d'une langue toujours vivante, qui se développe encore comme telle, en maintenant, voire en faisant évoluer ses structures ? (ii) s'agit-il d'une langue isolée, ancrée dans une tradition de plus en plus artificielle, ou au contraire d'une langue en contact, développant des interactions avec le français du continent et l'anglais ?

1 Pour la justification de « anglo-normand » plutôt que « Anglo-French » (utilisé notamment par Rothwell), voir Kristol 1990-1991, p. 319, note 23. Lusignan (2004) utilise le plus souvent « anglo-français ». Une formule heureuse, à laquelle se rallient de plus en plus de chercheurs, est « français d'Angleterre », inspiré par le titre du volume *Language and Culture in Medieval Britain : The French of England*, édité par J. Wogan-Browne *et al.* en 2009 (voir l'introduction générale : « What's in a Name: the "French" of "England" »).

2 Cet isolement n'est évidemment pas complet (pour une analyse de la situation, voir Power 2004). Il est à noter également qu'en 1290, un édit du roi Édouard Ier ordonnant l'expulsion des juifs du royaume fait perdre à l'Angleterre plus de 15000 francophones.

Sur le premier point, la tradition la plus ancienne, celle de la dégénérescence d'une langue devenue un « jargon » (Pope 1934, Legge 1980[1], Price 1984[2]) a été abandonnée, car relevant d'une conception datée, voire désuète, et, de ce fait, linguistiquement peu intéressante, car ne tenant pas assez compte de la variation linguistique[3], mais elle a été relayée par celle d'une langue maintenue artificiellement. Lusignan (1987), Kibbee (1996) et Short (2010[4]) insistent sur le côté largement artificiel – que son usage soit écrit ou oral – de l'anglo-normand. Il n'en reste pas moins, toujours selon Short (2009, p. 74, qui évoque une « conclusion extrêmement provisoire, pour ne pas dire conjecturale ») que, dans la première moitié du XIVe siècle, sur une population anglaise évaluée à 5,5 millions, « le nombre de francophones [...] ne s'élevait guère au-dessus d'un million. En d'autres termes, il y avait dans la population laïque quatre fois plus d'anglophones monolingues que de francophones bilingues[5] ».

Cela fait tout de même un pourcentage et une population concernée considérables. Ce qui peut expliquer, à l'inverse, que Rothwell (1993[6]),

---

1 « It is therefore true that Anglo-Norman died during the thirteen century. » (1980, p. 116).

2 « One must assume that the use of French became increasingly anachronistic and increasingly inappropriate, indeed inefficient [...], for this reason its functions were taken over, in one field after another, by English [...]. It is clear from the kind of French that was being written in England in the thirteenth and, even more so, in the fourteenth century that the writers had less than total command of the language. What generally passed for French in England lacked any roots in contemporary society and was indeed a language in an advanced state of decline. Grammatically, it was often little more than 'bad French'. » (1985, p. 223-224).

3 *Cf.* Trotter 2003, texte en ligne, § 6 : « Pour l'esprit néo-grammairien d'une Miss Pope, la variabilité linguistique est apparemment inconcevable. » Cette remarque doit évidemment être relativisée. On ne peut attendre de cette éminente spécialiste de l'anglo-normand (1872-1956) dont l'ouvrage (1952 [1934]) est toujours utilisé... et présente beaucoup de variantes, fasse de la sociolinguistique longtemps avant que naisse cette discipline.

4 « By the time Henry V [...], Anglo-Norman had more or less ceased, except in law circles, to be a fully functioning and vital dialect. » (Short 2010, p. 54). Short évoque également « its longevity and its artificial preservation, both as an oral and a written medium, over several centuries of ever-increasing social and linguistic isolation » (*ibid.*, p. 55).

5 Lusignan (2011) donne le cas précis du procès de canonisation (1307) de Thomas Cantilupe, évêque du comté de Hereford de 1275 à 1282. Dans leurs témoignages, alors que les ruraux n'utilisèrent que l'anglais, les clercs choisirent à parts égales le latin et le français, les laïcs à parts égales le français et l'anglais. Lusignan estime qu'« une bonne partie des habitants des villes [env. 20 % de la population totale] devait maîtriser le français » et que « le XIVe siècle représente l'âge d'or du français dans la société anglaise » (2011, p. 37-38).

6 « The language [AN] continued to be a coherent means of communication well into the later Middle Ages [...]. It is possible to recognize between the twelfth and the late

Trotter (2003a), Ingham (2010a, 2012) plaident pour une langue toujours vivante, qui a suivi un développement propre, selon une tradition persistante[1].

En ce qui concerne le second point, la critique récente (Trotter 2003, Ingham 2010b[2]) a également insisté sur les interactions entre anglo-normand et français du continent, si du moins le caractère global de cette dernière expression a un sens : il y a plutôt *des* français du continent.

Pour résumer : une langue toujours vivante, et moins sclérosée qu'on ne l'a cru longtemps, qui fonctionne selon des lois propres en évolution, et une langue en contact et en interaction avec le ou plutôt les français du continent.

LE *DONAIT FRANÇOIS* PARMI LES MANUELS POUR APPRENDRE LE FRANÇAIS

Kristol[3] a proposé quatre types :

- les *nominalia*, glossaires rangés par matières, qui se développent en Angleterre surtout à partir du XIIe siècle ; plus que le *Donait françois*, ils sont destinés à des nobles qui savent déjà assez bien le français et qui veulent l'apprendre à leurs enfants qui, grandissant dans un milieu de plus en plus anglophone, perdent contact avec le français ; le plus ancien est le *Traité (Tretiz) sur la langue française* de Walter de Bibbesworth (entre 1240 et

---

fourteenth century a continuity of usage not only in tenses, moods and so on, but also in prepositions, adverbs, conjunctions – the little, often neglected words that are the important cogs in the machinery of language. » (Rothwell 1993, p. 323).

1 Lusignan (2004, p. 185-196) voit trois facteurs principaux à la persistance du français en Angleterre : « a) l'anglo-français langue du roi ; b) l'anglo-français langue du droit ; c) une langue portée par un enseignement scolaire ». De ces trois facteurs, c'est le premier le plus important : « Le français fut pendant plus de trois siècles la langue du roi en Angleterre, sans jamais devenir la langue du peuple. Mais le français du roi laissa une marque indélébile sur la langue des Anglais. » (2004, p. 217).

2 « For the present, we seek merely to present the case in favour of viewing later AN as a contact variety of medieval French, showing the influence of English but also to some degree itself influencing English. The departures from continental French that it exhibited are consistent with its having continued as a naturally-acquired dialect for much longer than has generally been supposed. » Mais il est difficile de définir les conditions de cette « acquisition naturelle ».

3 Kristol 1989, p. 339-347 reprenant Marchello-Nizia 1979, p. 37-39 (*cf.* Marchello-Nizia 1997, p. 46-48) et Lusignan 1987, p. 94-97 « Une typologie des sources ».

1250) ; il est composé en octosyllabes accompagnés de gloses interlinéaires en anglais[1] ;

- les traités d'orthographe, qui dépassent parfois ce cadre et traitent de questions de morphologie et de syntaxe ; rédigés en latin, ils supposent une connaissance de la terminologie grammaticale et s'adressent plutôt à des clercs ;
- les *cartaria* ou *artes dictaminis*, « collections de lettres modèles qui servaient de guides dans la correspondance officielle et privée » (Kristol 1989, p. 346) ;
- les *manières de langage*, manuels de conversations modèles s'adressant à un public large de voyageurs, de touristes et de commerçants.

Dans un article plus récent (2001, p. 149), Kristol retient six catégories, isolant les traités de morphologie nominale et verbale des traités d'orthographe et mettant à part le *Donait françois* qui est la « première description grammaticale du français proprement dite » et mérite donc un sort à part ; effectivement le *Donait françois* est présenté comme un *donait*, donc une *grammaire* (nous reviendrons sur le terme *donait*), avec tout ce que cela implique. C'est la première de ce genre en Angleterre.

LES DESTINATAIRES DE L'APPRENTISSAGE ET LA FONCTION DE L'OUVRAGE

Selon Kristol (1989, p. 338-339), l'enseignement du français s'adresse alors à trois catégories de personnes :

- la noblesse, surtout les enfants des familles aristocratiques[2],
- les clercs qui doivent savoir français et latin,
- les milieux commerçants.

À laquelle de ces populations s'adresse le *Donait françois* ? Le commanditaire, John Barton, dit s'adresser aux « bonnes gens », expression trop vague pour évaluer les utilisateurs visés ; l'allusion aux « seigneurs »

1 Il est important de noter que le nombre de gloses croît au cours du XIVe s. et que la version du XVe s. est devenue complètement bilingue.

2 Kristol (*ibid.*) rappelle que « le premier roi anglais à ne plus être de langue maternelle française est Henri IV, né en 1367, roi de 1399 à 1413 » : son règne correspond donc précisément à la rédaction du *Donait françois*.

et aux « dames », aux « chiers enfantz et tres doulcez pucelles » semble évoquer une clientèle plutôt aristocratique[1].

En fait, comme me le fait remarquer A. Kristol (communication personnelle), l'intérêt de l'aristocratie pour la théorie grammaticale devait être plutôt limité. Le public du *Donait françois* était plutôt la jeunesse intellectuelle (entre autres les futurs juristes) qui suivaient les cours para-universitaires de français à Oxford, chez des professeurs comme Thomas Sampson. De même, du fait que le français est resté longtemps la langue des couvents féminins, les « tres doulcez pucelles » pourraient constituer la clientèle de ces couvents, issue de bonnes familles aussi bien citadines qu'aristocratiques[2].

Dans la suite du texte, l'auteur prétend s'adresser simplement aux personnes « qui s'y connaissent » : il ne faut surtout pas faire comme les « sots » (en mettant le singulier pour le pluriel et inversement, f. 323^{v}a.18), les « sottez gens » (en mettant une personne pour une autre, f. 323^{v}b.5), les « ydios » (en utilisant l'indicatif au lieu de l'optatif, f. 324^{v}a.33). Les deux termes *sot* et *idiot* évoquent moins une faiblesse intellectuelle qu'une incompétence par manque d'instruction, voire par illettrisme[3].

En fait, derrière ces personnes bien instruites, qui faut-il voir, et surtout quel niveau de connaissances sur le plan linguistique faut-il leur

---

1 « These young men and young ladies are probably the rising generation of the aristocracy who not only still maintained their link with France and its culture but corresponded with each other in French, producing the often excellent command of the language to be seen in so many of the letters contained in *Anglo-Norman Letters and Petitions (ed. M. Dominica Legge, ANTS 3, Oxford, 1941)* which date from the last years of the fourteenth century and the early fifteenth. » (Rothwell 2001, p. 14, note 55).

2 La question est d'autant plus complexe que certains spécialistes, ainsi R. Ingham (2007), restent assez sceptiques à l'idée que l'anglo-normand ait fait l'objet d'un enseignement scolaire.

3 Il existe de nombreuses et intéressantes anecdotes sur l'apprentissage, difficile, du français par les Anglais et les moqueries qui s'ensuivaient (*cf.* Lusignan 2004, p. 224 et 232-234). Déjà, dans le *Roman de Renart*, le héros échappe à Ysangrin en parodiant l'accent anglais, ou encore, dans le roman de Philippe de Rémi (ca. 1210-1265), *Jehan et Blonde*, le héros Jehan va en Angleterre et enseigne le français aux jeunes filles nobles, qui ne le connaissent pas comme langue maternelle : son excellent français lui assure la victoire auprès de la belle sur le comte de Gloucester, le prétendant éconduit dont la rudesse est trahie par ses insuffisances linguistiques. Comme le remarque Lusignan (2004, p. 133), « que leur propos soit léger ou sérieux, les œuvres évoquées ont en commun de placer la langue de France et celle de l'Angleterre dans un rapport asymétrique complètement défavorable à la seconde ». On se souvient aussi de la « leçon d'anglais » que demande Katharine à Alice dans la pièce de Shakespeare, *Henry V* (acte 3, scène 4), dont l'action est censée être à peu près contemporaine du *Donait françois*.

attribuer ? Comme l'ouvrage est rédigé dans la langue cible, on pourrait penser a priori qu'il s'agit de gens déjà avancés dans la connaissance de la langue française, une langue difficile et dans laquelle on ne peut entrer sans un minimum de pré-requis, mais si l'on réfléchit au fait que l'anglo-normand est encore largement répandu, on peut penser alors que ces « débutants » sont plutôt de « faux-débutants », puisqu'ils ont une pratique préalable de la langue, même si, selon les dires de l'auteur, cette dernière est, sinon biaisée, déviante ou « fautive », du moins idiosyncratique.

Kibbee (1991[1]) a supposé que l'ouvrage était composé pour les vrais débutants, non seulement en français (dont ils n'ont une connaissance qu'intuitive), mais aussi dans l'étude générale du langage, des débutants non latinistes, à qui il faut expliquer, pour les dégrossir, les « accidents » des parties du discours avant de leur faire étudier ces dernières.

Rothwell (1968[2] et surtout 2001, p. 13-15) plaide au contraire pour des étudiants avancés en invoquant plusieurs arguments :

- l'abondance et la technicité du métalangage utilisé ;
- la longueur et la complexité de certaines phrases ;
- un début abrupt sur la description des éléments phonétiques, avec l'utilisation de mots latins comme exemples ;
- la tripartition (au lieu de la bipartition attendue, en français comme en anglais) des démonstratifs français en fonction des trois personnes, sur le modèle latin.

On pourrait y ajouter le développement extrêmement technique, et qui suppose une réflexion proprement métalinguistique, sur la *suppositio materialis* (*cf. infra*, « La *suppositio materialis* », p. 45). En résumé, selon Rothwell (*ibid.*, p. 13-15), « Barton's is an advanced grammatical treatise, not a beginners' manual ».

Nous souscrivons à cet avis, mais il ne faut pas oublier le fait que l'*Ars minor* de Donat, très élémentaire elle aussi, n'est pas en soi non plus un manuel d'apprentissage du latin, mais un guide de reconnaissance

1 « While the language of the text suggests that students already had some familiarity with French, the organisation indicates that this was composed for the rank beginner, not only in French, but in the study of language in general » (Kibbee 1991, p. 88).

2 Donait françois « is a praiseworthy attempt at a scientific description of French » (Rothwell 1968, p. 44).

des items dans un texte préexistant, et qu'elle ne permet pas, à elle seule, d'apprendre la langue latine, ne serait-ce que par l'absence de paradigmes suffisants pour les verbes par exemple[1].

En fait, il est difficile de trancher entre « manuel élémentaire » et « méthode plus avancée » : le *Donait françois* requiert un certain nombre de « prérequis », impose une démarche intellectuelle complexe en traitant des catégories linguistiques avant les classes de mots, mais contient aussi des rudiments empiriques, voire des « recettes » pratiques. En revanche, on y observe des « manques », le plus criant étant celui des paradigmes verbaux, absolument nécessaires pour un débutant vu la complexité de la morphologie verbale en français. Les *donats* écrits en latin étaient, eux, destinés aux vrais débutants et comprenaient un vocabulaire technique que les élèves devaient nécessairement apprendre en même temps que la langue cible. Ce « modèle » d'apprentissage pouvait facilement, et en quelque sort « naturellement », être étendu au français, en l'absence d'une distinction, plus tardive, entre « grammaire théorique » et « grammaire d'apprentissage ». Autre fait troublant, que me rappelle D. Kibbee : si le *Donait françois* n'est pas pour les débutants, on s'attendrait à ce que des textes plus élémentaires existent : or nous n'en avons pas.

LA LANGUE DU *DONAIT FRANÇOIS*

De bonnes informations sur la langue mise en œuvre dans les manuels d'apprentissage du français en Angleterre sont fournies par Kristol qui a édité en 1995 plusieurs *Manières de langage*. Selon Kristol (2000a, p. 39-40), il y a cinq traditions orthographiques concurrentes : outre la tradition latine qui entraîne chez les scribes des graphies « étymologisantes » ou « savantes »,

- deux sont « spécifiquement anglaises » : la longue tradition anglo-normande; les habitudes orthographiques du moyen anglais;
- deux sont continentales :

1 Faut-il rappeler que quand les moines irlandais et écossais, celtophones, eurent à apprendre le latin, ils ont dû recourir, non seulement à Donat, qui ne donnait qu'un aperçu lacunaire de la langue, mais aussi à Priscien, qui en permettait une exploration bien plus complète ?

> Deux courants orthographiques sont d'origine continentale et se manifestent surtout dans les textes rédigés en français :
> – le modèle picard dont le prestige en Angleterre est dû sans doute au rayonnement des villes commerçantes du Nord de la France et au mariage d'Edouard III avec Philippa de Hainaut,
> – le modèle parisien et surtout orléanais dont le rayonnement est dû au grand nombre d'étudiants anglais qui ont fréquenté les Universités de ces deux villes. (Kristol 2000a, p. 39)

Le *Donait françois* voulant enseigner le « droit français », la question est moins de savoir si le texte est écrit en anglo-nomand ou en en français continental que de savoir de quel français il est question dans le *Donait françois* : le français d'Île-de-France ou le picard ? Le préambule semble donner la réponse sans ambages : c'est le « français de Paris et de païs la d'entour ». Il ne faut toutefois pas oublier qu'à cette époque, il n'y a pas encore de français unifié (Kristol 1989, p. 365) et qu'« il ne fait aucun doute que jusqu'au milieu du XIIIe siècle, Paris et l'Île-de-France ne jouent aucun rôle visible dans le concert des différents dialectes écrits de l'ancien français » (*ibid.*, p. 335).

De plus, les spécialistes s'accordent à reconnaître que le texte tel qu'il nous est parvenu est nettement anglo-normand. Ainsi, selon Trotter (2003),

> Comme beaucoup de ses compatriotes, [John Barton] est passé par l'université de Paris, et c'est sans doute grâce à cela qu'il reconnaît la spécificité du français de Paris et de la région parisienne. Or cela ne l'empêche nullement de produire une traduction [de Donat] qui, pour tous les spécialistes, est en fait en… anglo-normand.

Si l'on y regarde de plus près, Kristol (1989, p. 352, note 41) remarque que la copie du *Donait françois* se trouve dans un manuscrit collectif « nettement continenta[l] dans [ses] tendances orthographiques » et, se fondant sur quatre critères, il évalue à 13,3 % les graphies anglo-normandes dans le *Donait françois* (1989, p. 350) et à 20 % les graphies hypercorrectes (1989, p. 360), ce qui fait un total de 33,3 % de graphies typiquement anglo-normandes, un pourcentage élevé pour n'importe quelle scripta. Entrons dans le détail de son étude.

Le premier critère est le traitement de la diphtongue [jɛ], issu d'un [e] bref latin, ou d'un [a] tonique soumis à une influence palatalisante : en anglo-normand, elle s'est réduite à [e] dès la fin du XIIe siècle. Mais certains auteurs l'étendent à des mots où la diphtongue n'a jamais existé, d'où des hypercorrections et le fait que les deux graphies deviennent complètement interchangeables[1]. Dans le *Donait françois*, Kristol relève 18,1 % de graphies en *e* et 20,5 % de graphies hypercorrectes en *ie*. On trouve 5 occurrences de *tiel-* (*tielx*, *tielz*, *tielez*), aucune de *tel*, et 8 de *quielx*, face à de beaucoup plus nombreuses formes en *quel-*. On a un exemple de *miere* (à côté de *mere*, « mère ») et un de *chiers* (« chers »). À l'inverse, on trouve 3 fois *pluseurs* (issu du latin populaire °*plusiores*, refait à partir de *plus* sur *pluriores*) et jamais *plusieurs*. À côté de 3 formes *singulier(s)*, on trouve 9 fois *singuler*.

Le second critère est le traitement du [ō] latin tonique en syllabe ouverte qui devient [u], transcrit *u* ou *ou* en Angleterre, et [ø] transcrit *eu* en français continental. Sur ce critère, Kristol relève 30 % de graphies anglo-normandes dans le *Donait françois*. De fait *illōrum* latin donne dans le *Donait françois* systématiquement *leur*, avec une seule exception pour *lour voisins* (f. 322^{r}b.6).

Le 3e critère est le traitement du [ē] tonique latin en syllabe ouverte qui devient [ɛ] transcrit *e* ou *ei* en Angleterre, mais [wɛ] (puis [wa]) transcrit *oi* en français continental. Kristol donne une proportion de seulement 5,9 % de graphies anglo-normandes dans le *Donait françois*. De fait on a systématiquement *avoir*, *sçavoir*, mais on a *leys* au lieu de *lois* (et à la fois *engleis* et *anglois*).

Un 4e critère est la vélarisation du [a] nasalisé et écrit *aun* en anglo-normand dès le début du XIIIe siècle, mais resté *an* dans la tradition continentale. Nous y reviendrons plus bas car, si la graphie *aun* ne se trouve jamais dans le *Donait françois*, une règle de prononciation précise que dans le groupe *an* il se développe un *u* entre les deux éléments.

D'autres traits sont caractéristiques de la tradition anglo-normande :

- la graphie du pronom personnel de 1re personne (*jeo*) et celle du démonstratif *ceo* (Kristol 1989, p. 348) : on ne trouve aucun exemple de la première et deux, dont le 2e mot du texte (*Pour ceo que*), de la seconde dans le *Donait françois* ;
- l'utilisation de la forme *que* pour le pronom relatif sujet, au lieu de *qui*[2] : elle est quasiment systématique dans le *Donait françois*,

1 Kristol, 1989, p. 348, 350 et 359-360, 2000a, p. 49.

2 Kristol 1989, p. 348 et 361, note 43.

avec 35 occurrences, contre un seul exemple de *qui* (dans « qui est compost », f. 323ʳb.37)[1].

Parmi les autres remarques qu'on peut faire sur les graphies, on trouve fréquemment l'alternance *er* / *re* : *geners* (3) / *genre(s)* (8), *letter* /*lettre* (mais le mot est souvent écrit avec une abréviation). *Vouyel* et *semivouyel* sont systématiquement écrits avec *ou*. On relève une graphie *doivont* (*doivent*) et *volontiers* est toujours écrit *volentiers*, forme normale en ancien et moyen français.

On observe également une alternance *i* / *y* (*eleine* / *Eleyn*), mais *feminyn(s)* présente toujours *y*, alors qu'on trouve à la fois *masculin* (15) et *masculyn* (2). *Aymer* est toujours écrit avec *y*[2].

Parmi les termes métalinguistiques, « langage » est écrit *language* et traité comme féminin (quatre occurrences) ou masculin (une occurrence)[3] ; *mot* (pl. *mos*, plus rarement *mots*) est écrit une fois *mote* (f. 322ᵛa.35) et les très nombreuses occurrences de *cest mot* sont concurrencées deux fois par *ceste mot* ; on trouve à la fois *participle* et *participre*, *selabe* et *selabre* (syllabe). Le mode est appelé *meuf*, selon une tradition qui se maintiendra encore longtemps[4]. Au singulier *regle* correspond un pluriel *rieulis* (f. 322ᵛb.12 ; *cf.* note *ad loc.*). Du côté de la morphologie verbale, des deux verbes *finir* /

---

1 Dans tous les cas, il faut avoir à l'esprit le fait que même dans des textes très anglo-normands, les traits anglo-normands sont souvent minoritaires (*cf.* Trotter à par.).

2 Cette alternance ne permet aucune localisation du scripteur, *y* étant employé parfois devant *m* ou *n* pour discriminer le *i* parmi les jambages : *-in*-présentant 3 jambages, *yn* est plus clair.

3 Sur les variations de genre en anglo-normand tardif, *cf.* Ingham 2010b et 2012, Chap. 7, « *Noun gender marking in Anglo-Norman* ». Selon lui, le système des genres s'est bien transmis au moins jusqu'à la première moitié du XIVᵉ siècle. « The fact that by then English had no surviving linguistic gender properties does not seem to have hampered the successful acquisition of these properties in A.-N. » (2012, p. 98).

4 Ainsi trouve-t-on le terme *meuf* ou *mœuf* chez des grammairiens du XVIIᵉ siècle tels que Dangeau, Irson, Mauger ou Ménage. Sur l'ancienneté étonnante de certains mots du vocabulaire grammatical, dont *meuf*, voir Merrilees 1987. J. Ducos (communication personnelle) me fait remarquer qu'un des textes médiévaux les plus anciens contenant de la terminologie grammaticale en français est *La Bataille des sept arts* d'Henri d'Andeli (entre 1223 et 1237). Un des apprentis de Dame Logique est présenté ainsi : « N'avoit pas bien assavoré / Conjugacïons anormales / Qui a decliner sont mult males, / Averbes et pars d'oroisons, / Articles et declinoisons / Et genres et nominatis, / Et supins et imperatis / Cases, figures, formoisons / Singulers, plurers, .m. resons, / Q'en la cort Gramaire a plus d'angles / Qu'il n'a en la Logique de jangles. » (vers 382-392, éd. Corbellari, 1993, p. 70 [Il avait reçu une éducation rudimentaire et n'avait que peu goûté les conjugaisons irrégulières qui sont très difficiles à réciter, les adverbes et les divisions [à corriger en *parties*] du discours, les articles et les déclinaisons, les genres, les nominatifs, les supins, les impératifs, les cas, les figures, les dérivations, les singuliers, les pluriels, bref ces mille

finer (ce dernier encore très fréquent en moyen français), c'est toujours la forme en *-er* qui est donnée (*un mot fine*).

En conclusion, il reste difficile de savoir exactement quelle est la proportion d'anglo-normand et de français continental dans le *Donait françois*. La graphie est trompeuse, puisque globalement celle de la langue continentale a été peu à peu adoptée par le dialecte insulaire, ce qui ne doit pas masquer que le parler anglo-normand devait être en grande partie conservé (la règle sur la prononciation de *an* le montre).

L'AUTEUR OU LES AUTEURS ?

On suppose que John Barton doit être identifié avec « Johan Barton, the physician », auteur d'une *Confutatio Lollardorum* (Réfutation des Lollards), dont un manuscrit est conservé à la bibliothèque de All Souls' College (Oxford[1]).

D'après le préambule, ce John Barton ne serait pas l'auteur de l'ouvrage : il dit lui-même qu'il l'a fait faire « a [s]es despenses et <avec> tres grande peine » par « pluseurs bons clercs » français. Toutefois il se prétend lui-même « escolier de Paris » mais « nee et nourie en la conte de Cestre », c'est-à-dire Chester. Autrement dit, il participe linguistiquement des deux cultures.

Quelle est la véracité de cette affirmation ? il s'agit peut-être plus d'un « *topos* littéraire pour fonder l'autorité du traité[2] » ou, en des termes plus crus, d'un argument « publicitaire » que d'une réalité.

Les conséquences sont importantes : le *Donait françois* est-il l'œuvre d'*un* auteur ? ou celle de *plusieurs* auteurs ? d'un auteur dont le parler est à l'origine « anglo-normand » ou d'auteurs « francophones » réellement originaires de l'Île-de-France, comme le prétend le commanditaire ?

---

règles qui font qu'il y a plus de recoins à la cour de Grammaire qu'il n'y a en Logique de chausse-trappes ; trad. Corbellari, 2003, p. 72].

1 Il est attribué à une main du XVe siècle. À notre connaissance, l'ouvrage n'a jamais été imprimé. L'appellation de *Lollards* (moyen allemand : *lollaert*, « marmonner, grogner ») fut d'abord attribuée à certains groupes d'Europe continentale (Hollandais) suspects de cacher des croyances hérétiques sous un souci d'intensifier la dévotion, mais après 1382, date de la traduction de la Bible en vernaculaire, elle fut attribuée par dérision aux partisans du théologien et réformateur John Wyclif, auxquels elle resta attachée. Vers la fin du XIVe siècle, le mouvement devint social et fut réprimé (décret *De haeretico comburendo* condamnant les Lollards au bûcher en 1401), mais continua clandestinement dans les campagnes au delà de 1500.

2 Lusignan 1987, p. 103, repris par Kristol 1989, p. 353.

Sur la base d'une comparaison un peu approfondie du préambule avec le reste du texte, on peut émettre l'hypothèse que l'auteur de ce préambule n'est pas le même que l'auteur ou les auteurs du texte qui suit. Il semble qu'il y ait en effet plus de traits anglo-normands dans le texte introductif :

- sur la base du premier critère établi par Kristol, on a *miere* (contre 4 occurrences de *mere* ailleurs) et *chiers* ;
- sur la base du second, la seule occurrence de *lour* (= *leur*) se trouve dans le préambule ;
- sur la base du troisième, on trouve dans le préambule *leys* et *Engleis* (une occurrence de *englois* dans la suite).

On y trouve également, pour *j'ai*, la seule graphie *iey* (*ie ay* partout ailleurs), l'une des deux occurrences de *ceo*, et deux graphies *pur* pour *pour*, qu'on trouve systématiquement ailleurs.

Ces particularités pourraient donner à penser qu'il y aurait bien *un* commanditaire, auteur du préambule, d'une part, et d'autre part, *des* auteurs, différents, du texte principal[1]. Néanmoins il faut garder à l'esprit que le texte dont nous disposons n'est qu'une copie, et par ailleurs on voit mal des « clercs » écrire à plusieurs un texte aussi court, et assez original tant dans sa structure que sur plusieurs points théoriques. On admettra plutôt qu'il y a eu *un* rédacteur, ce dernier étant peut-être différent du commanditaire, cette dernière hypothèse restant d'ailleurs à vérifier[2].

Quant à la nationalité du rédacteur de la partie grammaticale, il y a plusieurs indices qu'il pourrait être Anglais : outre les nombreuses graphies anglo-normandes (mais certaines pourraient être attribuées au

1 Selon Swiggers (1985a, p. 237-238), « le *Donait* semble être une copie d'un texte rédigé en France (à Paris) : ceci expliquerait les omissions (certaines d'entre elles ont été rétablies par un correcteur, d'autres sont restées). » Cette remarque irait dans le sens d'une double rédaction initiale (celle du prologue, celle du texte lui-même). P. Swiggers (communication personnelle) reconnaît aujourd'hui être « plus nuancé », estimant plutôt « qu'il y a eu un rédacteur / une équipe, qui a "mis en texte", dans le prologue, la commande (et sa motivation) faite par Jehan Barton ».

2 Comme me le font remarquer M. Colombo Timelli et J. Ducos, il arrive souvent au Moyen Âge que les préambules soient rédigés séparément du texte principal, voire postérieurement à celui-ci, avec des variantes conséquentes selon les manuscrits. La différence de traits dialectaux sur des échantillons aussi courts n'est donc peut-être pas déterminante. Mais la présentation du *Donait françois* dans le prologue comme une œuvre collective constitue une vraie originalité.

seul copiste), la remarque sur la prononciation de *ant* [ãunt] (f. 322ᵛb.7-10); le traitement du neutre et les formes *un* [yn] devant les mots féminins *cuiller* et *cene* (f. 323ᵛb.32-33); l'analyse de l'impersonnel (f. 326ᵛb.3-32); dans les dialogues (f. 326ᵛb.32 *sq.*), la reprise du verbe dans les réponses; l'expression *Coment le faites vous ?* (f. 327ʳb.9-10), qui peut être la traduction littérale de *How do you ?* même si la tournure est parfaitement admise en moyen français et si l'utilisation de *faire* comme verbe vicaire y est également très répandue[1].

« *UN* » *DONAIT*

La question est de savoir ce que doit réellement le *Donait françois* à Donat, grammairien latin du IVᵉ siècle. Des « Donat », il y en a eu beaucoup, et pour toutes sortes de langues[2]. Encore faut-il savoir quels rapports ces ouvrages entretiennent avec l'œuvre du maître de Jérôme.

Lusignan (1987) a considéré que se placer sous l'autorité du grammairien ancien constituait un signe d'allégeance forte[3]. Maria Colombo Timelli (2012, p. 100-101) est plus réservée. En fait plusieurs indices donnent à penser que le terme *donait*[4] désigne plus une grammaire en général que le nom du grammairien latin :

1 Mais – telle est l'hypothèse de P. Swiggers – le *Donait françois* peut aussi être basé sur un texte continental qui a subi quelques retouches (pas seulement graphiques) anglo-normandes.

2 *Cf.* Auroux 1994, p. 85 : « Sans la tradition grammaticale latine (essentiellement Donat, qui fut le maître de saint Jérôme, le traducteur de la Bible en latin, et Priscien, beaucoup plus complexe), sans ces adaptations de l'*Ars Minor* (*Donatz proensals*, *Donat françois*, *Dwned gallois*, *Donoat* moyen-breton, etc.), il n'y aurait tout simplement pas eu ce que nous appelons aujourd'hui la *linguistique* – au double sens d'une formation discursive à caractère scientifique et de son application à des objets empiriques. » et note 18, p. 105 : « Le Moyen Âge a connu des traductions de Donat en islandais et en norvégien [...]; il y en a peut-être eu également en danois et en suédois. La traduction en slavon est plus tardive ([...] 1522) ». Certains de ces textes sont très antérieurs au *Donait françois*; le *Donatz proensals* d'Uc Faidit [Uc de Saint Circ] a été élaboré en Italie vers 1240 (éd. Marshall, 1969).

3 « En intitulant son traité *Donait*, John Barton [...] devait tenter de faire retomber sur son travail une part de l'autorité dont le grammairien latin jouissait au Moyen Âge » (Lusignan 1987, p. 112).

4 Selon une évolution similaire, *perot* a désigné la grammaire de Perotti ou une grammaire latine élémentaire en France un siècle plus tard (*cf.* Charlet 1991).

1. le terme (2 occurrences) est écrit avec une minuscule initiale (il est vrai que l'usage de la majuscule est erratique dans l'ouvrage) ; il a subi la diphtongaison (*Donait* < *Dōnătum*), mais le nom propre de l'autorité peut la subir également ;
2. il est précédé de déterminants le dépersonnalisant : *un donait*, *cest donait* (Colombo Timelli 2012, p. 100 et note 8) ;
3. des ouvrages peuvent porter le nom de *Donat* sans être forcément des grammaires[1], et donc sans être nécessairement conformes à l'*Ars minor* ou à l'*Ars maior* ; à l'inverse, des ouvrages proches de l'*Ars Donati* peuvent ne pas s'appeler *Donat* : ils peuvent se nommer *Ars minor*, comme le premier des deux traités de Donat, ou avoir comme incipit *Quot modis latinum incipitur ?*, traduit en français par *En / Par quantes manieres doit on commencer son latin ?*, ou encore s'appeler (plus tardivement, dans les imprimés) *Principia (grammaticalia)*[2] ;
4. malgré sa brièveté, le *Donait françois* est moins un traité pour débutants qu'une grammaire avancée pour personnes qui veulent se perfectionner, comme le montrent les traits signalés plus haut (*cf.* « Le *Donait françois* parmi les manuels pour apprendre le français », p. 17), dont le plus net est, selon nous, l'appel à une réflexion de type métalinguistique, illustré par ex. par l'allusion à la supposition matérielle (*cf. infra* « La *suppositio materialis* », p. 45).

Il ne faut donc sans doute pas surestimer l'allégeance de l'auteur à un modèle unique. L'étude de détail nous montrera que, sur un certain nombre de questions, l'ouvrage s'écarte relativement fortement d'un texte qui est moins un modèle qu'un point de départ[3].

1 « Deux autres manuels rédigés en Angleterre portant le nom de Donat, loin de proposer un traité grammatical, concernent essentiellement des questions de conjugaison verbale : il s'agit du *Liber Donati* (éd. Merrilees – Sitarz Fitzpatrick, 1993), et du *Donait soloum douce franceis de Paris* (éd. Merrilees, 1993). » (Colombo Timelli 2012, p. 99, note 3)

2 Voir un relevé des titres et des éditions dans Colombo Timelli 2012, p. 105-106.

3 Sur ce point, voir notre article de 2013 : « Le *Donait françois* est-il un vrai Donat ? ».

L'INSERTION DANS LE MANUSCRIT ET LA STRUCTURE

L'ouvrage se présente sous la forme d'un court traité, dont un seul exemplaire est connu : il s'agit du texte occupant les feuillets 322^{r}b-327^{v}a[1] du manuscrit 182 de la Codrington Library (All Souls College, Oxford). Le manuscrit a été décrit par Legge 1941, p. IX-XXI *sq.* (voir aussi les compléments dans le compte rendu de Richardson 1943), puis plus récemment par Watson 1997, p. 210-214. Il contient une grosse anthologie de textes présentée comme « happy hunting-ground for scholars » par Legge (1941, p. V). Il se compose d'abord d'une partie latine (appelée A par Watson, f. 1-190 [194]), plus anciennement constituée et contenant un *Registrum Epistolarum Fratris Johannis Peckham* et une série de lettres, ensuite d'une partie française (appelée B, f. 191 [195]-375 [379]), dans laquelle se trouve le *Donait françois*. À l'origine, les deux manuscrits étaient séparés.

Les lettres sont datées entre 1390 et 1412 par Legge (1941). Le *Donait françois* est d'ordinaire situé entre 1400 et 1409[2], mais selon P. Stirnemann[3], on peut dire simplement que la copie date du premier quart du XVe siècle. En l'absence d'une consultation du manuscrit entier, il est difficile de connaître la main du copiste. Ce pourrait être un copiste d'origine anglaise, mais fortement influencé par les habitudes françaises ; ce pourrait être aussi un copiste français. Le manuscrit pourrait avoir été réalisé dans le contexte de Canterbury, foyer international d'échanges et lieu de passage entre Londres, Douvres et Calais. Il s'agit d'un manuscrit sur parchemin de 381 feuillets de format 278 x 180 mm, écrit en deux colonnes de 38 à 46 lignes. À l'origine, les deux parties étaient séparées.

---

1 Anciennement f. 316^{r}b-321^{v}a, soit un décalage de 6 folios, à cause de l'oubli de blancs, selon la description de Watson (1997, p. 210), qui donne systématiquement les deux numérotations (la différence est de + 4 f. au début de la partie B, et de + 6 f. à partir du f. 311 [= 305]). Nous adoptons la nouvelle numérotation et, à la fin de l'introduction, nous donnons un tableau de correspondance avec l'ancienne.

2 Kristol 1989, p. 350 ; 1990, p. 317.

3 Que nous remercions pour son aide aimable tant pour l'examen de la main que pour la description du contexte. Patricia Stirnemann est spécialiste des manuscrits médiévaux enluminés à l'Institut de recherche et d'histoire des textes (CNRS, Paris).

Les possesseurs du manuscrit ont été successivement un certain John Stevenes († 1459), puis William Eliot († 1494). Watson (1997, p. 213) estime à sept ou huit le nombre de copistes de la partie A et à peut-être six celui de la partie B.

L'insertion du *Donait françois* dans ce manuscrit n'est pas indifférente puisque la partie B de ce dernier contient essentiellement des textes en rapport avec l'enseignement du français. Kristol (1990, p. 316-317) en détaille ainsi le contenu[1] :

> Lettres et pétitions (f. 191a-201d, 205a-305d, 344b-359d, 373a-d)[2]
> Manière de langage de 1396 « La commune parlance » (f. 305a-316a, 372a-373a)
> John Barton, *Donait* (f. 316b-321c) [= f. 322^{r}b-327^{v}a, selon la nouvelle numérotation, utilisée dans cette édition]
> Manière de langage de 1399 « Un petit livre » (f. 321c-326c)
> Lexique d'adverbes latin-français (f. 326d-327b)
> Proverbes français (f. 327d-331a)
> Bibbesworth, *Tretiz* (f. 331b-340a)
> *Tractatus ortographie* de Coyfurelly (f. 340b-344a)
> Traité de conjugaison (f. 361a-371b)

La copie du *Donait* est insérée entre deux versions de *Manières de langage*, écrites de la même main, mais c'est le plus « linguistique » des textes recueillis ici, les autres étant soit orientés vers la pratique, soit consacrés à des points spécifiques comme le lexique, l'orthographe et la conjugaison.

Le texte du *Donait françois* lui-même comporte deux colonnes, le texte s'étend sur 21,5 colonnes de 39 à 44 lignes, soit exactement 873 lignes ; il comporte env. 5 730 mots[3] et env. 24 500 signes[4].

---

1 Nous simplifions, ne retenant pas les éditions ou utilisations signalées de ces textes. Kristol suit l'ancienne foliotation et numérote les colonnes de *a* à *d*, la colonne *a* étant la première du recto et la colonne *d* la seconde du verso. Voir aussi Städtler 1988, p. 74 et, pour une description plus fine, en quinze parties, Watson 1997.

2 Dans les manuscrits contenant de telles collections de documents, et notamment des lettres, « il est parfois difficile de déterminer si [...] ces lettres ont été rassemblées plutôt en tant que documents historiques (ou juridiques) ou dans des buts didactiques. Ainsi [...] le ms. Oxford, All Souls 182 qui contient une très grande collection de lettres et de pétitions (éditées par M. D. Legge 1941) renferme également un nombre important de traités didactiques » (Kristol 1990, p. 297-298).

3 Le nombre peut varier selon qu'on prend certains syntagmes (comme *si come*, très fréquent) comme un mot unique ou non.

4 Ce qui le rend tout à fait comparable, du point de vue du volume, à la *Tekhnê* de Denys le Thrace (env. 20 000 caractères) et à l'*Ars minor* de Donat (env. 24 000 caractères).

Si nous nous en tenons à la présentation matérielle, le texte comporte six divisions dont le début est indiqué par un emplacement pour une lettrine (qui n'a pas été réalisée) :

1. un préambule (f. 322^{r}b.1)
2. un développement sur les lettres et sur des règles phonétiques (f. 322^{r}b.38)
3. un développement sur les accidents des parties du discours (f. 323^{r}b.12)
4. un développement sur les parties du discours et en premier lieu le nom (f. 324^{v}b.28)
5. un développement sur le pronom (f. 325^{r}b.34)
6. un développement sur le verbe (f. 326^{v}a.19)

Chaque division semble commencer par une lettre d'attente faiblement tracée (1 : *p*, à peine visible ; 2 : *q* ; 3 : *a*, peu visible ; 4 : *q* ; 5 : *c* ; 6 : *c*). Le fait que les lettrines n'aient jamais été tracées indique un état d'inachèvement de la copie, qui pourrait corroborer l'hypothèse d'une absence de révision du texte.

La copie comporte en elle-même :

- 12 mots ajoutés dans la marge gauche (f. 322^{v}a.15)
- 2 mots ajoutés au-dessus de la ligne (f. 323^{r}b.27)
- 2 mots ajoutés dans la marge droite (f. 323^{v}b.6)
- 1 mot ajouté au dessus la ligne (f. 326^{v}b.6)

Dans notre découpage, nous avons organisé le texte en trois parties principales :

- le préambule ;
- le développement sur les accidents ;
- le développement sur les parties du discours : trois seulement, nom, pronom, verbe, sont traitées, ce qui laisse à penser que le manuscrit est incomplet[1].

1 « Malheureusement, le manuscrit conservé n'est pas complet : il s'arrête après les chapitres consacrés aux noms, aux pronoms et au verbe. » (Kristol 2000b, p. 765).

Un autre indice de cette incomplétude est l'annonce que fait le *Donait françois* (f. 327^{r}b.35-36) d'un traitement des formes verbales composées avec les verbes *avoir* et *être*, traitement qu'on ne retrouve pas dans le texte qui finit peu après.

Mais, comme l'a remarqué Merrilees (1993, p. 280), il ne faut pas oublier que, dans le manuscrit, l'ouvrage est complété par les textes qui l'environnent[1]. Il est notamment suivi d'un *Petit livre pour enseigner les enfantz*, lui-même suivi par un paradigme du verbe *jeo ayme* (f. 367^{r}a-368^{r}b) et d'une liste de verbes latins (*possum*, *doceo*, *lego*, *audio*...) dont les formes équivalentes en français sont difficiles à apprendre (f. 368^{v}a *sq.*)[2].

LA PHONÉTIQUE :
UNE GRAMMAIRE DU FRANÇAIS PARLÉ

Le *Donait françois* a pour objectif de faire apprendre à « lire et escrire, entendre et parler droit françois ». John Barton insiste en outre sur la volonté d'offrir aux Anglais la possibilité d'« entrecomuner bonement ové lour voisins ». Cette insistance sur la communication orale différencie l'ouvrage de celui de Donat qui, comme les autres *Artes* latines, avait pour fonction principale de fournir les moyens de lire et d'étudier les grands textes latins classiques, notamment les textes poétiques, une fonction que remplissait déjà la *Tekhnê* de Denys le Thrace pour les grands textes grecs. De ce fait, le *Donait françois* va fournir des « règles » (au singulier *regle*, au pluriel *rieulis*, f. 322^{v}b.12) de prononciation spécifiques au français.

Le souci de prendre en compte l'oral est constant dans le *Donait françois*. Outre la partie phonétique qui débute l'ouvrage, on trouve encore un long développement sur la façon de répondre aux questions en utilisant les verbes, et tout à la fin de l'ouvrage, après l'épilogue, des remarques sur la possibilité de dire *j'aray* au lieu de *j'auray*, sur la

1 Merrilees (1993, p. 274-275, citant Holtz 1981, p. 345) note justement que ces textes fonctionnent en réseau, en formant un système de traités annexes autour d'un texte principal, comme c'était déjà le cas à l'époque carolingienne.

2 Voir l'édition de ces pages dans Stengel 1879, p. 33-40.

non prononciation du *s* final dans *nous avons*, et sur la prononciation de *enurent* et de *furent*.

Naturellement, on retrouve dans le *Donait françois* des traces évidentes non pas de l'*Ars minor*, qui ne comporte pas de partie phonétique, mais du livre 1 de l'*Ars maior* (voir note *ad loc.*), avec notamment :

- le *h* considéré non comme lettre, mais comme signe d'aspiration (Donat laissait le choix),
- le *y* et le *z* considérés comme lettres grecques (*gregoisez*),
- le *i* et le *u* pouvant fonctionner comme voyelles ou comme consonnes. Il est tout à fait remarquable que ce soit quatre mots *latins* qui soient donnés comme exemples : *Johannes*, *vates*, *cuius*, *audivit*, le *Donait françois* en ajoutant trois autres, *lingua*, *quis*, *suauis*, mots dans lesquels la prononciation de l'élément labial avait été réduite soit à une labialisation de la consonne précédente, soit à zéro.

Mais il y a des traits propres, ou du moins non attribuables à Donat. Ainsi les voyelles (dont Donat ne donnait pas de définition) sont-elles définies sur la base du seul critère du lieu d'articulation, de l'organe le plus intérieur au plus extérieur, selon des critères qui ne sont pas complètement contradictoires avec notre phonétique articulatoire, même si cet échelonnement « idéal » sur toute la longueur du conduit vocal ne rend évidemment pas parfaitement compte de la réalité des faits[1] :

- *a* dans la poitrine (pour nous ouverte et postérieure)
- *e* [ɛ] dans la gorge
- *i* entre les joues
- *o* « au palat de la bouche »
- *u* entre les lèvres (pour nous voyelle arrondie, fermée et antérieure)

Comme chez Donat, les consonnes sont divisées en semi-voyelles et muettes, mais la définition donnée est différente, car ce qu'évoque l'auteur, c'est le *nom* des lettres, c'est-à-dire la forme qu'elles ont dans

1 En fait il s'agit de l'ordre alphabétique, qui ne rend pas compte du fait que *i* et *u* sont les voyelles les plus fermées, *e* et *o* les voyelles intermédiaires, avec, en outre, les voyelles sans le trait arrondi précédant les voyelles arrondies.

l'alphabet quand on le récite : elle dépend du point vocalique qui leur sert d'appui qui peut être placé avant (semi-voyelles) ou après (muettes), quand on les prononce :

- la prononciation de la « semi-voyelle » (consonne durative) commence par une voyelle et finit par elle-même : *l* [ɛl], *m* [ɛm],
- la prononciation de la « muette » (occlusive) commence par elle-même et finit par une voyelle : *b* [be], *c* [ke][1].

Les remarques qui suivent semblent spécifiques à la langue française. Les deux premières ne sont pas numérotées. Elles portent :

- sur les doubles consonnes en milieu de mot : la première de ces deux consonnes se prononce faiblement ; le *Donait françois* donne curieusement comme exemple une géminée dans *letters*, qui peut être aussi bien un mot anglais (mais ce serait étonnant sous la plume d'un clerc « continental ») qu'un mot français (on trouve 10 occurrences de *lettre* contre deux de *letters* : *cf.* « Quantez letters est il ? », f. 322^{r}b.38) et fait une exception pour le double *l* « fort sonné[2] » : *quelles* [kɛləs], forme de pluriel peut-être due à la forme *letters* donnée juste avant[3] ;
- sur le groupe constitué par *n* suivant *a* ou *o* : un *u* se développe entre eux : il faut supposer que *quant* se prononce [kãunt], et *sont* [sɔ̃unt]. Effectivement, selon Kristol[4], le [a] nasalisé se vélarise et s'écrit *aun* en anglo-normand dès le début du XIIIe siècle, restant *an* dans la tradition continentale[5] : le *Donait françois* continue à noter le groupe *an*, mais précise qu'il faut le prononcer [aun]

1 On retrouve le même critère de distinction dans les grammaires françaises à l'usage des Anglais au XVIe siècle (voir Kibbee 1989b).

2 C'est-à-dire prononcé comme un simple *l*, puisqu'il n'y a pas de géminée ni en ancien français ni en moyen français.

3 Une autre explication, que me suggère P. Swiggers, serait qu'au pluriel, la dernière syllabe avec *e* était plus appuyée, de sorte que la prononciation « forte » de *-ll-* pouvait mieux ressortir.

4 1989, p. 348 et 356 ; 2000a, p. 41 et 49-51. *Cf.* aussi Trotter, à par.

5 À ce sujet est intéressante la remarque (signalée par G. Clerico) que Dauron, partisan d'une phonétisation de l'orthographe, adresse à Peletier (*Dialogue de l'Ortografe e Prononciacion Françoęsę*, 1550, p. 197-198) : « Vrai est qu'en Normandie, et encore en Bretagne, en Anjou et dans votre Maine [...], ils prononcent l'*a* devant *n* un peu bien grossement et quasi comme s'il y avait *aun* par diphtongue, quand ils disent *Normaund*, *Nauntes*, *Aungers*, le *Mauns* [...]. Mais telle manière de prononcer sent son terroir d'une lieue. » (orthographe modernisée).

(en fait, [ãun]). Il faut supposer qu'il en est de même pour *ont* qu'il faut prononcer [ount] (en fait, sans doute aussi [ɔ̃unt]). De fait, on trouve aussi 5 fois dans le *Donait françois* la graphie *noun* ou *pronoun* pour « nom » et « pronom », où le *ou* peut être aussi bien une trace de la graphie anglaise correspondante... mais il faut être conscient que ces noms anglais proviennent eux-mêmes de l'anglo-normand[1].

Suivent six règles phonétiques numérotées concernant notamment la rencontre des phonèmes entre deux mots :

1. mot finissant par une voyelle + mot commençant par une autre voyelle : élision de la dernière voyelle du premier mot : *ma amye* > *mamie*; *sa amour* > *samour*[2],
exception : contrainte sémantique : il ne faut pas perdre « l'entendement » : *Jehan parla a Adam* [ʒəãparla | a | adãm], avec deux hiatus;
exception : si le premier mot finit en *i* ou en *o*, il faut « la alaine traier », c'est-à-dire faire l'hiatus : *je ouÿ Adam* [ʒə | uwi | adãm], *Pharao ala* [farao | ala].
2. mot finissant par une consonne + mot commençant par une autre consonne : la consonne finale du premier se prononce faiblement : ex. *Jehan parla*.
exception : le mot finit en *b* (*Oreb*), en *m* (*Abraham*), en *n* (*raison*), en *r* (*Putiphar*) : cette lettre se prononce fortement pour éviter de perdre « l'entendement ». Le problème est que deux mots se terminant en *n* (*Jehan* et *raison*) sont donnés à la fois dans la règle générale et dans l'exception : on peut supposer que *raison* doit se prononcer [rajzɔn] ou [rajzɔ̃n][3], et non [rajzɔ̃n], mais on

1 Rothwell (2000) a montré sur la base de l'examen du *York Memorandum Book* (textes entre 1376 et 1493) que le mélange des langues (latin, anglo-normand ou français du continent, anglais) était une pratique courante dans les textes.

2 Sur la persistance de ces deux exemples chez les grammairiens du français, voir note *ad loc.*

3 *Cf.* Palsgrave 1852 [1530], p. 12 : « *Ai* in the frenche tong is sounded lyke as we sounde ay in these wordes in our tong *rayne, payne, fayne, disdayne*, that is to say, *a* distinctly and the *i* shortly and confusely. » [*Ai* se prononce en français comme nous le prononçons dans notre langue dans les mots *rayne, payne, fayne, disdayne*, c'est-à-dire, le *a* distinctement et le *i* brièvement et confusément, trad. S. Baddeley, 2003, p. 379-380]. Mais Palsgrave dit

ne voit pas avec quel autre mot *raison* risquerait d'être confondu ; il ne s'agit donc sans doute pas d'un risque d'homophonie[1] ; en revanche, la « faible prononciation » de *Jehan* semble recouvrir une simple nasalisation[2] du [a] : [ʒəã], ce que Palsgrave décrira un peu plus d'un siècle plus tard en ces termes beaucoup plus précis :

To be armonious in theyr spekyng, they use one thyng which none other nation dothe, but onely they, that is to say, they make a maner of modulation inwardly, for they forme certayne of theyr vowelles in theyr brest, and suffre nat the sounde of them to passe out by the mouthe, but to assende from the brest straight up to the palate of the mouth, and so by reflection yssueth the sounde of them by the nose. (1852 [1530], p. XV)

[« Pour être harmonieux quand ils parlent, ils [les Français] font une chose qu'aucune autre nation ne fait, mais eux seuls, à savoir une sorte de modulation interne : en effet, ils forment certaines de leurs voyelles dans la poitrine, et ne permettent pas au son de sortir par la bouche, mais le font monter depuis la poitrine directement au palais de la bouche, d'où il rebondit pour sortir ensuite par le nez », trad. S. Baddeley, 2003, p. 327]

3. mot finissant par une voyelle + mot commençant par une consonne ou mot finissant par une consonne + mot commençant par une voyelle : le phonème final et le phonème initial sont clairement prononcés : *la grâce de Dieu* [lagrɑsədədju], *veult aymer* [vewtɛ̃me], *peut estre* [pətɛtrə][3]
4. semi-voyelle et spécialement *n* après *e* : cet *e* est prononcé comme s'il y avait *a* : *bellement* [beləmãnt], *bonnement* [bɔnəmãnt / bɔ̃nəmãnt][4]

---

aussi « in stede of *ai*, they sounde most commenly *ei* » 1852 [1530], p. XVIII) [au lieu de *ai*, ils [les Français] prononcent plus couramment *ei*, trad. S. Baddeley, 2003, p. 331]

1 Une hypothèse intéressante est proposée par P. Daniel (2013, p. 23-24) : alors qu'il y aurait une simple nasalisation dans le nom propre *Jehan* (*cf. infra*), dans *raison*, si *-on* doit se prononcer [oun] « à l'anglo-normande », selon la 2e règle du traité, la suppression de *n* entraînerait la prononciation [rajzou], qui n'aurait effectivement aucun sens.

2 Sur la nasalisation des voyelles, considérée comme pratiquement achevée au début du XVe siècle, mais selon une chronologie complexe et avec des variantes régionales, *cf.* Chaurand 1972, p. 75-79 ; Marchello-Nizia 1997, p. 94-98.

3 Plutôt que [pətɛ:trə], si l'on en croît B. Cerquiglini, qui refuse de voir dans le maintien du *s* une valeur diacritique d'indication d'une longue : « La pratique médiévale de l's graphique n'est pas d'inspiration phonéticienne, elle est une adhésion et une mémoire, une "belle écriture" » (1995, p. 41 ; *cf.* aussi Cerquiglini 2004, p. 39-41).

4 Donc, alors que *ant* se prononce [aunt] ou [ãunt] (*cf. supra*), *ent* se prononce [ãnt]. Palsgrave fait les mêmes remarques. *Cf.* notes *ad loc.*

cas de deux mots : mot finissant par *n* + mot commençant par *l* : prononciation [l][1] : *en la fois* [ãlafwa(s)], *en la ville* [ãlavilə].

5. mot se terminant par *l* + mot commençant par une consonne : *l* se prononce *u* : *bel pere* [be(a)upɛr], *bel filz* [be(a)ufis] et à l'inverse : mot se terminant par *l* + mot commençant par une voyelle : *bel uncle* [belɔ̃nklə], *bel amy* [belami].
   règle valable à l'intérieur d'un mot : *vielx* [vjeu(s)], *tielx* [tjeu(s)], avec *l* suivi d'une consonne, à la différence de *alaine* [alɛn], *Eleine* [elɛn], avec *l* suivi d'une voyelle.
6. mot signifiant un être mâle et « reconnaissable à l'œil », c'est-à-dire graphiquement, sans -*e* final : prononcé sans *e* au bout : *un cheval* [ỹʃəval], *un chevalier* [ỹʃəvalje]
   exception : mot signifiant un être mâle mais dont la nature est d'avoir un *e* à la fin : *pere* [pɛr(ə)], *frere* [frɛr(ə)][2]
   corollaire : mot signifiant un être femelle : il y a un *e* à la fin : *dame* [dãm(ə)], *femme* [fãm(ə)].
   exception : mot féminin sans *e* à la fin : *la foison* [la fwɛzɔ̃], *ma maison* [mamɛzɔ̃], *ta raison* [tarɛzɔ̃], *sa seison* [sasɛzɔ̃].
   dernière recommandation : toujours prononcer le *e* final [ə], ce qui manifeste justement qu'il n'était pas prononcé.

Ce qu'on retiendra de ces règles phonétiques, c'est moins leur évidente incapacité à rendre compte de tous les phénomènes de rencontre de phonèmes entre mots ou à l'intérieur d'un mot que la tentative de formuler des règles *générales* qui puissent rendre compte de *séries* de faits[3]. Cette volonté synthétique nous semble remarquable, car elle impose une réflexion supérieure à celle de certains grammairiens ultérieurs, comme Barclay (1521), Palsgrave (1530) ou Bellot (1588) qui préféreront livrer, plus prudemment, leurs observations lettre après lettre, ou phonème après phonème[4].

---

1 Et non [ll], comme pourrait le suggérer la formulation de l'auteur, puisqu'il n'y a pas de géminée en moyen français.

2 Le [ə] final est tombé très tôt en anglo-normand, mais le *Donait françois* impose de le prononcer.

3 Pour une réflexion sur la recherche de généralité dans la description phonétique, voir J.-M. Fournier 2007.

4 On retrouve une présentation synthétique chez de la Mothe 1647 [1592] et Maupas 1618 [1607].

LES ACCIDENTS DES PARTIES DU DISCOURS

Comme on l'a dit en envisageant le plan du *Donait françois*, une des grandes originalités de l'ouvrage est de traiter des accidents des parties du discours *avant* ces dernières. Lusignan (repris par Swiggers 1988, p. 264, note 177) propose d'y voir une influence de la grammaire modiste :

> Il existe [...] une différence majeure entre le *Donait françois* et ses ancêtres latins, qui consiste à avoir regroupé tous les "accidents" des mots et à les expliquer avant l'étude des différentes parties du discours. On pourrait voir là une influence de la méthode scientifique des grammairiens modistes dont une des contributions est de bien distinguer ce qui est essentiel de ce qui est accidentel dans les modes de signifier ; les accidents identifiés par Barton auraient tous été reconnus comme tels par les modistes. (Lusignan, 1987, p. 113)

Nous sommes un peu réticent à voir une influence directe et consciente dans un traité purement pédagogique bien éloigné des spéculations modistes. Si influence il y a, ce serait plutôt une influence indirecte, car on ne trouve pas dans le *Donait françois* de réflexion théorique sur ce qu'est un accident ou sur la différence entre propriété spécifique et accident périphérique.

Le traitement des accidents dans le *Donait françois* n'est d'ailleurs pas sans poser de problèmes. Un traitement global nécessite de réfléchir à quelles parties du discours s'applique un accident et sous quelle forme il se présente, ce qui n'est pas facile. Il y aurait donc eu avantage à présenter *en même temps* accidents et parties du discours, pour les articuler, ce que ne fait pas le *Donait françois*. Le lecteur pénètre dans l'étude des accidents sans savoir quelles classes de mots sont concernées.

Dès le début de la tradition grammaticale, le critère de la propriété spécifique est utilisé pour définir les classes de mots : ainsi, au chapitre 20 de sa *Poétique*, Aristote établit la différence entre nom et verbe sur le critère du temps. Dans l'antiquité latine, Varron (*LL* 6, 36) établissait quatre classes de mots sur la base de propriétés spécifiques :

- mots avec indication supplémentaire de temps, mais sans cas (nos verbes),
- mots avec cas mais sans indication supplémentaire de temps (nos noms),

– mots avec cas et temps (nos participes),
– mots sans cas ni temps (nos adverbes).

Les modistes établissant les classes de mots sur la base des modes de signifier, ils créent une opposition entre modes de signifier essentiels et modes de signifier accidentels (Rosier 1983, p. 94 *sq.*). Ces derniers sont de deux types : modes absolus et modes relatifs. Les premiers comprennent « en particulier la "figure", simple, composée, ou surcomposée, de la partie du discours, et l'espèce, déterminant son origine, primitive et dérivée » (*ibid.* p. 102).

Dans le *Donait françois*, deux accidents sont présentés comme s'appliquant au *mot*, ce qui correspond tout à la fois à un souci louable de généralisation et aux deux « modes accidentels absolus » des modistes : « L'ESPÈCE », c'est-à-dire l'opposition entre mots primitifs et mots dérivés, mais le *Donait françois* ne donne des exemples que pour des noms ; la « FIGURE », c'est-à-dire le fait pour un mot d'être simple, composé, ou « décomposé », autrement dit, dérivé de composé, un classement hérité non de Donat, mais de Priscien. Le *Donait françois* donne comme exemples *fait* / *parfait* / *parfaitement*.

Mais dans la suite de l'ouvrage, on ne trouve pas toujours une telle systématicité. Il faut plutôt admettre un traitement peu théorisé des accidents qui doit beaucoup aux deux ouvrages fondamentaux de la tradition latine, l'*Ars Donati* et l'*Ars Prisciani*, dans lesquels les accidents se présentent ainsi pour chaque partie du discours :

nom :	Donat (614.3-4 H.) : 6 : *qualitas* (nom propre / nom commun), *conparatio, genus, numerus, figura, casus* Priscien (*GL* 2, 57.8) : 5 : *species, genus, numerus, figura, casus*
pronom :	Donat (629.3-4 H.) : 6 : *qualitas* (*pronomina finita* / *infinita*), *genus, numerus, figura, persona, casus* Priscien (*GL* 2, 577.4-5) : 6 : *species, persona, genus, numerus, figura, casus*
verbe :	Donat (632.6-7 H.) : 7 : *qualitas* (subdivisée en *modi* et *formae*), *coniugatio, genus, numerus, figura, tempus, persona* Priscien (*GL* 2, 369.16-17) : 8 : « *significatio siue genus, tempus, modus, species, figura, coniugatio* et *persona* cum *numero* quando affectus animi definit. » (la signification

	ou le genre, le temps, le mode, l'espèce, la figure, la conjugaison et la personne avec le nombre, en fonction des exigences fixées par la disposition de l'esprit)
participe :	Donat (644.4-5 H.) : 6 : *genus, casus, tempus, significatio, numerus, figura* Priscien (*GL* 2, 555.21-22) : 6 : *genus, casus, significatio, tempus, numerus, figura*
préposition :	Donat (649.2 H.) : un seul : *casus* Priscien : néant
adverbe :	Donat (641.8 H.) : 3 : *significatio, conparatio, figura* Priscien (*GL* 3, 63.6) : 3 : *species, significatio, figura*
interjection :	Donat : 1 : *significatio* (explicitement reconnue seulement dans l'*Ars minor* [602.3 H.]) Priscien : néant
conjonction :	Donat (646.14-15 H.) : *potestas, figura, ordo* Priscien (*GL* 3, 93.9-10) : 3 : *figura*, *species* = *potestas* (*significatio*), *ordo*.

Si nous réorganisons les données en partant des accidents pour arriver aux classes de mots et en suivant l'ordre du *Donait françois*, on obtient le tableau suivant (quand le nom d'une partie du discours est entre crochets, c'est que le *Donait françois* ne précise pas explicitement cette dernière) :

Accidents	Parties du discours concernées		
	Donat	Priscien	*Donait françois*
species (dérivation) *espece, especies*	[le terme n'est pas utilisé dans ce sens]	nom, pronom, verbe, adverbe, conjonction	mot
figura (composition) *figure*	nom, pronom, verbe, participe, adverbe, conjonction	nom, pronom, verbe, participe, adverbe, conjonction	mot

numerus *nombrez*	nom, pronom, verbe, participe	nom, pronom, verbe, participe	[nom] [verbe, par allusion]
persona *personne*	pronom, verbe	pronom, verbe	pronom, verbe, nom, participe
genus (nominum) *genre, geners*	nom, pronom, participe	nom, pronom, participe	mot
qualitas *qualité*	nom (propre/commun) pronom (*finita/ infinita*) verbe (*modi/ formae*)	[le terme n'est pas utilisé pour désigner un accident]	nom (propre/commun)
casus *case*	nom, pronom, participe, préposition[1]	nom, pronom, participe	mot
comparatio *comparison*	nom, adverbe	refusé comme accident du nom	[nom adjectif]
modus *meuf*	verbe	verbe	[verbe]
tempus *temps*	verbe	verbe	[verbe]
genus verborum *geners de verbes*	verbe	verbe	verbe

1 Le cas est alors un trait contextuel : chez Donat, la préposition a pour unique accident le cas porté par le nom qui la suit (Colombat 1999, p. 226).

Le traitement des accidents dans le *Donait françois* résulte en fait d'une vulgate composite certainement bien antérieure qui n'a rien d'original et qui doit un peu aux deux traditions. Certains accidents sont repris à Donat, ainsi la *comparatio* ou la *qualitas* ; la *species* (au sens de « dérivation » : *especies*, *espece*) est empruntée, on l'a dit, à Priscien et permet de rassembler sous un terme devenu spécifique et univoque dans l'ouvrage une classe précise de phénomènes linguistiques.

Mais il y a par ailleurs beaucoup de flou et peu de systématicité. Ainsi pour le NOMBRE, singulier et pluriel sont définis de façon très lâche comme respectivement « celui qui parle d'une chose seulement » « celui qui parle de plusieurs choses ensemble », mais le *Donait françois* ne dit pas de quelles parties du discours il est l'attribut, ne donnant d'exemples que de noms, ce qui conduit l'auteur à dire très naïvement que, quand il s'agit de verbes, la marque de pluriel n'est pas… *s*, comme pour les noms.

Pour la PERSONNE, le *Donait françois* donne d'abord comme exemples des pronoms, mais ne parle pas explicitement de la personne dans les verbes. Pourtant l'auteur est amené à traiter de distorsions entre pronoms et verbes, du type **je ferra* ou **cil ferray* (f. 323^{v}b.6-7). Il précise également que « tous les noms, tous les pronoms et tous les participes sont <de> la troisième personne, sauf *je*, *tu*, *nous* et *vous* et leurs obliques, ainsi que le vocatif », touchant là implicitement à un débat ancien, et complexe, sur la question de l'attribution de la personne au nom.

Alors que le GENRE aurait pu être traité globalement pour le nom et le verbe, les Latins reconnaissant parallèlement cinq genres de noms et cinq genres de verbes, le *Donait françois* traite d'abord du genre du nom (parlant simplement alors de « genre », sans plus de précision), avec les cinq catégories de la tradition latine, mais ne traite du genre des verbes que tout à la fin du traitement des accidents, et là, il ne reconnaît que trois genres – actifs, passifs, neutres –, abandonnant (comme le feront massivement les grammaires françaises) ces deux genres proprement latins que sont le commun et le déponent, devenus inutiles en français (Colombat 2006).

La « QUALITÉ » est restreinte à la qualité des noms, c'est-à-dire la division entre noms propres et noms communs. Vu que Priscien n'utilise pas le terme dans un sens technique, c'est un accident proprement donatien, que Donat utilisait également pour les pronoms (définis/indéfinis) et les verbes (où il recouvrait les *modes* et les *formes*, c'est-à-dire les formations suffixées).

Le CAS est conçu implicitement comme un accident du nom (mais le *Donait françois* utilise « mot »), dont la marque (le « signe ») est *le*, *du*, *au*, selon un usage qui se maintiendra dans certains ouvrages jusqu'au XVIIIe siècle, voire, pour des grammaires latinisantes, au XIXe siècle.

Il n'est pas dit de quelle partie du discours le DEGRÉ DE COMPARAISON est la marque. Il s'agit évidemment de l'adjectif, mais la question récurrente de savoir si c'est de ce fait un accident de tout le nom (solution retenue par Donat, refusée par Priscien[1]) est éludée.

Le MODE (*meuf*) et le TEMPS sont évidemment des accidents du verbe, mais là aussi, il n'y a aucune explicitation.

Il faut en outre remarquer l'utilisation d'un autre élément qui pourrait être qualifié d'« accident », la MANIÈRE (*manier / maniere / manere*) : en fait le *Donait françois* ne le traite pas spécifiquement comme tel au chapitre des accidents, mais il en fait un large usage :

- pour subdiviser les consonnes (en semi-voyelles et muettes),
- pour subdiviser les différents temps du passé (imparfait, parfait, plus-que-parfait),
- pour distinguer la possibilité pour un mot d'être pris « matériellement » (employé en autonyme) ou « personnellement » (avec toute sa valeur dans la phrase),
- pour subdiviser les substantifs (6 catégories : univoque, équivoque, collectif, « complectif », absolu, relatif),
- pour subdiviser les adjectifs (6 catégories : interrogatif, démonstratif, distributif, partitif, « infinitif » [indéfini], négatif),
- et, dans le développement sur le verbe, pour traiter de l'opposition entre verbe personnel et verbe impersonnel, ce dernier se subdivisant en actif (*on dit*) et passif (*il est dit*).

Il est intéressant de noter que le terme est assez systématiquement utilisé par les *Donats* édités par Maria Colombo Timelli (1996, p. 109) pour désigner l'opposition elle-même entre noms substantifs et noms adjectifs.

---

1 « Comparatio non bene inter accidentia potest poni, quia non generale accidens nec in omnibus inuenitur nominis speciebus » [La comparaison ne peut pas être à bon droit mise au nombre des accidents, parce que ce n'est pas un accident général et qu'on ne le trouve pas dans toutes les espèces de noms] (*Partitiones*, *GL* 3, 465.1-3).

Si l'on s'intéresse à la postérité du traitement global des accidents, il faut mentionner le nom de Linacre qui, à la fin du paragraphe préliminaire de son *De emendata structura* (1524, f. 1^{r}), combine expression des accidents et parties du discours déclinables (*inclinabiles*) selon le schéma suivant :

	Accidents						*Nombre*
	numerus	persona	casus	genus	tempus	modus	
nomen	+	+	+	+			4
pronomen	+	+	+	+			4
uerbum	+	+			+	+	4
participium	+	+	+	+	+		5

TABLEAU 1 – Accidents et parties du discours chez Linacre.

Mais l'optique est évidemment différente : c'est précisément la combinatoire des accidents qui permet de délimiter les classes.

On trouve une réflexion approfondie sur les accidents chez Scaliger (*De causis*, 1540) qui préfère le terme d'*affectus* « attributs » à celui d'*accidens*, dans son souci de distinguer les « attributs indispensables » (par ex. pour le verbe, les *affectus necessarii* sont : temps, mode, personne, nombre, 1540, p. 245) et des propriétés vraiment accidentelles.

La dernière position que nous évoquerons est celle de Ramus, car lui aussi classe les mots en fonction de leurs attributs spécifiques, qu'il n'appelle pas *accidents* (le terme n'apparaît qu'une fois dans l'éd. de 1572, p. 42 : « reste a dire du mot & de ses accidens », peut-être par étourderie), mais *differentiae* dans ses ouvrages en latin et *différences* dans ses grammaires françaises (*diferensȩ* en 1562, et, selon qu'il utilise sa propre transcription ou la transcription commune, *difèrȩnsȩ* / *differences* en 1572). Car chez lui, c'est bien une combinatoire de ces différences qui permet de définir une classe, à l'intérieur d'un classement binaire : mots sans nombre / avec nombre, puis dans les mots avec nombre, mots avec genre, etc. : par ex. « Lȩ mot aian' nõbrȩ e' nom ou verbȩ. Nom et un mot dȩ nombr' avec jenrȩ » (1562, p. 41).

En fait, le *Donait françois* est bien loin d'une telle cohérence. Peut-être l'auteur a-t-il voulu commencer par les accidents et les lister intégralement pour éviter d'en oublier ?

LES PARTIES DU DISCOURS

Au nombre de huit, comme dans la tradition latine, et sans reconnaissance de l'article (le terme est une fois mentionné dans le *Donait françois*, *cf. infra*), elles sont regroupées en déclinables et indéclinables.

Est associée aux déclinables la « déclinaison » qui s'applique aussi bien aux noms qu'aux verbes, le terme *conjugaison* n'étant pas présent dans le *Donait françois* (alors que *coniugatio* est largement utilisé par Donat et Priscien, de même que *coniugatio* / *conjugaison* / *conjugation* [Palsgrave] dans les autres grammaires du français).

LA *SUPPOSITIO MATERIALIS*

Une des choses les plus étonnantes dans un texte aussi court et à vocation essentiellement pratique et didactique que le *Donait françois* est de voir traiter d'une question qui a beaucoup agité les grammairiens spéculatifs médiévaux : celle de la *suppositio materialis*. Il s'agit pour un terme donné d'être considéré non dans son fonctionnement dans la phrase, avec toutes ces caractéristiques, mais en mention, en autonyme. L'auteur prend comme exemple un mot ambigu : *ou*, ou plutôt *ou*/*où*, dont il donne un exemple dans son emploi « personnel » (c'est ainsi qu'il appelle son emploi non autonymique) : *ou alez vous ?* Ce qui étonne le plus, c'est de voir abordée ainsi une question proprement métalinguistique et de la voir traitée avec tant de soin, avec toutes les spécifications décrites pour l'autonyme : il est considéré « nomnellement, neutrelment, indeclinablement, substantivalment et en la force de la troiseisme personne » (f. 325^{r}a.15-19), c'est-à-dire comme l'occurrence indéclinable d'un substantif neutre. Le *Donait françois* revient implicitement sur la question en considérant un peu plus loin (f. 325^{r}b.9-10) que *ou* est un « substantif équivoque », ce qu'il ne peut être que s'il est pris en autonyme[1].

1 Il est à noter que le *Donait françois* n'emploie pas d'indicateur métalinguistique comme *li* utilisé par ex. dans la Grammaire de Metz éditée par T. Städtler (M^{4}) pour signaler les termes latins cités en autonyme (Monsonégo & Derniame 1998, p. 185).

LE NOM : SUBSTANTIF ET ADJECTIF

L'une des différences essentielles entre le *Donait françois* et l'*Ars* de Donat, mais aussi l'*Ars Prisciani*, réside dans la définition du nom et sa première division non plus en nom propre et nom appellatif (commun), mais en substantif et adjectif. En fait, c'est cette division, apparue dans la grammaire médiévale au XIIe siècle (*cf.* Rosier 1992) qui dicte désormais la partition de la définition. Le nom est « le mot qui porte le nom de une chose par soy mesmes ou pendant [dépendant] d'un autre » ; le substantif est celui qui désigne le nom de la chose par lui-même : c'est le désignateur direct d'un objet ; les adjectifs, ce sont les noms qui ne peuvent pas exister par eux-mêmes : il faut toujours qu'ils soient soutenus par un substantif, que ce dernier soit exprimé ou sous-entendu. Les deux définitions ne sont peut-être pas tout à fait sur le même plan : le substantif est défini sémantiquement, par sa fonction référentielle, l'adjectif, lui, semble l'être syntaxiquement, par son incapacité à figurer seul dans un énoncé. Mais il peut s'agir aussi d'une absence d'autonomie sémantique (*cf.* note *ad loc.*). En tout cas, la distinction entre substantif et adjectif est l'occasion d'établir une règle morphosyntaxique d'accord du second avec le premier : c'est une règle attendue puisqu'on la trouve dans les grammaires latines contemporaines[1] et dans les traités *Quot modis latinum incipitur ?* ; cette règle est complétée plus bas, après le classement des adjectifs.

Moins attendue est la division des substantifs et des adjectifs en respectivement six « manières », qui correspondent à un classement sémantique. Les substantifs sont divisés en univoques / équivoques (cette dernière catégorie étant illustrée par l'exemple d'autonyme *ou*/ *où*, déjà évoqué), en collectifs et absolus (deux catégories qu'on trouve déjà chez Priscien), avec entre les deux un « complectif », illustré par l'obscure locution *miel a enbeure* (voir note *ad loc.* pour son interprétation). On peut interpréter ce terme comme désignant un « nom élargi par un complément déterminatif » (Swiggers 1985b) ou comme signifiant « qui sert de complément, complétif » (Städtler 1988, p. 179) : dans la première interprétation, c'est toute la locution qui est considérée, dans la seconde, c'est seulement *enbeure* qui vient en complément à *miel.* À ce stade du texte, les commentateurs ont supposé une omission, puisque cela fait cinq catégories (*univoque*, *equivoque*, *collectif*, *complectif*, *absolu*) au

1 *Cf.* Guarino Veronese, *Regulae grammaticales*, ca 1418, cité *ad loc.*

lieu des six annoncées. Mais c'est plus une omission dans la structure du texte (on attend une énumération achevée) qu'une omission réelle puisque les deux types de relatifs qui suivent constituent bel et bien cette sixième catégorie : le *relatif de logi* est bien précisément celui qui s'oppose à l'*absolut*, alors que le *relatif de gramoire* correspond à cette catégorie de mots (les mots en *qu-*) que Donat classe parmi les pronoms, mais que Priscien fait basculer dans les noms (*cf. infra*).

Quant aux adjectifs, le classement en six catégories est encore plus rare, et comporte des catégories importées de Priscien, comme l'interrogatif et l'indéfini, et sans doute le distributif et le partitif (qui semblent correspondre à son *diuiduum <nomen>*) : il s'agit de termes relevant chez Donat des pronoms, mais que Priscien a recatégorisés en noms. Notre adjectif « qualificatif » est qualifié, de façon assez inattendue pour nous, de *demonstratif*.

Alors même que la plupart des exemples de noms sont précédés par *un* (*un cheval*, *un chevalier*, *un jour*, *un maille*, etc.), le *Donait françois* n'évoque pratiquement jamais l'article (*le*, *du*, *au* sont considérés comme « signes » [*seignes*] des cas). Le terme ne se trouve qu'en un endroit du texte, où il est défini ainsi : « cest mot *le* est un article, c'est a dire un seigne enforçant les autres mos » (f. 325ᵛa.30-32), et illustré par *je ayme le meistre lequel me ayme.*

LE PRONOM

La définition du pronom est une question difficile dans les grammaires des vernaculaires à la Renaissance du fait du double héritage de Donat et de Priscien qui ne donnent pas la même extension à la classe, le premier considérant qu'il remplace n'importe quel nom, le second jugeant qu'il ne remplace qu'une personne précise et renvoyant de ce fait les thèmes en *qu-* (interrogatifs, relatifs, indéfinis) dans la catégorie des noms.

Le *Donait françois* se range sans hésitation du côté de Priscien dont il prend la définition (« Chescun mot que est mis en lieu d'un nom et oveques ce seignifie certeine personne est appellé un pronom », f. 325ʳb.35-38) et le classement en primitifs et dérivés.

Cette clarté doctrinale n'empêche pas les difficultés qui viennent surtout des pronoms primitifs de troisième personne, et notamment (nous ne donnons que quelques exemples pris à un développement extrêmement compliqué) :

- de la difficulté à faire coïncider le système français avec le système latin : ainsi le *Donait françois* tente-t-il de faire correspondre le système, devenu essentiellement binaire, des démonstratifs français avec celui, ternaire, du latin, grâce à un classement en pronoms montrant « de long » (de loin) ou « de bien loing », « de pres », et d'encore « plus pres » ou « de bien pres » (en fait, il est difficile de savoir dans quelle mesure l'ancien système flexionnel des démonstratifs était conservé dans le sociolecte de l'auteur) ;
- de la polycatégorisation des formes, même si le *Donait françois* tente d'y mettre de l'ordre : ainsi *le* est-il reconnu à la fois comme article, comme « pronom demonstratif et infinit » (*sic*) et comme relatif ;
- de la flexion de ces formes : le *Donait françois* tente bien de distinguer nominatif et cas obliques, mais il est difficile d'opposer *cil* et *cel*, qui auraient une flexion, à *cest*, qui n'en aurait pas ; de même, les formes se terminant par *-y* sont-elles considérées comme obliques, mais l'auteur est alors obligé de considérer que la forme oblique *moy* vient remplacer celle du nominatif, *je*, dans *Janyn, que fais tu ? — Que, moy ?* [Qui, moi ?]. Il faut également utiliser *moy* dans *moy, je* et dans *moy mesmes.*

Les pronoms « dérivatifs », c'est-à-dire nos possessifs, posent un peu moins de problèmes, encore qu'il soit parfois difficile de distinguer *leur* primitif et *leur* dérivatif, et nécessaire de distinguer l'utilisation de *mon* et de *mien.* De même l'auteur établit des règles d'emploi de *mesme,* excluant *je mesmes* (admis par Palsgrave et Meigret) à remplacer par *moy mesmes.*

LE VERBE

À la différence de celle du pronom, la définition du verbe ne pose pas problème, les deux sources principales, Donat et Priscien, n'étant pas contradictoires sur ce point. Le critère est avant tout sémantique (faire ou souffrir), comme le montre une première définition que le *Donait françois* en a donnée, de façon directe, en traitant du cas : pour différencier nominatif et accusatif, il faut considérer la position du nom concerné par rapport au mot signifiant faire ou souffrir, et « ce mot que signifie fair ou seuffre est appelé un verbe » (f. 324^{r}b.12-14). Est également à noter la précision (l'« enforcement ») de la signification du verbe par *en* (*je vous en prie, en alez vous !*) ou *y* (*je vous y prie*) : l'expression du complément du verbe en question rend « plus forte » l'expression (f. 326^{v}a.24-30)[1].

Comme dans la plupart des premières grammaires françaises, l'impersonnel fait l'objet d'un traitement approfondi. Le plus remarquable est sans doute que le *Donait françois* considère *l'en dit*, *on dit* comme un impersonnel actif, ce qui pour nous est tout à fait normal (*cf.* aussi l'anglais *one says*), mais il est à noter qu'au siècle suivant, ces formes seront considérées la plupart du temps comme des impersonnels passifs, eu égard à la forme latine passive, *dicitur*, qu'elles traduisent (*cf.* Colombat 2007).

On trouve ensuite un développement relativement important sur l'utilisation du verbe dans les dialogues, avec la possibilité d'utiliser la particule affirmative *mon* (« certes ! »), celle d'utiliser le verbe *faire* en vicaire[2] des autres verbes. Il est difficile de savoir si l'insistance est due aux structures correspondantes de l'anglais (*Yes, I do, No, I do not*, etc.) – comment un grammairien « continental » (français) aurait-il été d'ailleurs conscient d'un tel phénomène ? –, puisqu'on trouve aussi en moyen français des réponses du type *si farai* (« je le ferai »).

L'auteur revient sur les temps, considérant qu'il y a, tous modes confondus, huit temps, étant entendu que les formes périphrastiques ne sont pas comptabilisées dans ce nombre.

Un bref épilogue (sur ce mot, voir note *ad loc.*) donne les huit formes du verbe *avoir* et se clôt par des remarques, déjà signalées, sur la prononciation des formes verbales.

Si l'on récapitule les formes données dans tout l'ouvrage pour les quatre verbes essentiellement utilisés comme paradigmes, à savoir *aymer*, *avoir*, *estre*, *fair*[3], on obtient le tableau suivant (pour l'actif).

---

1 La précision était peut-être d'autant plus nécessaire que les formules correspondantes de l'anglais *I beg of you, be gone !* ne présentaient pas l'équivalent de *en* ou de *y* (remarque de D. Kibbee).

2 Ou « pro-verbe ». Sur *faire* vicaire, voir Ponchon 1994, p. 251-341.

3 Les autres verbes utilisés dans les exemples sont relativement peu nombreux : *aller*, *apprendre*, *battre*, *braire*, *dire*, *désirer*, *déplaire*, *devoir*, *ensaigner* / *enseigner*, *entreaymer*, *enurer*, *forcer*, *parler*, *prier*, *user*, *valoir*, *venir*. Et surtout, ils sont le plus souvent cités sous une forme isolée qui ne permet en aucun cas de construire un paradigme.

		indicatif	impératif	optatif	subjonctif	infinitif
présent		je ayme je ay[1] je suis je fois	aimes tu aime cil	je aimeroie je auroie/ aroie	quant je ayme	aimer avoir faire/fair
futur		je aimerey je aurey/ arey je ferray		je aye		
passé	imparfait	je aymoie je avoie		je eusse		
	parfait	je aimey je eu				
	plus-que-parfait	je avoie amé[2]				

Le tableau peut sembler bien incomplet et bien insuffisant pour apprendre la morphologie, si complexe, du verbe français. Une seule forme en *-sse* est donnée (*je eusse*), dans le paradigme de *avoir*. Elle serait certainement considérée prioritairement comme une forme d'optatif, et secondairement de subjonctif, puisque, dans la première grammaire française, ce dernier, associé à une conjonction, est considéré comme reprenant ses formes soit à l'indicatif, soit à l'optatif.

R. Ingham nous fait remarquer également que l'auteur du *Donat françois* omet de fournir la forme du prétérit (pourtant si imprévisible, surtout pour des Anglais) de la plupart des verbes irréguliers qui figurent dans le volume. Pour expliquer ce silence, il émet l'hypothèse que le prétérit imparfait pouvait se traduire par le passé simple anglais[3], et le prétérit parfait par le passé composé anglais. On pouvait donc « éviter » le passé simple, dont l'utilisation non contrôlée pouvait entraîner… des catastrophes[4] !

1 Comme exemple de « déclinaison » sont données toutes les personnes : *ay*, *as*, *a*, *avons*, *avez*, *ont* (f. 325^{r}a.1).

2 Le plus-que-parfait, périphrastique, n'est pas donné dans le paradigme du verbe *avoir*, mais au chapitre des accidents, dans le développement sur les temps (f. 324^{v}b.21).

3 *Cf.* Ingham 2010b : « In AN, the imperfect was sometimes used to denote a punctual past time event, as noted by Buridant (2000, p. 368 sq.), who labelled this the 'imparfait atypique'. »

4 Comme formes de passé simple données en exemple, nous n'avons trouvé que *parla* (3), *ala*, outre les *je aymey* et *je eu* fournis dans le tableau. Mais il faut garder aussi à l'esprit que le traité est resté inachevé.

En fait, sur le plan morphologique, il y a beaucoup d'implicite dans cet ouvrage, ce qui appelle deux remarques :

- faut-il rappeler que dans la *Tekhné* de Denys le Thrace, le paradigme du verbe *tuptô* « je frappe » et dans l'*Ars minor* de Donat celui du verbe *lego* « je lis » ne permettaient pas non plus de donner un aperçu suffisant de la morphologie verbale grecque et latine[1] ; le *Donait françois* se range dans cette lignée d'ouvrages donnant le matériel pour explorer les textes, même si, beaucoup plus qu'eux, il entend aussi donner des « recettes » pratiques, et avant tout des recettes de lecture ;
- il ne faut pas déconnecter le *Donait françois* des textes environnants dans le manuscrit, avec, notamment, quelques feuillets plus bas, ce paradigme complet (déjà évoqué) du verbe *aymer* suivi de cette liste des verbes dont la traduction est difficile en français, paradigme qui est ainsi introduit :

> Cy maintenant nous vous baillerons un exemple coment vous formerez touz les verbes francois du monde, soient ils actifez, soient ils passivez, en quelque meuf ou temps q'ils soient. Et ceste exemple serra par cest verbe *jeo ayme*. (f. 367ʳa [361ʳa], Stengel p. 33.3-6 ; cité par Merrilees 1993, p. 280)

LA SYNTAXE

On trouve dans le *Donait françois* un certain nombre d'observations qui relèvent sinon de la syntaxe, en l'absence d'indicateurs fonctionnels[2], du moins de la morphosyntaxe.

1 Le texte est à comparer par ex. avec les 400 pages de listes de verbes, avec la mention de leur conjugaison, chez Palsgrave, ou encore aux 100 pages consacrées au verbe et essentiellement à sa morphologie, jugée la partie la plus difficile de la grammaire française, par Pillot 1561 [1550] : « Nemo verbum omnium difficillimum fere attigit. Vnde fit, ut non paucorum temporum voces sint hodie incertae, & controuersae » [Personne n'a en général touché au verbe qui est la question la plus difficile de toutes. Le résultat, c'est que les formes de bon nombre de temps sont encore aujourd'hui incertaines et controversées] (1561, p. 6 ; trad. Colombat, 2003, p. 9].

2 On ne trouve pas par exemple, pour désigner le sujet et le prédicat, les termes *suppos(t) / appos(t)* (latin *suppositum/appositum*) qui figurent dans beaucoup de grammaires latines de

Ainsi l'adjectif est-il défini comme toujours appuyé à un substantif ou « entendant » (sous-entendant) un substantif, et une règle d'accord (*En quantz accidens accordra le adjectif ovesque son substantif ?* f. 325^{r}b.2-3) précise son accord en cas, genre et nombre. Une règle donne l'accord du verbe personnel avec son nominatif en nombre et en personne, alors que le verbe impersonnel est ainsi appelé « pour ce qu'il n'a point de nominatif case duquel il prendroit nombre et personne » (f. 326^{v}a35-326^{v}b2). L'accord selon le sens est évoqué pour *Quantez heures est il ?* remplaçant *Quantez heures sont ils ?* (f 327^{r}b.1-2). L'utilisation du subjonctif – en fait, pour l'auteur, de l'optatif – au lieu de l'indicatif en subordonnée est évoquée à propos d'une mise en garde contre la confusion des modes (*je prie a Dieu que je aye bonne aventure*, avec « optatif futur » au lieu *que je ay bonne aventure*, avec indicatif présent, f. 324^{v}a.34-39).

L'ordre des mots, combiné à un critère sémantique, est évoqué, de façon étonnante pour un moderne, pour la reconnaissance des cas : *le* étant à la fois signe de nominatif et d'accusatif, est au nominatif le nom précédé de *le* qui « fait ou seuffre », alors qu'est à l'accusatif le nom précédé de *le* qui « receipt ascun fait devant alant » [reçoit un fait qui va devant] (f. 324^{r}b.2-12). L'ordre des mots est évoqué également à propos de la place des pronoms ; si la place de l'accusatif est bien « naturellement » après le verbe (*gramoire par nature demande que le accusatif case doit s'ensuir son verbe*, f. 326^{r}a.19-21), le pronom personnel français à l'accusatif se met néanmoins avant le verbe, selon « la guise de droit françois » (f. 326^{r}a.22). L'inversion de ce même pronom au nominatif par rapport au verbe est également évoquée dans les questions (*Dis je bien ?*) et les réponses, que ce soit en contexte affirmatif (*Si fois je*) ou négatif (*Non fait il*, f. 326^{r}b.37-326^{v}a.6).

---

la même époque, qu'elles soient rédigées en latin ou en français (*cf.* les entrées *appos* et *suppos* dans le *Glossar* de Städtler 1988, p. 167-168 et 289-290).

LE MÉTALANGAGE ET LE MATÉRIEL DU GRAMMAIRIEN

Le *Donait françois* fait intervenir une terminologie traduite du latin, avec des variantes dans les termes. L'index des métatermes est très riche puisqu'il fait ressortir 225 entrées pour un ensemble de seulement 700 termes pour tout le métatexte (c'est-à-dire ce qui reste lorsqu'on a ôté les exemples)[1]. Les variantes graphiques, nombreuses, s'expliquent par le fait qu'il n'existe encore aucune graphie de référence.

L'ouvrage se présente avant tout comme pratique, ce qui n'exclut pas une activité métalinguistique, bien au contraire : pour bien pratiquer le français, il faut avoir une solide connaissance théorique.

L'ouvrage comprend donc des « règles » dont les plus manifestes sont les règles de phonétique, partiellement numérotées, dans la première partie. Mais au delà, il y a un ensemble de prescriptions, dont les fonctions sont de :

- faire *reconnaître* les unités linguistiques : reconnaître les cas, les parties du discours (déclinables/indéclinables) ; savoir décliner ; reconnaître un mot en fonction dans la phrase et un autonyme ; reconnaître un nom et, dans la classe des noms, différencier un substantif et un adjectif ; reconnaître les « manières » (catégories) de substantifs et d'adjectifs ; reconnaître un pronom, et savoir différencier un primitif d'un dérivatif ; reconnaître le verbe ; savoir distinguer un verbe personnel d'un verbe impersonnel ;
- faire *fabriquer* les bonnes formes : une forme de comparatif et une forme de superlatif ; savoir fabriquer la forme de féminin et la forme de pluriel de l'adjectif ; savoir fabriquer un verbe impersonnel ;
- faire *utiliser* convenablement les catégories distinguées : savoir utiliser les pronoms de 3e personne en fonction de l'éloignement ; savoir utiliser les bonnes formes de pronoms en fonction de la

1 Rothwell (2001, p. 13) utilise cette richesse pour prouver que l'ouvrage ne peut s'adresser à des débutants (*cf. supra*, « Les destinataires de l'apprentissage et la fonction de l'ouvrage », p. 18).

déclinaison ; savoir mettre le pronom en fonction de régime avant le verbe ; savoir utiliser les possessifs et distinguer *leur* primitif et *leur* dérivatif ; savoir faire les inversions pronom sujet / verbe en fonction des situations : question, réponse positive ou négative ;
- *mettre en garde* contre des erreurs dans la production : ne pas mettre le singulier pour le pluriel et inversement ; ne pas utiliser une personne pour une autre ; ne pas confondre les genres des noms ; en particulier, ne pas se tromper pour l'accord des mots de genre neutre, qui en français sont soit au masculin, soit au féminin ; de même, ne pas se tromper dans la prononciation d'un nom masculin qui, « à l'œil », semble féminin (oublier le [ə] final de *père*), ni inversement dans celle d'un nom féminin qui, à « l'œil », semble masculin (prononcer *la foison* avec un [ə] final) ; ne pas confondre les modes des verbes ;
- sur le plan *phonétique*, savoir *associer* les mots entre eux en faisant les opérations nécessaires ; ne pas se laisser tromper par la graphie, donc savoir « ne pas sonner » ou « sonner soubtilement » certaines lettres, et à l'inverse savoir prononcer des lettres (c'est-à-dire des phonèmes) qui ne sont pas écrites ; être capable de faire des syncopes dans certaines formes conjuguées des verbes, signe de « plus belle language ».

Dernière remarque : on relèvera chez l'auteur un grand souci de précision traduit par l'usage récurrent du terme *enforcer* (*enforçant*, f. 325va.31 ; *enforcier*, f. 326va.25 ; *le enforçant*, f. 326vb.23) qu'Anne Grondeux me suggère de traduire par « préciser » : l'article est un « signe enforçant [précisant] les autres mos » ; *en* ou *y* précise la signification d'un verbe quelconque (*je vous prie* > *je vous en prie* ou *je vous y prie*) ; *le enforçant* (il faut remarquer la substantivation qui technicise le terme) désigne *en* dans l'expression *en user*.

LES EXEMPLES

La base numérisée répertorie 341 mots différents pour les exemples, et 367 exemples différents, ce qui représente environ un tiers des 922 mots pour tout le texte, étant entendu que nous considérons comme « exemple », dans un sens très large, tout fragment de langue citée. Le vocabulaire est simple et classique : *homme*, *femme*, *dame*, *père*, *mère*, *frère*, avec les prénoms *Jehan*, *Janyn*, *Gelemyn/Guillemyn*, *Eleine/Eleyn*, et les noms de lieux attendus : *Londres*, *Paris*, la *Tamis(e)*. Comme dans l'*Ars* de Donat, le vocabulaire de l'*escolle* est bien représenté : le maître (*maistre/meistre*) sert de paradigme (d'où une trentaine d'occurrences), accompagné de ses *disciples/desciples* qui, lorsqu'ils sont *mauvais/mauveis* et qu'ils *apreinnent* mal, alors qu'il *ensaigne* bien, suscitent son *courous*. On trouve même le *bank*, exemple de mot sémantiquement neutre, mais masculin en français, et héritier du *scamnum* de Donat, chez qui il illustre précisément le paradigme du neutre.

Il y a des couples : *homme / femme*, *bel sire / belle dame* ; des séries parallèles : *Londres*, *Tamis*, *Jehan*, *Eleyn / une citee*, *un fluve*, *un home*, *une femme* ; des noms en batterie : *françois*, *englois*, *escos* [écossais] ; *jour*, *maille*, *denier*, *blanc*, avec les dérivés correspondants.

Le paradigme verbal est illustré comme attendu aussi par le verbe *aymer* (lat. *amare*), plus fréquent que son contraire (attesté sous la forme *s'entrehayent*). Le *Donait françois* parle inévitablement de *avoir*, *estre* et *faire*, ce dernier moins pour la difficulté de sa flexion que pour sa fonction de vicaire, lui permettant, dans les dialogues, de remplacer n'importe quel verbe, parallèlement à *to do* en anglais.

À côté de ce vocabulaire ordinaire et familier, le lecteur s'étonnera peut-être de voir des mots bibliques beaucoup plus rares, comme *Abraham*, *Adam*, *Oreb*, *pharaon* (générique), *Putiphar*, mais leur fonction est de donner des exemples de termes dont il faut prononcer la finale, pour ne pas perdre « l'entendement » (voir note *ad loc.*).

Du côté des syntagmes et des phrases complètes, même simplicité : des phrases courtes, correspondant à la description de situations ordinaires, qui montrent bien que le *Donait françois* est une grammaire du français lu (à haute voix).

PRINCIPES DE L'ÉDITION

L'édition de P. Swiggers (1985a) marque par l'italique la résolution des abréviations et signale les termes autonymiques par des guillemets. Celle de E. Stengel (1879) et celle de T. Städtler (1988) n'indiquent pas le rétablissement des abréviations et utilisent l'italique pour signaler les termes autonymiques[1]. Les deux premières respectent la division du texte en six « chapitres » (pour utiliser la même dénomination que Barton), la dernière numérote plus finement le texte sous la forme de 57 paragraphes. Nous avons structuré le texte en utilisant trois niveaux de profondeur et en ajoutant titres et sous-titres entre crochets.

Nous donnons quatre versions du texte, sous la forme d'un double vis-à-vis :

premier vis-à-vis

- un fac-similé du manuscrit 182 de la Codrington Library ;
- en regard de ce fac-similé, le texte transcrit ligne à ligne en continu, aussi fidèlement que possible, avec, notamment, le respect des majuscules et minuscules, l'absence d'accent, la coupure des mots en fin de ligne ; néanmoins une ponctuation plus fournie a été rétablie, souvent à fin d'explicitation ; comme dans l'édition de P. Swiggers, l'italique sert à signaler la résolution des abréviations ;

second vis-à-vis

- sur la page de gauche, ce même texte en continu, légèrement modernisé : rétablissement des apostrophes, de la cédille (qui est l'un des symboles les plus emblématiques des graphies humanistes et renaissantes), des majuscules et du tréma selon l'usage moderne ; remplacement de *v* par *u* dans *vn*(*e*) et de *i* par *j* dans *ie* (pronom de 1re personne) ; suppression

1 Ce qui peut être gênant pour une étude méticuleuse de la langue utilisée. *Cf.* Kristol, 1990-1991, p. 320, note 27 : « La belle édition récente du *Donait* de John Barton (Städtler 1988) [...] ne peut pas servir à une analyse dialectale et graphématique précise, car Städtler – qui s'intéressait surtout à la terminologie grammaticale – a transcrit les abréviations du manuscrit sans la moindre mise en relief typographique. »

de l'espace dans *tous jours*, *le quel* ou *du quel* ; la ponctuation est adaptée ; le *é* avec accent aigu est rétabli ; le texte a été subdivisé, avec l'introduction de titres et sous-titres séparant des paragraphes : les notes présentent le texte de Donat (avec sa traduction quand il n'y a pas d'adaptation française correspondante), de Priscien, du traité *Quantes parties d'oroison sont ?* (XIVe siècle) et du livret *Aelii Donati de octo partibus orationis Libellus*[1], parfois d'autres textes ; comme dans l'édition de E. Stengel et celle de T. Städtler, l'italique sert ici à marquer les éléments autonymiques et les exemples ;
– sur la page de droite (en belle page), la transcription en français moderne, suivie de notes de commentaire ; les exemples sont gardés dans la graphie d'origine et suivis de leur traduction entre crochets quand leur compréhension pose des problèmes.

Nous avons suivi l'édition de Städtler pour :

– l'adjonction de <sensuiant>, f. 322^{v}b.40,
– l'adjonction de <qui a>, f. 325^{r}a.8,
– l'adjonction de <relatif>, f. 326^{v}a.7.

En revanche, nous ne supposons pas de manque dans le texte après : « Equivoque, si co-|me cest mot ou », f. 325^{r}b.9-10.

En outre :

– f. 322^{r}b.29 : nous proposons de lire *doulce francé* au lieu de *doulce France*,
– f. 324^{v}a.14 : nous proposons de lire *tres et le positif* au lieu de *tres ou le positif*,
– f. 325^{r}b.12 : nous proposons de lire *miel a embeuré* au lieu de *miel a embeure*,
– f. 326^{r}a.5 : nous proposons de corriger *au moy* en *a moy*,

1 Textes disponibles dans la base du *Grand Corpus des grammaires françaises*, permettant donc de faire des recherches en ligne (*cf. supra*, p. 14, note 1). Les deux textes diffèrent du *Donait françois* en ce que ce sont des grammaires *du latin*, et non du français. La métalangue du premier est le français ; le second, plus tardif, est bilingue, ce qui permet de voir comment s'est réalisée la traduction de l'*Ars minor*.

- f. 326^{v}b.24 : nous proposons de lire : *en cet exemple : ainsi en & a len use* (en intégrant *ainsi* dans l'exemple),
- f. 327^{r}a.38-39 : nous proposons de déplacer *pour* avant *ie ay* et de lire : *pour ie ai est volentiers mis cest verbe : ie suys.*

TABLEAU DE CORRESPONDANCE

Ce tableau de correspondance permet au lecteur de convertir les renvois à l'ancienne foliotation (à laquelle font référence la plupart des études antérieures) en renvois à la nouvelle numérotation établie par Watson (1997, p. 210-214) et utilisée dans la présente édition.

Ancienne numérotation	Nouvelle numérotation
316^{r}b	322^{r}b
316^{v}a/b	322^{v}a/b
317^{r}a/b	323^{r}a/b
317^{v}a/b	323^{v}a/b
318^{r}a/b	324^{r}a/b
318^{v}a/b	324^{v}a/b
319^{r}a/b	325^{r}a/b
319^{v}a/b	325^{v}a/b
320^{r}a/b	326^{r}a/b
320^{v}a/b	326^{v}a/b
321^{r}a/b	327^{r}a/b
321^{v}a	327^{v}a

Nous remercions les participants à notre séminaire de M2 (Histoire et épistémologie de la linguistique) professé à l'université Paris Diderot durant le 2e semestre de l'année 2011-2012, notamment Élisabeth Lazcano (qui nous a fourni une grande partie de la documentation), Aimée Lahaussois (pour ses remarques toujours pertinentes sur la confrontation de deux langues qu'elle maîtrise parfaitement) et nos étudiantes, en particulier Pascaline Daniel et Simona Maletta pour leur travail – dont nous avons tiré grand profit – sur la partie phonétique de l'ouvrage.

Nous avons soumis également le manuscrit à un ensemble de spécialistes qui ont bien voulu le lire et nous faire part de leurs remarques. Il s'agit de Geneviève Clerico, Maria Colombo Timelli, Joëlle Ducos, Anne Grondeux, Richard Ingham, Douglas Kibbee, Andres Max Kristol, Serge Lusignan, Christiane Marchello-Nizia, Brian Merrilees, Sophie Prévost, Valérie Raby, Thomas Städtler, Patricia Stirnemann, Pierre Swiggers, David Trotter.

Nous devons beaucoup à leur lecture très attentive et à leurs très nombreuses suggestions ; nous les remercions vivement. Naturellement nous sommes seul responsable des choix effectués et surtout des erreurs contenues dans cette édition.

DONAIT FRANÇOIS

REPRODUCTION

TRANSCRIPTION LIGNE À LIGNE

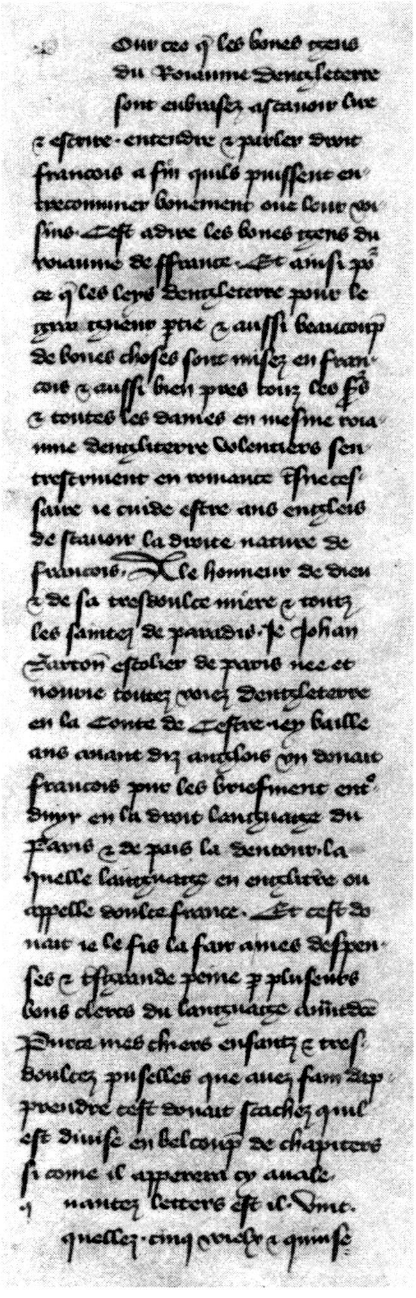

Pur ceo que les bones gens
du Roiaume dengleterre
sont enbrasez a sçavoir lire
& escrire · entendre & parler droit
françois a fin quils puissent en
trecommuner bonement ove lour voi
sins · Cest adire les bones gens du
roiaume de ffrance · Et ainsi pur
ce que les leys dengleterre pour le
graindre partie & aussi beaucoup
de bones choses sont misez en fran
cois & aussi bien pres touz les seigneurs
& toutes les dames en mesme roia
ume dengliterre volentiers sen
trescrivent en romance tresneces
saire je cuide estre aus engleis
de sçavoir la droite nature de
françois · A le honneur de dieu
& de sa tresdoulce miere & toutz
les saintez de paradis · je Johan
Barton escolier de Paris nee et
nourie toutez voiez dengleterre
en la Conte de Cestre · ey baille
aus avant diz anglois un donait
françois pur les briefment entre
duyr en la droit language du
Paris & de pais la dentour · la
quelle language en engliterre on
appelle doulce france · Et cest do
nait je le fis la fair a mes despen
ses & tresgrande peine par pluseurs
bons clercs du language avantdite
Pur ceo mes chiers enfantz & tres
doulcez pucelles que avez fain dap
prendre cest donait sachez quil
est divise en belcoup de chapiters
si come il apperent cy avale
Quantez letters est il · Vint ·
quellez · cinq voielx & quinse

Pour ceo q*ue* les bones gens du roiaume dengleterre sont enbrasez a scavoir lire & escrire, entendre & parler droit francois a fin quils puissent entrecomuner bonement ove lour voisins. Cest a dire les bones gens du roiaume de France. Et ainsi po*ur* ce q*ue* les leys dengleterre pour le graigneur p*ar*tie & aussi beaucoup de bones choses sont misez en francois & aussi bien pres touz les s*eigneurs* & toutes les dames en mesme roiaume dengliterre volentiers sentrescrivent en romance, *tres*necessaire ie cuide estre aus engleis de scavoir la droite nature de francois. A le honneur de dieu & de sa tres doulce miere & toutz les saintez de paradis, Je, Johan Barton, escolier de paris, nee et nourie toutez voiez dengleterre en la conte de Cestre, iey baille aus avant diz anglois vn donait francois pur les briefment entr*e*duyr en la droit language du Paris & de pais la dentour, la quelle language en englit*er*re on appelle doulce france. Et cest donait ie le fis la fair a mes despenses & tr*e*s grande peine p*ar* pluseurs bons clercs du language av*a*ntd*i*te. Purce, mes chiers enfantz & tres doulcez puselles, que avez fain dapprendre cest donait, scachez quil est divise en belcoup de chapiters, si come il apperera cy avale.

Quantez letters est il ? Vint. quellez ? cinq voielx & quinse

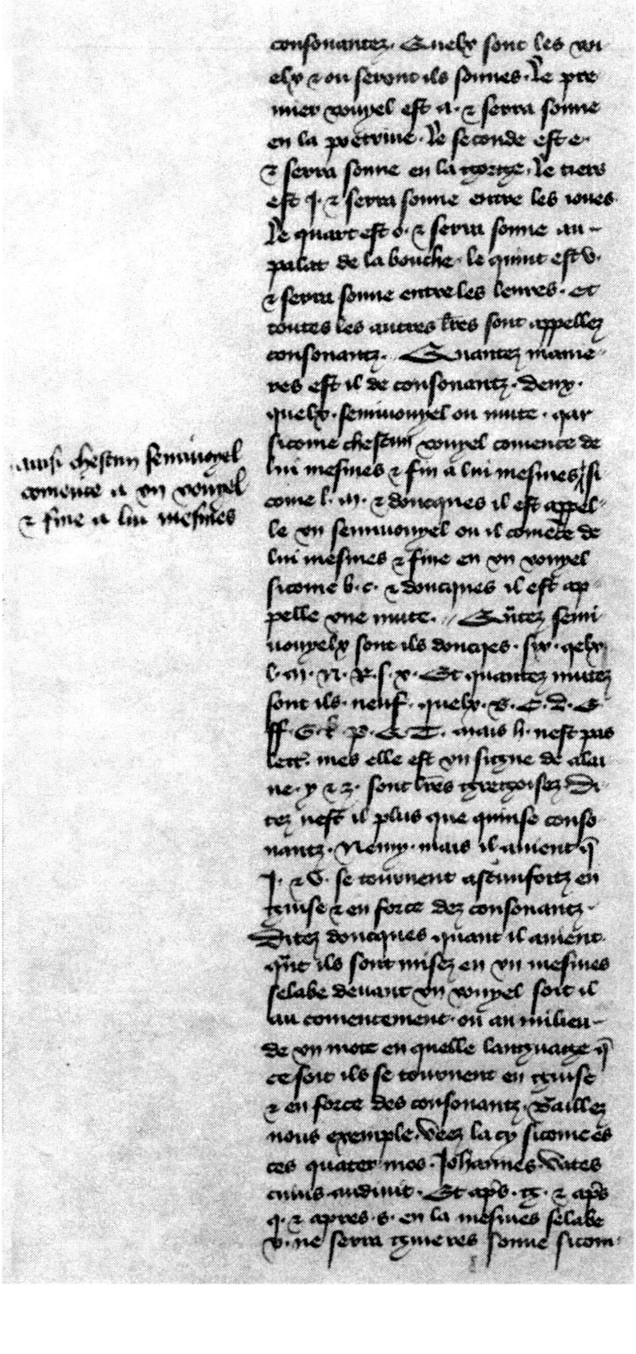

consonantz. Queux sont les vowelx et coment serront ils sonnez. Le pre
mier vowel est a. et serra sonne
en la poytrine. le seconde est e.
et serra sonne en la gorge. le tiers
est i. et serra sonne entre les ioues.
le quart est o. et serra sonne au
palat de la bouche. le quint est u.
et serra sonne entre les levres. et
toutes les autres lettres sont appellez
consonantz. Quantz manie
res est il de consonantz. Deux.
queux. semivowel ou mute. par
siccome chescun vowel comence de
lui mesmes et fin a lui mesmes si
come l. m. et donques il est appel
le un semivowel ou il comence de
lui mesmes et fine en un vowel
siccome b. c. et donques il est ap
pelle une mute. Quantz semi
vowelx sont ils donques. sis. queux
l. m. n. r. s. x. Et quantz mutz
sont ils. neuf. queux. b. c. d. g.
ff. g. k. p. q. t. mais h nest pas
lettre mes elle est un signe de aspiracio
ne. y et z sont lettres grecoises. Donques
nest il plus que quinse conso
nantz. Nemy. mais il avient qi
i et u se tournent ascunfoitz en
vertue et en force dez consonantz.
Ditez donques quant il avient
que ils sont misez en un mesmes
sillabe devant un vowel soit il
au comencement ou au milieu
de un mott en quelle langage qi
ce soit ils se tournent en vertue
et en force des consonantz. Baillez
nous exemple. Veez la cy siccome es
ces quatre mos. Johannes. Vates
iuvat. audivit. Et apres ʒ. et apres
q. et apres s. en la mesmes sillabe
u. ne serra ia mes sonne sicom

ainsi chescun semivowel
comence a un vowel
et fine a lui mesmes

consonantez. Quelx sont les voielx & ou seront ils sonnes ? Le premier vouyel est a, & serra sonne en la poetrine, le seconde est e & serra sonne en la gorge, le tiers est i & serra sonne entre les ioues, le quart est o & serra sonne au palat de la bouche, le quint est v & serra sonne entre les levres. et toutes les autres l*ettr*es sont appellez consonantz. Quantez manieres est il de consonantz ? Deux. quelx ? semivouyel ou mute, qar sicome chescun vouyel comence de lui mesmes & fin a lui mesmes[1], si come l, m, & doncques il est appelle vn semivouyel ; ou il come*n*ce de lui mesmes & fine en vn vouyel sicome b, c, & doncques il est appelle vne mute. Q*ua*ntez semivouyelx sont ils doncqes ? Six. qelx ? l, m, n, r, s, x. Et quantez mutez sont ils ? neuf. quelx ? B, C, D, (E)[2] F, G, H, P, Q, T, mais h nest pas lettre, mes elle est vn signe de alaine ; y & z sont l*ett*res gregoisez. Ditez, nest il plus que quinse consonantz ? Nemy, mais il avient que i & v se tournent ascunfoitz en guise & en force des consonantz. Ditez doncques quant il avient. q*ua*nt ils sont misez en vn mesmes selabe devant vn vouyel, soit il au comencement, ou au milieu de vn mote, en quelle language q*ue* ce soit, ils se tournent en guise & en force des consonantz. Baillez nous exemple. Veez la cy, sicome es ces quater mos Johannes, Vates, cuius, audivit. Et ap*res* g & ap*res* q & apres s en la mesmes selabe v ne serra guieres sonne, si com-

1 « ainsi chescun semivoyel comence a un vouyel et fine a lui mesmes » : ajouté dans la marge gauche.

2 « E » mis entre parenthèses par Städtler, omis par Stengel et Swiggers.

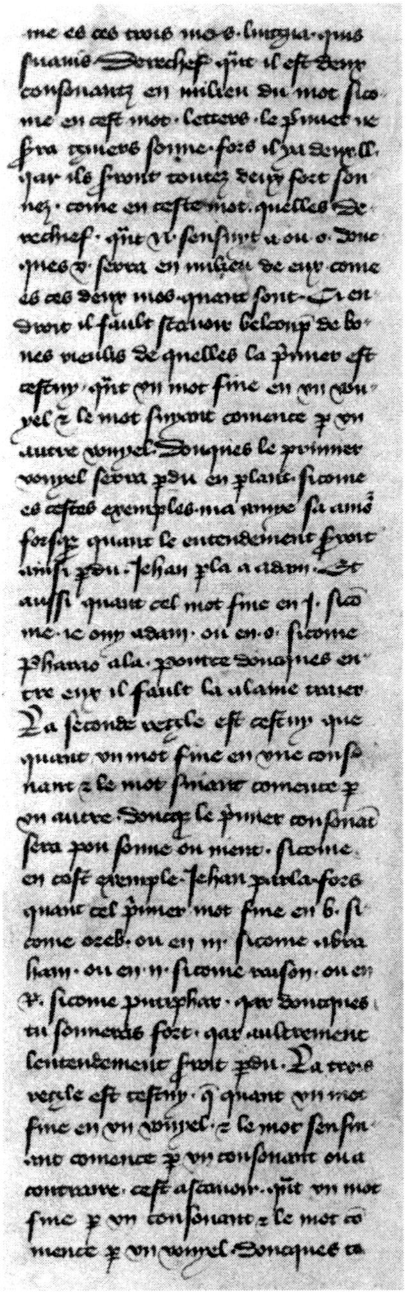
me es ces trois mos .o. lingua. quis
suanis. Derechef quant il est deux
consonantz en milieu du mot sico
me en cest mot. letters. le primer ne
sera tenevs sonne fors il ha deux ll.
Car ils seront toutes deux fort son
nez. come en ceste mot. quelles. De
rechef. quant .u. sensuit .a. ou .o. donc
ques .v. serra en milieu de eux come
es ces deux mos. quant sont. Et en
core il fault scavoir beaucoup de bo
nes reulls de quelles la primer est
cestuy. quant un mot fine en un vou
yel & le mot suivant comence par un
autre vowel. donques le primer
vowel serra pardu en parlant. sicome
es cestes exemples. ma ame sa ame
fors &c. quant le entendement serroit
ainsi perdu. Jehan parla a adam. Et
aussi quant cel mot fine en .i. sico
me .ie ou adam. ou en .o. sicome
pharao ala. pointe donques en
tre eux il fault la alaine tenier
La seconde reule est cestuy que
quant un mot fine en une conso
nant & le mot suivant comence par
un autre. donques le primer consonat
sera pardu sonne ou mene. sicome
en cest exemple. Jehan parla fors
quant cel primer mot fine en .b. si
come Oreb. ou en .m. sicome abra
ham. ou en .n. sicome raison. ou en
.r. sicome putiphar. Car donques
tu sonneras fort. car aultrement
lentendement serroit perdu. La trois
reule est cestuy. que quant un mot
fine en un vowel. & le mot sensu
ant comence par un consonant ou a
contraire. cest asavoir. quant un mot
fine par un consonant & le mot co
mence par un vowel. donques ta

me es ces trois mos : lingua, quis, suavis. Derechef, q*ua*nt il est deux consonantz en milieu du mot, sicome en cest mot letters, le p*re*mier ne s*er*ra guiers sonne, fors il y a deux ll, qar ils s*er*ront toutez deux fort sonnez, come en ceste mot quelles. Derechief, q*ua*nt n sensuyt a ou o, doncques v serra en milieu de eux, come es ces deux mos quant, sont. Ci endroit il fault scavoir belcoup de bones rieulis, de quelles la p*ri*mier est cestuy : q*ua*nt vn mot fine en vn vouyel & le mot suyant comence p*ar* vn autre vouyel, Donques le primier vouyel serra p*er*du en p*ar*lant, sicome es cestes exemples : ma amye, sa amo*ur*, forsq*ue* quant le entendement s*er*roit ainsi p*er*du : Jehan p*ar*la a Adam. Et aussi quant cel mot fine en i, sic*o*me ie ouy adam, ou en o, sicome Pharao ala, pour ce doncques entre eux il fault la alaine traier.

La seconde regle est cestuy que quant vn mot fine en vne consonant & le mot suiant comence p*ar* un autre, Doncq*ue*s le primier consona*n*t sera pou sonne ou nient, sicome en cest exemple : Jehan parla, fors quant cel p*ri*mier mot fine en b, si come oreb, ou en m, sicome abraham, ou en n, sicome raison, ou en r, sicome putiphar, qar doncques tu sonneras fort, qar aultrement lentendement s*er*roit p*er*du. La trois regle est cestuy q*ue* quant vn mot fine en vn vouyel & le mot sensuiant comence p*ar* vn consonant ou a contraire, cest a scavoir, q*ua*nt vn mot fine p*ar* vn consonant & le mot <sensuiant>[1] *com*mence p*ar* vn vouyel, doncques to-

1 « sensuiant » : adjonction de Städtler.

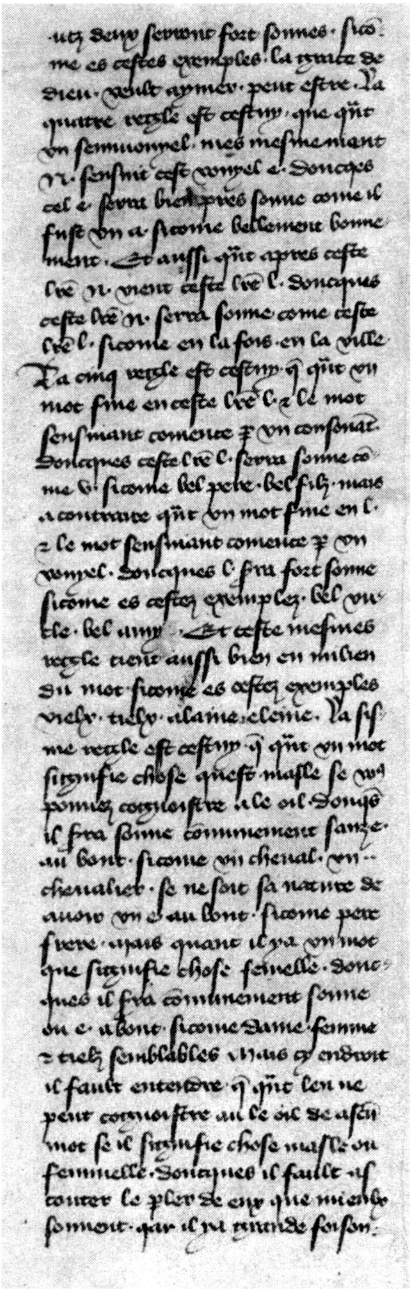

uez deux seroient fort sonnes · si co-
me es cestes exemples · la grace de
dieu · veult aymer · peut estre · La
quatre regle est cestuy · que quant
un semivoyel · nes mesmemant
n · sensuit cest voyel e · Doncques
cel e serra bien pres sonne come il
fust un a · si come bellement bonne
ment · Et aussi quant apres ceste
lre n · vient ceste lre l · Doncques
ceste lre n · serra sonne come ceste
lre l · si come en la fois · en la ville
La cinq regle est cestuy que quant un
mot fine en ceste lre l · et le mot
sensuiant comence par un consonat ·
Doncques ceste lre l · serra sonne co
me u · si come bel pere · bel filz · mais
a contraire quant un mot fine en l ·
et le mot sensuiant comence par un
voyel · Doncques l serra fort sonne
si come es cestez exemplez · bel on-
cle · bel amy · Et ceste mesmes
regle tient aussi bien en milieu
du mot si come es cestez exemples
vielx · tielx · alame · elome · La sis-
me regle est cestuy que quant un mot
signifie chose qu'est masle de quoy
pouez connoistre a le oil · Doncques
il serra sonne communement sanz e ·
au bont · si come un cheval · un -
chevalier · se ne soit sa nature de
avoir un e au bont · si come pere
frere · mais quant il ya un mot
que signifie chose femelle · Donc-
ques il serra communement sonne
ou e · a bont · si come dame · femme
et tielz semblables · Mais en cest endroit
il fault entendre que quant len ne
peut connoistre au le oil de ascun
mot se il signifie chose masle ou
femmelle · Doncques il fault as-
conter le pler de ceux que mieulx
sonnoit · car il ya grande foison.

utz deux serront fort sonnes, si c*o*me es cestes exemples : la grace de dieu, veult aymer, peut estre. La quatre regle est cestuy que q*ua*nt un semivouyel, mes mesmemant n, sensuit cest vouyel e, doncqes cel e serra bien pres sonne come il fust vn a, sicome bellement, bonnement. Et aussi q*ua*nt apres ceste l*ett*re n vient ceste l*ett*re l, doncques ceste l*ett*re n serra sonne come ceste l*ett*re l, sicome en la fois, en la ville. La cinq regle est cestuy q*ue* q*ua*nt vn mot fine en ceste l*ett*re l, & le mot sensuiant comence p*ar* vn consona*n*t, doncques ceste l*ett*re l serra sonne c*o*me v sicome bel pere, bel filz, mais a contraire q*ua*nt vn mot fine en l & le mot sensuiant comence p*ar* vn vouyel, doncques l s*er*ra fort sonne, sicome es cestez exemplez bel vncle, bel amy. Et ceste mesmes regle tient aussi bien en milieu du mot, sicome es cestez exemples vielx, tielx, alaine, eleine. La sisme regle est cestuy q*ue*, q*ua*nt vn mot signifie chose quest masle, se vo*us* pouuez cognoistre a le oil, donq*ue*s il s*er*ra sonne *com*munement sanz e au bout, sicome vn cheval, vn chevalier, se ne soit sa nature de avoir vn e au bout, sicome pere, frere, mais quant il y a vn mot que signifie chose femelle, doncques il s*er*ra *com*munement sonne on e a bout, sicome dame, femme, & tielz semblables. Mais cy endroit il fault entendre q*ue*, q*ua*nt len ne peut cognoistre au le oil de ascu*n* mot, se il signifie chose masle ou femmelle, doncques il fault ascouter le *par*ler de eux que mieulx sonnent, qar il y a grande foison

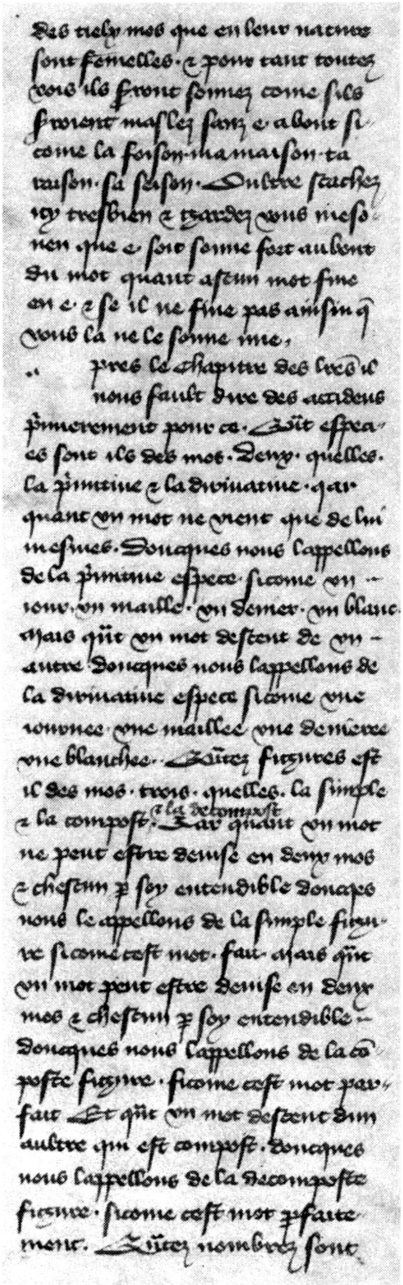

des tielx mos que en leur nature
sont femelles et pour tant toutes
voies ils feront sonnez come s'ils
feroient masles fors e a lieu si
come la foison, ma maison, ta
raison, sa saison. Oultre sachiez
icy tresbien et gardez vous messo-
nen que e soit sonne fort au lieu
du mot quant aucun mot fine
en e et se il ne fine pas ainsin que
vous la ne le sonne mie.
Apres le chapitre des lettres il
nous fault dire des accidens
premerement pour ce. Quantes espe-
ces sont ils des mos. Deux. Quelles.
La primitive et la dirivative. Car
quant un mot ne vient que de lui
mesmes. Donques nous l'appellons
de la primitive espece si come un -
iour, un maille, un denier, un blanc.
Mais quant un mot descent de un -
autre donques nous l'appellons de
la dirivative espece si come une
iournee, une maillee, une deneree,
une blanchee. Quantes figures est
il des mos. Trois. Quelles. La simple
et la compost et la decompost. Car quant un mot
ne peut estre devise en deux mos
et chescun par soy entendible donques
nous le appellons de la simple figu-
re si come cest mot fait. Mais quant
un mot peut estre devise en deux
mos et chescun par soy entendible -
donques nous l'appellons de la com-
poste figure si come cest mot par-
fait. Et quant un mot descent d'un
aultre qui est compost donques
nous l'appellons de la decomposte
figure si come cest mot parfaite-
ment. Quantes nombres sont

des tielx mos que en leur nature sont femelles, & pour tant toutez vois ils s*er*ront sonnez come sils s*er*roient maslez sanz e a bout, si come la foison, ma maison, ta raison, sa seison. Oultre scachez icy tres bien & gardez vous mesouen que e soit sonne fort au bout du mot, quant ascun mot fine en e, & se il ne fine pas ainsin q*ue* vous la ne le sonne mie.

Apres le chapitre des l*ett*res il nous fault dire des accidens, primierement pour ce. Q*ua*nt especies sont ils des mos ? Deux. quelles ? la p*ri*mitive & la dirivative. qar quant vn mot ne vient que de lui mesmes, Doncques nous lappellons de la p*ri*mitive espece, sicome vn iour, vn maille, vn denier, vn blanc. Mais q*ua*nt vn mot descent de vn autre, doncques nous lappellons de la dirivative espece, sicome vne iournee, vne maillee, vne denieree, une blanchee. Q*ua*ntez figures est-il des mos ? Trois. Quelles ? La simple & la compost & la decompost[1]. Qar quant vn mot ne peut estre devise en deux mos & chescun p*ar* soy entendible, doncqes nous le appellons de la simple figure, sicome cest mot fait. Mais q*ua*nt un mot peut estre devise en deux mos & chescun p*ar* soy entendible, doncques nous lappellons de la *com*poste figure, sicome cest mot parfait. Et q*ua*nt vn mot descent dun aultre qui est compost, doncques nous lappellons de la decomposte figure, sicome cest mot p*ar*faitement. Q*ua*ntez nombrez sont

1 « & la decompost » : ajouté au-dessus de la ligne après « compost ».

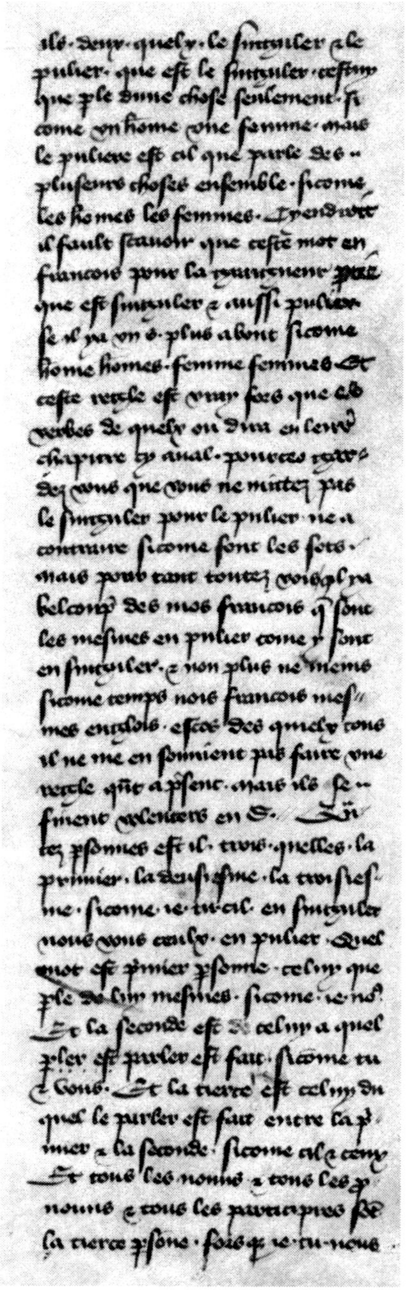
ils deux. quelx. le singuler & le
plurier. que est le singuler. celuy
que parle dune chose seulement. si
come un home une femme. mais
le pluriel est cil que parle des -
plusours choses ensemble. sicome
les homes les femmes. Item droit
il fault savoir que ceste mot en
francois pour la greindre partie
que est singuler & aussi plurier
se il ya un s. plus adont sicome
home homes. femme femmes. Et
ceste reule est voir fors que les
verbes de quelx on dira en lour
chapitre cy aval. pources gardes
dez vous que vous ne mittez pas
le singuler pour le plurier ne a
contraire sicome font les sots.
mais pour tant toutez voiez il ya
beaucoup des mos francois q sont
les mesmes en plurier come y sont
en singuler. & non plus ne meins
sicome temps nois francois mes-
mes englois. estre des quelx vous
il ne me en sovient pas faire une
reule quar a present. mais ils se-
ment conoissans en ces. En
les persones est il. trois. quelles. la
primier. la deusiesme. la troisies-
me. sicome. ie. tu. cil. en singuler
nous vous eulx. en plurier. Quel
mot est primier persone. celuy que
parle de luy mesmes. sicome. ie. nous.
Et la seconde est a celuy a quel
parler est parler est fait. sicome tu
& vous. Et la tierce est celuy du
quel le parler est fait entre la pri-
mer & la seconde. sicome cil & ceux
Et tous les nouns & tous les pro-
nouns & tous les participes sont
la tierce persone. fors que ie. tu. nous

ils ? deux. quelx ? le singuler & le pulier. que est le singuler ? cestuy que p*ar*le dune chose seulement, si come vn home, vne femme. mais le puliere est cil que parle des pluseurs choses ensemble, sicome les homes, les femmes. Cy endroit il fault scavoir que ceste mot en francois, pour la graigneur p*ar*tie, que est singuler & aussi pulier, se il y a vn s plus a bout, sicome home, homes, femme, femmes. Et ceste regle est vray fors que es verbes, de quelx on dira en leur chapitre cy aval. pour ceo gardez vous que vous ne mittez pas le singuler pour le pulier, ne a contraire, sicome font les sots. Mais pour tant toutez vois *com* il y a belcoup des mos francois q*ue* sont les mesmes en pulier come y sont en singuler, & non plus ne meins, sicome temps, nois, francois, mesmes, englois, escos, des quielx tous il ne me en souvient pas faire vne regle q*ua*nt a present, mais ils se finent volenters en s. Q*ua*ntez personnes est il ? trois. quelles ? la primier, la deusiesme, la troisiesme, sicome ie, tu, cil en singuler, nous, vous, ceulx en pulier. Quel mot est p*ri*mier p*er*sonne ? celuy que p*ar*le de luy mesmes, sicome ie, no*us*. Et la seconde est de celuy a quel parler est fait, sicome tu & vous. Et la tierce est celuy du quel le parler est fait entre la p*ri*mier & la seconde, sicome cil & ceux. Et tous les nouns & tous les p*ro*nouns & tous les participres s*on*t la tierce p*er*sone, fors que ie, tu, nous

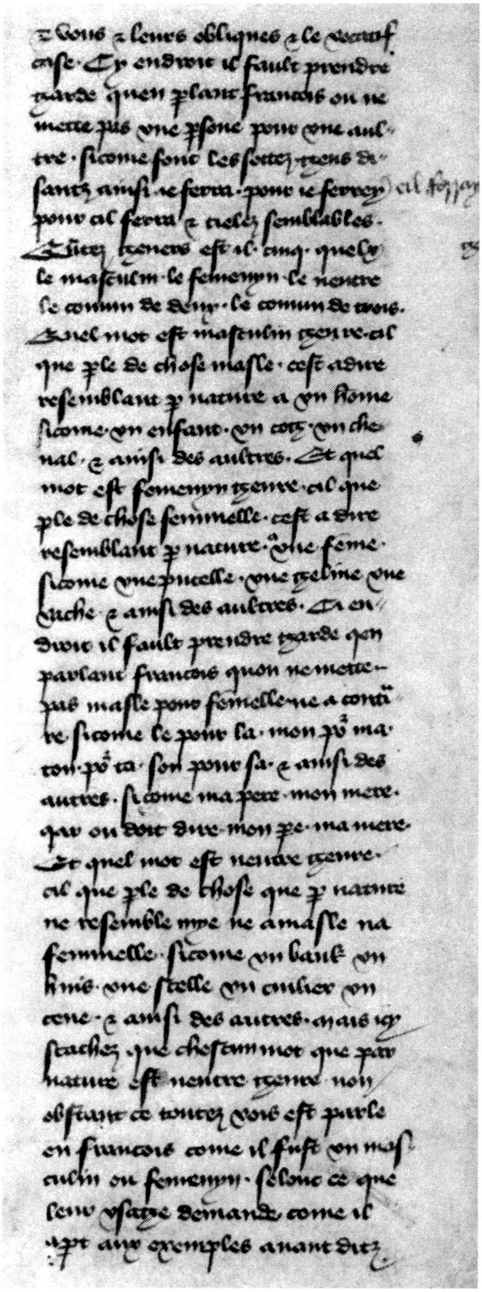
et vous et leurs obliques et le vocatif
case. Cy endroit il fault prendre
garde quen parlant françois on ne
mette pas une persone pour une aul-
tre. si come font les sottez gens di-
santz ainsi je ferra. pour je ferey
pour il ferra et telez semblables.
Quantz genres est il. cinq. quelx
le masculin. le femenyn. le neutre
le comun de deux. le comun de trois.
Quel mot est masculin genre. cil
que parle de chose masle. cest adire
resemblant par nature a un home
si come un enfant. un cok. un che-
val. et ainsi des aultres. Et quel
mot est femenyn genre. cil que
parle de chose femmelle. cest a dire
resemblant par nature a une feme.
si come une pucelle. une geline une
vache. et ainsi des aultres. Ca en-
droit il fault prendre garde qen
parlant françois quon ne mette
pas masle pour femelle ne a contr-
re si come le pour la. mon pour ma.
ton pour ta. son pour sa. et ainsi des
autres. si come ma pere. mon mere.
car on doit dire mon pere. ma mere.
Et quel mot est neutre genre.
cil que parle de chose que par nature
ne resemble mye ne a masle na
femmelle. si come un bank. un
livre. une stelle. un coulier. un
terre. et ainsi des autres. mais icy
sachez que chescun mot que par
nature est neutre genre non
obstant ce toutez voies est parle
en françois come il fust un mas-
culin ou femenyn. selonc ce que
leur usage demande. come il
apt aux exemples avant ditz.

& vous & leurs obliques & le vocatif case. Cy endroit il fault prendre garde quen p*ar*lant francois on ne mette pas vne p*er*sone pour vne aultre, sicome font les sottez gens disantz ainsi : ie ferra pour ie ferrey, cil ferray[1] pour cil ferra, & tielez semblables. Q*ua*ntez geners est il ? cinq. quelx ? le masculin, le femenyn, le neutre, le comun de deux, le comun de trois. Quel mot est masculin genre ? cil que p*ar*le de chose masle, cest-à-dire resemblant p*ar* nature a vn home, sicome vn enfant, vn cog, vn cheval, & ainsi des aultres. Et quel mot est femenyn genre ? cil que p*ar*le de chose fe*m*melle, cest-à-dire resemblant p*ar* nature a vne femme, sicome vne pucelle, vne geline, vne vache, & ainsi des aultres. Ci endroit il fault prendre garde qen parlant francois quon ne mette pas masle pour femmelle ne a cont*ra*ire, sicome le pour la, mon p*our* ma, ton p*our* ta, son pour sa, & ainsi des autres, sicome ma pere, mon mere, qar on doit dire mon p*ere*, ma mere. Et quel mot est neutre genre ? cil que p*ar*le de chose que p*ar* nature ne resemble mye ne a masle na femmelle, sicome vn bank, vn huis, vne scelle, vn cuilier, vn cene, & ainsi des autres. Mais icy scachez que chescun mot que par nature est neutre genre, non obstant ce toutez vois est parle en francois come il fust vn masculin ou femenyn, seloṅc ce que leur vsage demande, come il apert aux exemples avant ditz.

1 « cil ferray » : mots ajoutés, par une autre main, dans la marge droite.

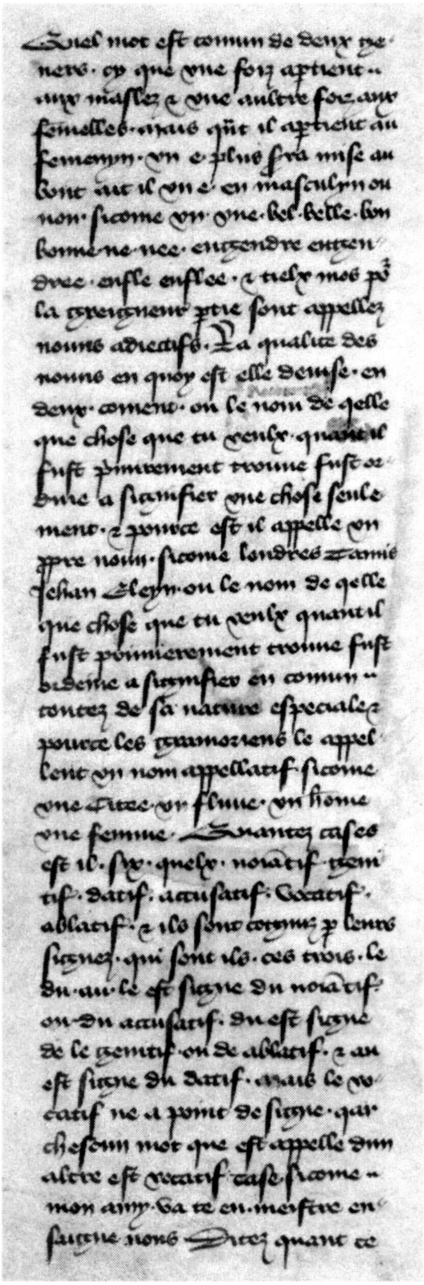

Quel mot est commun de deux ge-
neres. cy que une foiz aptient a
aux masles & une aultre foiz aux
femelles. mais quant il aptient au
femenyn. on e plus fra mise au
bout aut il on e. en masculyn ou
non. si come un. une. bel. belle. bon
bonne. ne. nee. engendre engen-
dree. ensle enslee. & telx mos pour
la greigneur partie sont appellez
nouns adiectifs. La qualite des
nouns en quoy est elle deuise. en
deux. coment. ou le noun de celle
une chose que tu veulx. quant il
fust primerement trouve fust or-
donne a signifier une chose seule-
ment. & pource est il appelle un
propre noum. si come londres & amie
Jehan Aleyn. ou le nom de celle
une chose que tu veulx quant il
fust primierement trouve fust
ordeine a signifier en commun
toutez de sa nature especialez
pource les gramariens le appel-
lent un nom appellatif. si come
une Citee. ou flume. un home
une femme. Quantez cases
est il. six. quelx. noiatif. genit-
tif. datif. acusatif. vocatif.
ablatif. & ils sont congneuz par leurs
signes. qui sont ils. ces trois. le
du. au. le est signe du noiatif.
ou du acusatif. du est signe
de le genitif ou de ablatif. & au
est signe du datif. mais le vo-
catif ne a point de signe. quar
chescun mot que est appelle dun
altre est vocatif case. si come a
mon amy. va te en. meistre en-
saigne nous. Ditez quant ce

Quel mot est comun de deux geners ? cy que vne foiz ap*ar*tient aux maslez & vne aultre foiz aux fe*m*melles. Mais q*ua*nt il apartient au femenyn, vn e plus s*er*ra mise au bout, ait il vn e en masculyn ou non, sicome vn, vne, bel, belle, bon, bonne, ne, nee, engendre, engendree, enfle, enflee. & tielx mos, p*our* la greigneur p*ar*tie, sont appellez nouns adiectifs. La qualite des nouns, en quoy est elle devise ? En deux. coment ? ou le nom de quelle que chose que tu veulx, quant il fust p*ri*mirement trouve, fust ordine a signifier vne chose seulement, & pour ce est il appelle vn p*ro*pre noun, sicome londres, Tamis, Jehan, Eleyn ; ou le nom de qelle que chose que tu veulx, quant il fust primierement trouve, fust ordeine a signifier en comun toutez de sa nature especiale, & pour ce les gramoriens le appellent vn nom appellatif, sicome une citee, vn fluve, vn home, une femme. Quantez cases est il ? six. quelx ? no*mina*tif, genitif, datif, accusatif, vocatif, ablatif, & ils sont cognuz p*ar* leurs signez. qui sont ils ? ces trois : le, du, au. le est signe du no*mina*tif ou du accusatif, du est signe de le genitif ou de ablatif, & au est signe du datif ; mais le vocatif ne a point de signe, qar chescun mot que est appelle dun altre est vocatif case, sicome mon amy, va te en ; meistre, ensaigne nous. Ditez quant ce

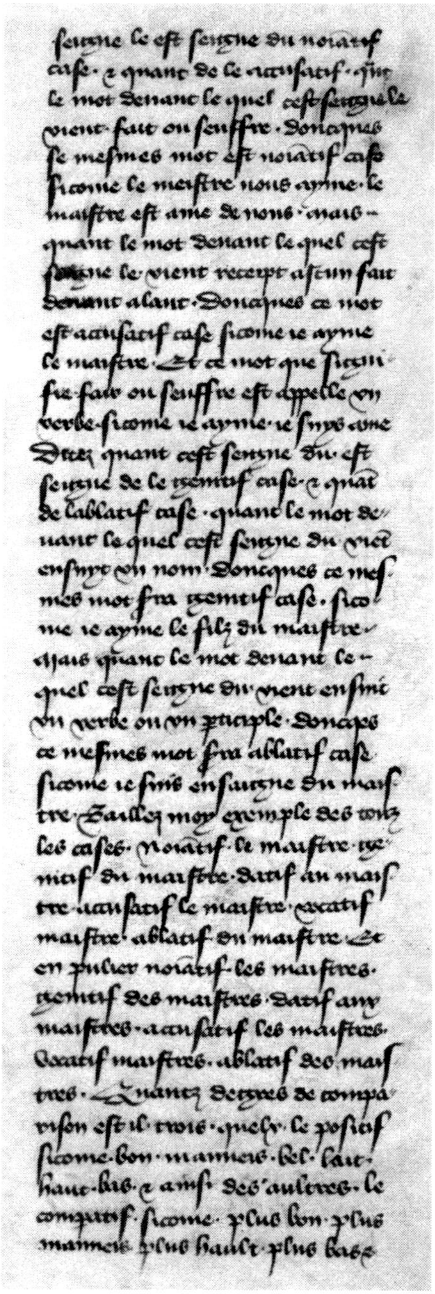
feminine le est femine du noiatif
case. & quant de le acusatif. si
le mot devant le quel cest femine le
vient fait ou seuffre. Donques
le mesmes mot est noiatif case
sicome le meistre nous ayme. le
maistre est ame de nous. mais
quant le mot devant le quel est
femine le vient recept ascun fait
devant alant. Donques ce mot
est acusatif case sicome ie ayme
le maistre. Et ce mot que signi
fie fait ou seuffre est appelle un
verbe. sicome ie ayme. ie suys ame
Ditez quant cest femine du est
femine de le genitif case. & quant
de lablatif case. quant le mot de
vant le quel cest femine du vient
ensuyt un nom. Donques ce mes
mes mot sra genitif case. sico
me ie ayme le filz du maistre.
Mais quant le mot devant le
quel cest femine du vient ensuit
un verbe ou un participle. Donques
ce mesmes mot sra ablatif case
sicome ie suis enseigne du mais
tre. Bailles moy exemple des touz
les cases. Noiatif le maistre. ge
nitif du maistre. datif au mais
tre. acusatif le maistre. vocatif
maistre. ablatif du maistre. Et
en plurier noiatif les maistres.
genitif des maistres. datif aux
maistres. acusatif les maistres.
vocatif maistres. ablatif des mais
tres. Quantz degrees de compa
rison est il. trois. queux. le positif
sicome bon. mauveis. bel. hault.
bas. & ainsi des autres. le
comparatif. sicome. plus bon. plus
mauveis. plus hault. plus bass

seigne le est seigne du no*min*atif case & quant de le accusatif. q*ua*nt le mot devant le quel cest seigne le vient, fait ou seuffre, doncques se mesmes mot est no*min*atif case, sicome le meistre nous ayme, le maistre est ame de nous ; mais quant le mot devant le quel cest seigne le vient, receipt ascun fait devant alant, Doncques ce mot est accusatif case, sicome ie ayme le maistre. Et ce mot que signi-fie fair ou seuffre est appelle vn verbe, sicome ie ayme, ie suys ame. Ditez quant cest seigne du est seigne de le genitif case & qua*n*t de lablatif case. Quant le mot de-vant lequel cest seigne du vie*n*t, ensuyt vn nom, doncques ce mes-mes mot s*er*ra genitif case, si co-me ie ayme le filz du maistre. Mais quant le mot devant le quel cest seigne du vient, ensuit un verbe ou vn p*ar*ticiple, doncqes ce mesmes mot s*er*ra ablatif case, sicome ie suis ensaigne du mais-tre. Baillez moy exemple des touz les cases : no*min*atif le maistre ; ge-nitif du maistre ; datif au mais-tre ; accusatif le maistre ; vocatif maistre ; ablatif du maistre. Et en pulier, no*min*atif les maistres ; genitif des maistres ; datif aux maistres ; accusatif les maistres ; vocatif maistres ; ablatif des mais-tres. Quantz degres de compa-rison est il ? trois. quelx ? le positif, sicome bon, mauveis, bel, lait, haut, bas, & ainsi des aultres ; le comp*ar*atif, sicome plus bon, plus mauveis, plus hault, plus bas &

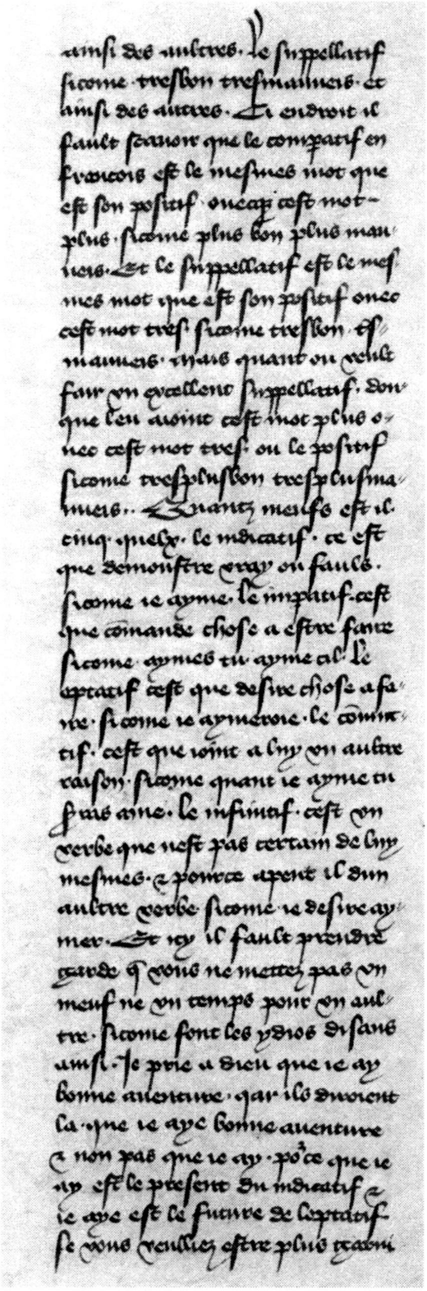
ainsi des autres. Le superlatif
si comme tresbon tresmauvais et
ainsi des autres. Ci endroit il
fault savoir que le comparatif en
francois est le mesmes mot que
est son positif oncques cest mot
plus. si comme plus bon plus mau
vais. Et le superlatif est le mes
mes mot que est son positif onec
cest mot tres. si comme tresbon tres
mauvais. Mais quant on veult
faire un excellent superlatif. don
que len adioinct cest mot plus o
nec cest mot tres. ou le positif
si comme tresplusbon tresplusma
uvais.. Quantz meufs est il.
cinq. quelx. le indicatif. ce est
que demonstre veray ou fauls.
si comme ie ayme. le imperatif. cest
que comande chose a estre faite
si comme aymes tu ayme cil. le
optatif cest que desire chose a fa
ire. si comme ie aymeroie. le coniunc
tif. cest que ioint a luy un autre
raison. si comme quant ie ayme tu
suis ame. le infinitif. cest un
verbe que nest pas certain de luy
mesmes. et pource apent il dun
autre verbe si comme ie desire ay
mer. Et icy il fault prendre
garde que vous ne mettez pas un
meuf ne un temps pour un aul
tre. si comme font les ydios disans
ainsi. Je prie a dieu que ie ay
bonne aventure. car ils devoient
dire. que ie aye bonne aventure
et non pas que ie ay. pource que ie
ay est le present du indicatif et
ie aye est le futur de loptatif.
se vous veullez estre plus certain

ainsi des aultres. Le suppellatif, sicome tres bon, tres mauvais, et ainsi des autres. Ci endroit il fault scavoir que le comp*ar*atif en francois est le mesmes mot que est son positif, ovecq*ue* cest mot plus, sicome plus bon, plus mau-veis. Et le suppellatif est le mes-es mot que est son positif ovec cest mot tres, sicome tres bon, t*res* mauveis. Mais quant on veult fair vn excellent suppellatif, don-que len aioint cest mot plus o-vec cest mot tres ou le positif, sicome tres plus bon, tres plus ma-uveis. Quantz meufs est il ? cinq. quelx ? le indicatif, ce est que demonstre vray ou fauls, sicome ie ayme ; le imp*er*atif, cest que c*om*mande chose a estre faite sicome aymes tu, ayme cil ; le optatif, cest que desire chose a fa-ire, sicome ie aymeroie ; le c*on*iunc-tif, cest que ioint a luy vn aultre raison, sicome quant ie ayme, tu s*er*ras ame ; le infinitif, cest vn verbe que nest pas certain de luy mesmes & pour ce apent il dun aultre verbe, sicome ie desire ay-mer. Et icy il fault prendre garde q*ue* vous ne mettez pas vn meuf ne vn temps pour vn aul-tre, sicome font les ydios disans ainsi : Je prie a dieu que ie ay bonne aventure, qar ils diroient la que ie aye bonne aventure & non pas que ie ay, po*ur* ce que ie ay est le present du indicatif & ie aye est le future de loptatif. Se vous veulliez estre plus garni

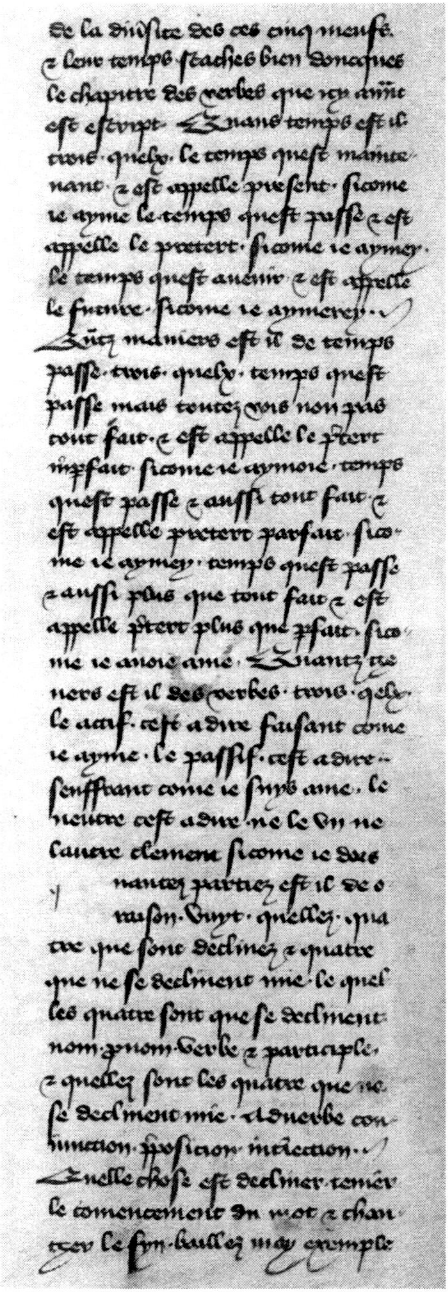
de la diversite des ces cinq meufs
et leur temps sachiez bien donques
le chapitre des verbes que icy avant
est escript. Quans temps est il
trois. quels. le temps quest mainte-
nant. et est appelle present. sicomme
ie ayme le temps quest passe et est
appelle le preterit. sicomme ie aymey.
le temps quest avenir et est appelle
le futur. sicomme ie aymerey..
Quantes manieres est il de temps
passe. trois. quels. temps quest
passe mais toutezvois non pas
tout fait. et est appelle le preterit
imparfait. sicomme ie aymoie. temps
quest passe et aussi tout fait. et
est appelle preterit parfait. sico-
me ie aymey. temps quest passe
et aussi plus que tout fait et est
appelle preterit plus que parfait. sico-
me ie avoie ame. Quantz ge-
ners est il des verbes. trois. quels.
le actif. cest a dire faisant come
ie ayme. le passif. cest a dire
seuffrant come ie suys ame. le
neutre cest a dire ne le un ne
lautre clerement sicomme ie dors
Quantes parties est il de o-
raison. huyt. quellez. qua-
tre que sont declinez et quatre
que ne se declinent mie. lesquel-
les quatre sont que se declinent.
nom. pronom. verbe et participle.
et quellez sont les quatre que ne
se declinent mie. adverbe con-
iunction. preposicion. interiection..
Quelle chose est decliner. tenir
le comencement du mot et chan-
ger le fin. baillez moy exemple

de la div*er*site des ces cinq meufs & leur temps, scaches bien doncques le chapitre des verbes que icy av*a*nt est escript. Quans temps est il ? trois. quelx ? le temps quest maintenant, & est appelle present, sicome ie ayme. le temps quest passe, & est appelle le pretert, sicome ie aymey. le temps quest a venir & est appelle le future, sicome ie aymerey. Q*ua*ntz maniers est il de temps passe ? trois. quelx ? temps quest passe, mais toutez vois non pas tout fait, & est appelle le p*re*tert inp*ar*fait, sicome ie aymoie. temps quest passe & aussi tout fait, & est appelle pretert p*ar*fait, si come ie aymey. temps quest passe & aussi plus que tout fait, & est appelle p*re*tert plus que p*ar*fait, sicome ie avoie ame. Quantz geners est il des verbes ? trois. qelx ? le actif, cest a dire faisant, come ie ayme ; le passif, cest-à-dire seuffrant, come ie suys ame ; le neutre, cest a dire ne le vn ne lautre cl*er*ement, sicome ie dois.

Quantez partiez est il de oraison ? Huyt. quellez ? quatre que sont declinez & quatre que ne se declinent mie. le quelles quatre sont que se declinent ? nom, p*ro*nom, verbe, & participle. & quellez sont les quatre que ne se declinent mie ? Adverbe, coniunction, p*re*posicion, int*er*iection. Quelle chose est decliner ? Tenier le comencement du mot & changer le fyn. Baillez moy exemple.

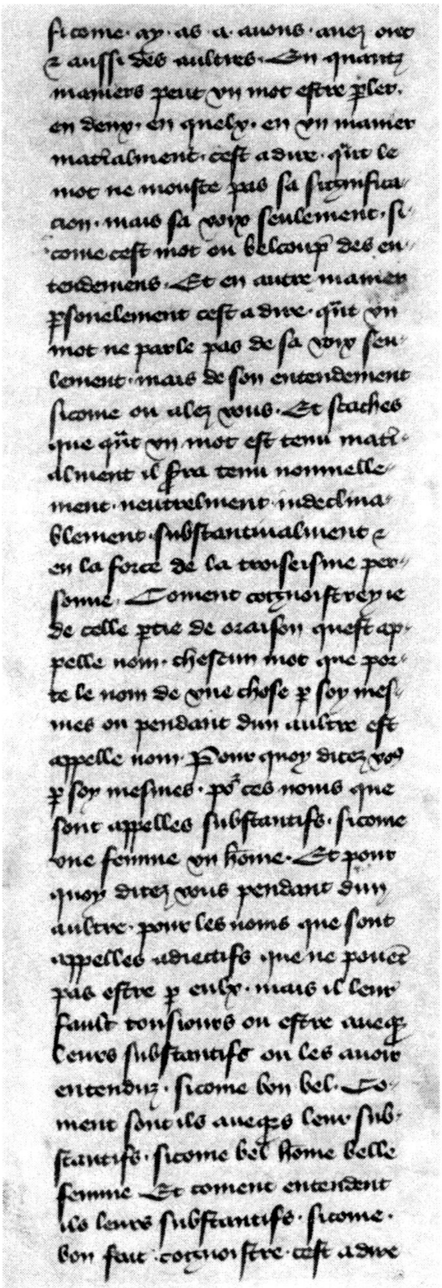

si come ay as a avons avez ont
et aussi des aultres. En quantz
manieres peut vn mot estre ꝑler.
en deux. en quelx. en vne manier
materialment. cest a dire. quant le
mot ne moustre pas sa signifia-
cion. mais sa voix seulement. si
come cest mot ou belangue des en-
tendemens. Et en autre manier
personelment cest a dire. quant vn
mot ne parle pas de sa voix seu-
lement. mais de son entendement
si come ou alez vous. Et saches
que quant vn mot est tenu mate-
rialment il sera tenu nommelle-
ment. neutrelment. indeclina-
blement. substantivalment et
en la force de la troiseisme per-
sonne. Coment cognoistrey je
de celle partie de oraison quest ap-
pelle nom. chescun mot que por-
te le nom de vne chose par soy mes-
mes ou pendant dun aultre est
appelle nom. Pour quoy ditez vous
par soy mesmes. pour ces noms que
sont appellez substantifs. si come
vne femme vn homme. Et pour
quoy ditez vous pendant dun
aultre. pour les noms que sont
appellez adiectifs que ne pouet
pas estre par eulx. mais il leur
fault tousiours ou estre avecques
leurs substantifs ou les avoir
entenduz. si come bon bel. Co-
ment sont ils avecques leur sub-
stantifs. si come bel homme belle
femme. Et coment entendent
ils leurs substantifs. si come.
bon fait cognoistre. cest a dire

sicome ay, as, a, avons, avez, ont, & aussi des aultres. En quantz maniers peut vn mot estre p*ar*ler? en deux. en quelx? en vn manier, mat*er*ialment, cest a dire q*ua*nt le mot ne mouste pas sa significacion, mais sa voix seulement, si come cest mot ou <qui a>[1] belcoup des entendemens. Et en autre manier, p*er*sonelement, cest a dire quant vn mot ne parle pas de sa voix seulement, mais de son entendement, sicome : ou alez vous? Et scaches que q*ua*nt vn mot est tenu mat*er*ialment, il serra tenu nomnellement, neutrelment, indeclina blement, substantivalment & en la force de la troiseisme personne. Coment cognoistrey ie de celle p*ar*tie de oraison quest appelle nom? chescun mot que porte le nom de vne chose p*ar* soy mesmes ou pendant dun aultre est appelle nom. Pour quoy ditez vo*us* p*ar* soy mesmes? po*ur* ces noms que sont appelles substantifs, sicome vne femme, vn home. Et pour quoy ditez vous pendant dun aultre? pour les noms que sont appelles adiectifs, que ne pove*n*t pas estre p*ar* eulx, mais il leur fault tous iours ou estre aveq*ue* leurs substantifs ou les avoir entenduz, sicome bon, bel. Coment sont ils aveq*ue*s leur substantifs? sicome bel home, belle femme. Et coment entendent ils leurs substantifs? Sicome bon fait cognoistre, cest a dire

1 « qui a » : adjonction de Städtler.

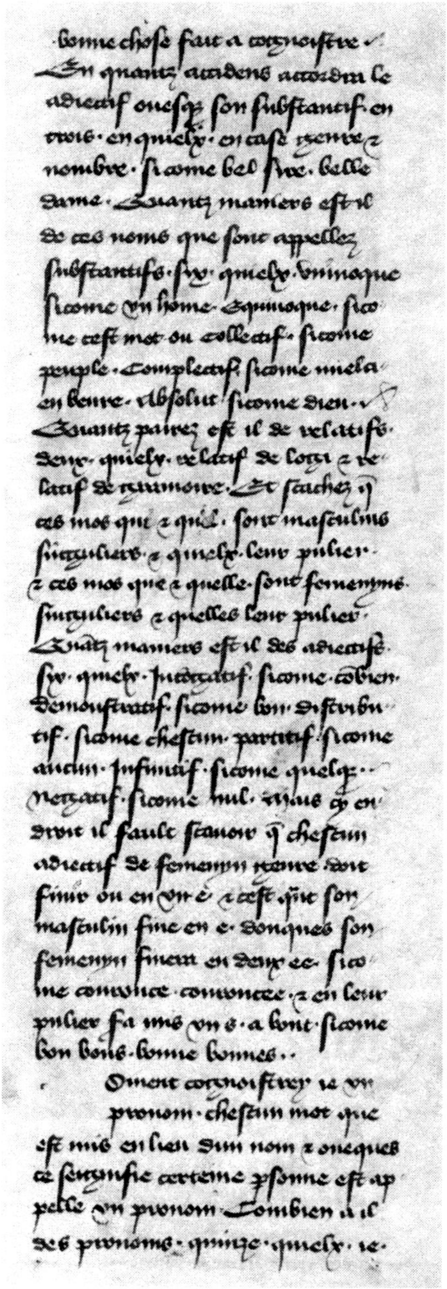

bonne chose fait a congnoistre.
En quantz accidens accordent le
adiectif ovesques son substantif en
trois. en quelx. en case genre et
nombre. si come bel sire. belle
dame. Quantz maners est il
de ces noms que sont appellez
substantifs. six. quelx. univoque
si come un home. equivoque. si co
me cest mot ou. collectif. si come
peuple. complectif. si come miel a
en beure. absolut. si come dieu.
Quantz paires est il de relatifs.
deux. quelx. relatif de lou et re
latif de remmoire. Et sachez que
ces mos qui et quil. sont masculins
singuliers. et quelx. leur plurier.
et ces mos que et quelle. sont femenyns
singuliers et quelles leur plurier.
Quantz maners est il des adiectifs.
six. quelx. interrogatif. si come combien.
demonstratif. si come tiel. distribu
tif. si come chescun. partitif. si come
ascun. infinitif. si come quelque.
negatif. si come nul. Mais pur en
droit il fault savoir que chescun
adiectif de femenyn genre dont
finir ou en ... e et cest quant son
masculin fine en e. donques son
femenyn finera en deux ee. si co
me comune. comunee. et en leur
plurier sera mis un s. a bont. si come
bon bons. bonne bonnes.
Coment congnoistrez le un
pronom. chescun mot que
est mis en lieu dun nom et onesques
ce signifie certeine persone est ap
pelle un pronom. Combien a il
des pronoms. quinze. quelx. je.

bonne chose fait a cognoistre. En quantz accidens accordra le adiectif ovesq*ue* son substantif ? en trois. en quielx ? en case, genre & nombre, sicome bel sire, belle dame. Quantz maniers est il de ces noms que sont appellez substantifs ? six. quielx ? Vnivoque, sicome vn home. Equivoque, si come cest mot ou. Collectif, sicome peuple. Complectif, sicome miel a enbeure. Absolut, sicome dieu. Quantz pairez est il de relatifs ? deux. quielx ? relatif de logi & relatif de gramoire. Et scachez q*ue* ces mos qui & quel sont masculins singuliers, & quielx leur pulier ; & ces mos que & quelle sont femenyns singuliers, & quelles leur pulier. Qua*n*tz maniers est il des adiectifs ? six. quielx ? Int*er*ogatif, sicome c*om*bien ; demonstratif, sicome bon ; distributif, sicome chescun ; partitif, sicome aucun ; infinitif, sicome quelque ; negatif, sicome nul. Mais cy en droit il fault scavoir q*ue* chescun adiectif de femenyn genre doit finir ou en vn e, & cest q*ua*nt son masculin fine en e, donques son femenyn finera en deux ee, si come courouce, couroucee ; & en leur pulier s*er*a mis vn s a bout, sicome bon, bons, bonne, bonnes.

Coment cognoistrey ie vn pronom ? chescun mot que est mis en lieu dun nom & oveques ce seignifie[1] certeine p*er*sonne est appelle vn pronom. Combien a il des pronoms ? quinze. quielx ? ie,

1 « sengnfie » dans le manuscrit.

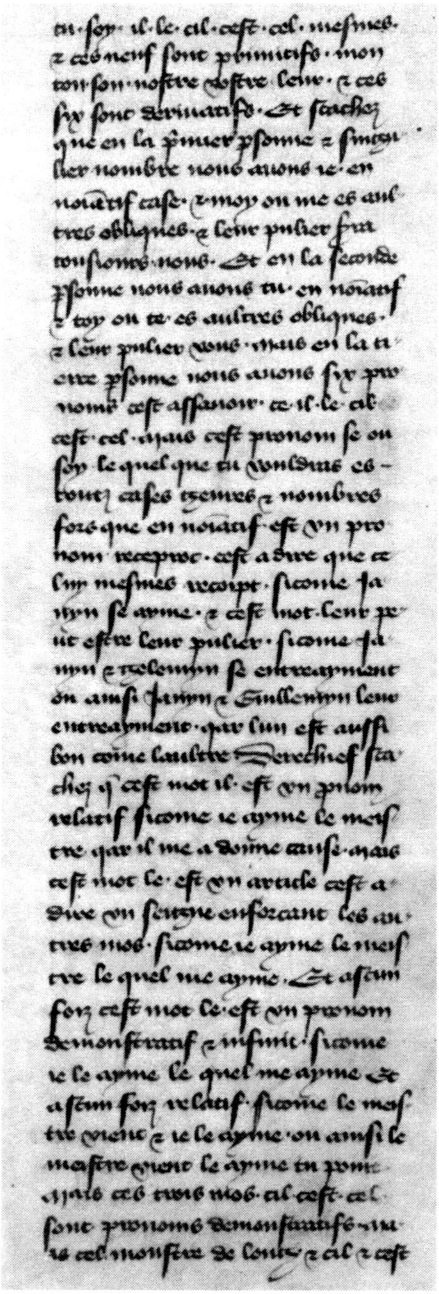

tu · soy · il · le · cil · cest · cel · mesmes ·
⁊ ces neuf sont primitifs · mon
ton son nostre vostre leur · ⁊ ces
six sont derivatifs · Et sachez
que en la premier persone ⁊ singu
lier nombre nous avons ie · en
nominatif case · ⁊ moy en me es aul
tres obliques · ⁊ leur plurier sur
toutes formes nous · Et en la seconde
persone nous avons tu · en nominatif
⁊ toy en te es aultres obliques ·
⁊ leur plurier vous · mais en la ti
erce persone nous avons six pro
nouns cest assavoir · ce · il · le · cil
cest · cel · mais cest pronom se ou
soy le quel que tu vouldras es -
tout cases genres ⁊ nombres
fors que en nominatif est un pro
nom reciproc · cest a dire que ce
luy mesmes recoipt · si come Ja
nyn se ayme · ⁊ cest mot leur re
ut estre leur plurier · si come Ja
nyn ⁊ Jehennyn se entreayment
ou aussi Jannyn ⁊ Guillemyn leur
entreayment · par lun est aussi
bon come laultre · Derechief sa
chez que cest mot il · est un pronom
relatif si come ie ayme le meis
tre car il me a donne cause · mais
cest mot le · est un article cest a
dire un signe enforceant les au
tres mos · si come ie ayme le meis
tre le quel me ayme · Et ascun
foiz cest mot le · est un pronom
demonstratif ⁊ infinit · si come
ie le ayme le quel me ayme · Et
ascun foiz relatif · si come le meis
tre vient ⁊ ie le ayme · ou aussi le
meistre vient le ayme tu pour
mais ces trois mos · cil · cest · cel ·
sont pronoms demonstratifs · ma
is cel monstre de loinz ⁊ cil ⁊ cest

tu, soy, il, le, cil, cest, cel, mesmes, & ces neuf sont primitifs ; mon, ton, son, nostre, vostre, leur, & ces six sont derivatifs. Et scachez que en la p*ri*mier p*er*sonne & singulier nombre nous avons ie en no*min*atif case, & moy ou me es aultres obliques ; & leur pulier s*er*ra tous iours nous. Et en la seconde p*er*sonne nous avons tu en no*min*atif, & toy ou te es aultres obliques, & leur pulier vous. Mais en la tierce p*er*sonne nous avons six pronoms, cest assavoir : ce, il, le, cil, cest, cel. Mais cest pronom se ou soy, lequel que tu vouldras es toutz cases, genres & nombres fors que en no*min*atif, est vn pronom receproc, cest a dire que celuy mesmes recoipt, sicome : Janyn se ayme. & cest mot leur peut estre leur pulier, sicome : Janyn & Gelemyn se entreayment, ou ainsi Janyn & Guillemyn leur entreayment, qar lun est aussi bon come laultre. Derechief scachez q*ue* cest mot il est vn pronom relatif, sicome : ie ayme le meistre, qar il me a donne cause. Mais cest mot le est vn article, cest a dire vn seigne enforcant les autres mos, sicome : ie ayme le meistre lequel me ayme. Et ascun foiz cest mot le est vn pronom demonstratif & infinit, sicome : ie le ayme lequel me ayme ; et ascun foiz relatif, sicome : le meistre vient & ie le ayme, ou ainsi le meistre vient ; le ayme tu point ? Mais ces trois mos cil, cest, cel sont pronoms demonstratifs, mais cel moustre de long, & cil & cest

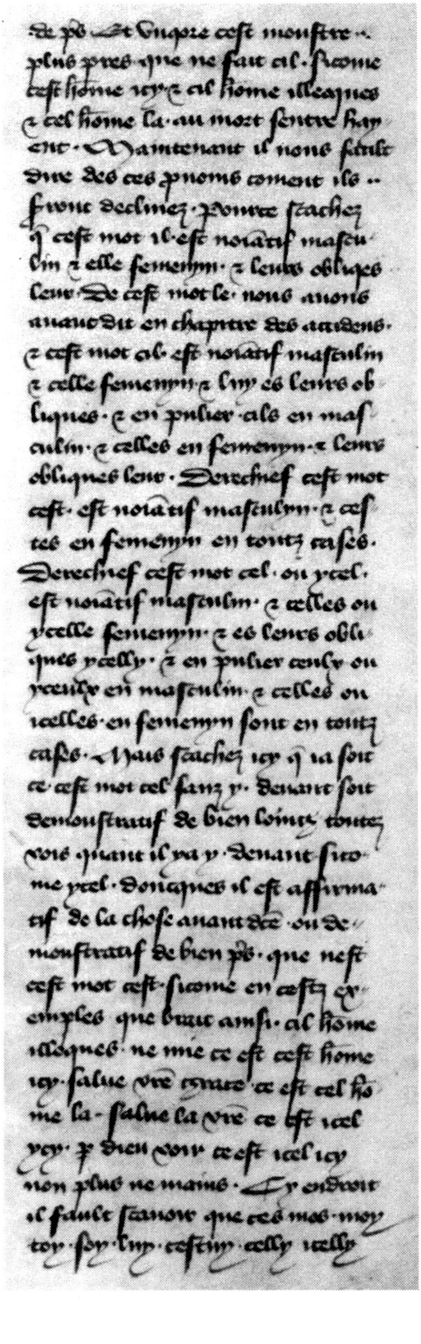
de plus. Et unqore cest monstre
plus pres que ne fait cil. sicome
cest home icy. et cil home illeaques
et cel home la. au mort sentre hay
ent. Maintenant il nous fault
dire des ces pronoms coment ils
feront declinez. Primer sachiez
que cest mot il. est noatif mascu
lin et elle femenyn. et leurs obliques
leur. De cest mot le. nous avons
avant dit en chapitre des accidens.
et cest mot cil. est noatif masculin
et celle femenyn. et luy est leurs ob
liques. et en plurier cils en mas
culin. et celles en femenyn. et leurs
obliques leur. Derechief cest mot
cest. est noatif masculyn. et ces
tes en femenyn en toutz cases.
Derechief cest mot cel. ou ycel.
est noatif masculin. et celles ou
ycelle femenyn. et es leurs obli
ques ycelly. et en plurier ceulx ou
yceulx en masculin. et celles ou
icelles. en femenyn sont en toutz
cases. Mais sachiez icy que ia soit
ce cest mot cel sanz y. devant soit
demonstratif de bien loinz toute
vois quant il ya y. devant sico
me ycel. donques il est affirma
tif de la chose avant dite. ou de
monstratif de bien pres. que nest
cest mot cest. sicome en cestz ex
emples que vient ainsi. cil home
illeques. ne vine ce est cest home
icy. salue vostre cosin ce est cel ho
me la. salue la vie ce est icel
vey. par dieu voir ce est icel icy
non plus ne mains. Et endroit
il fault savoir que ces mos. moy
toy. soy. luy. cestuy. celly. icelly

de p*res*. Et vnqore cest moustre plus pres que ne fait cil, sicome cest home icy & cil home illeoques & cel home la au mort sentre hayent. Maintenant il nous fault dire des ces p*ro*noms coment ils s*er*ront declinez. Pour ce scachez q*ue* cest mot il est no*min*atif masculin, & elle femenyn, & leurs obliques leur. De cest mot le nous avons avant dit en chapitre des accidens. & cest mot cil est no*min*atif masculin, & celle femenyn, & luy es leurs obliques ; & en pulier, cils en masculin, & celles en femenyn, & leurs obliques leur. Derechief cest mot cest est no*min*atif masculyn & cestes en femenyn en toutz cases. Derechief cest mot cel ou ycel est no*min*atif masculin ; & celles ou ycelle femenyn, & es leurs obliques ycelly, & en pulier ceulx ou yceulx en masculin, & celles ou icelles en femenyn sont en toutz cases. Mais scachez icy q*ue*, ia soit ce cest mot cel sans y devant soit demonstratif de bien loing, toutez vois quant il y a y devant, sicome ycel, doncques il est affirmatif de la chose avant d*i*te, ou demonstratif de bien p*res* que nest cest mot cest, sicome en cestz exemples : que brait ainsi ? cil homme illoques ? ne mie, ce est cest ho*m*me icy. Salve v*ost*re grace, ce est cel ho*m*me la. Salve la v*ost*re, ce est icel ycy. P*ar* dieu, voir, ce est icel icy non plus ne mains. Cy endroit il fault scavoir que ces mos moy, toy, soy, luy, cestuy, celly, icelly

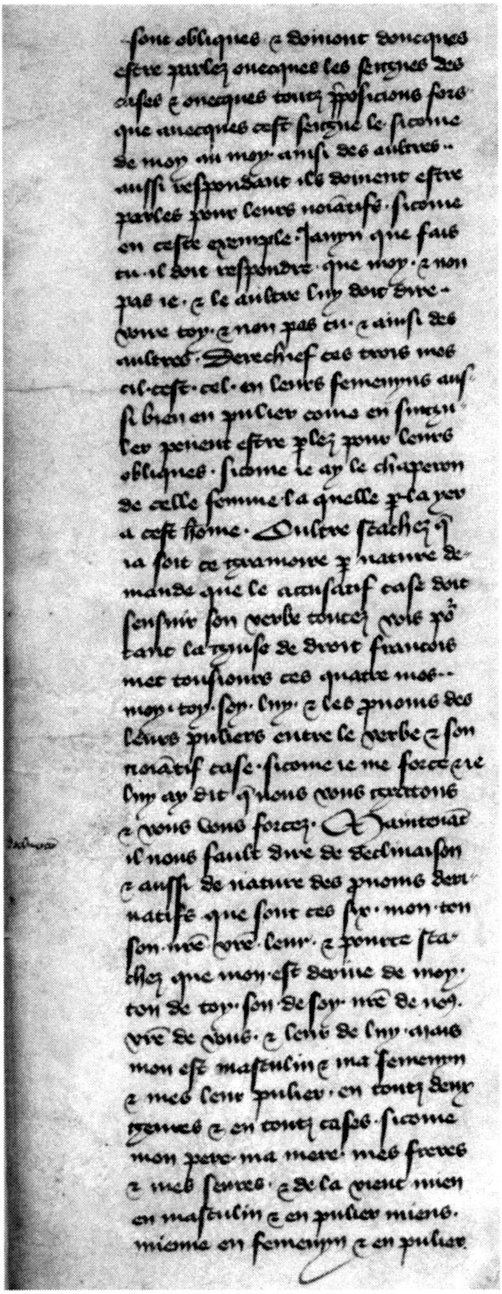
sont obliques & doivent doncques
estre parlez ovecques les signes des
cases & ovecques toutz prepositions fors
que ovecques cest signe le, sicomme
de moy au moy, ainsi des autres.
Aussi respondant ilz doivent estre
parles pour leurs noiatifs, sicomme
en ceste exemple: Jannyn, que fais
tu? il doit respondre: que moy, & non
pas je, & le autre luy doit dire:
come toy, & non pas tu, & ainsi des
autres. Derechief ces trois mos
cil, cest, cel en leurs femenyns aus-
si bien en plurer coma en singu-
ler pevent estre parlez pour leurs
obliques, sicomme je ay le chaperon
de celle femme la quelle parla por
a cest homme. Oultre sachez que
ja soit ce que gramoire par nature de-
mande que le accusatif case doit
ensuir son verbe toutez voies pour-
tant la guise de droit françois
met toujours ces quatre mos:
moy, toy, soy, luy & les pronoms des
leurs pluriers entre le verbe & son
noiatif case, sicomme je me force & je
luy ay dit que nous vous [illegible]
& vous leur forcez. [illegible]
il nous fault dire de declinaison
& aussi de nature des pronoms deri-
natifs que sont ces six: mon, ton,
son, nostre, vostre, leur. & poreez sa-
chez que mon est derive de moy,
ton de toy, son de soy, nostre de nous,
vostre de vous, & leur de luy. Mais
mon est masculin & ma femenyn
& mes leur plurer en toutz deux
genres & en toutz cases, sicomme
mon pere, ma mere, mes freres
& mes seurs. & de la vient mien
en masculin & en plurer miens,
mienne en femenyn & en plurer

sont obliques & doivont doncques estre parlez ovecques les seignes des cases & ovecques toutz p*re*posicions, fors que avecques cest seigne le, sicome de moy, a[u] moy, ainsi des aultres. aussi respondant ils doivent estre parles pour leurs no*min*atifs, sicome en ceste exemple : Janyn, que fais tu ?, il doit respondre : que, moy ?, & non pas : ie ; & le aultre luy doit dire : voire, toy, & non pas : tu, & ainsi des aultres. Derechief ces trois mos cil, cest, cel en leurs femenyns, aussi bien en pulier come en singuler, peuent estre p*ar*lez pour leurs obliques, sicome : ie ay le chaperon de celle femme laquelle p*ar*la yer a cest home. Oultre scachez q*ue*, ia soit ce gramoire p*ar* nature demande que le accusatif case doit sensuir son verbe, toutez vois po*ur* tant la guise de droit francois met tousiours ces quatre mos : moy, toy, soy, luy, & les pronoms des leurs puliers entre le verbe & son no*min*atif case, sicome : ie me force & ie luy ay dit q*ue* nous vous gratons & vous vous forcez. Maintena*n*t il nous fault dire de declinaison & aussi de nature des p*ro*noms derivatifs, que sont ces six : mon, ton, son, n*ost*re, v*ost*re, leur. & pour ce scachez que mon est derive de moy, ton de toy, son de soy, n*ost*re de no*us*, v*ost*re de vous, & leur de luy. Mais mon est masculin, & ma femenyn, & mes leur pulier, en toutz deux genres & en toutz cases, sicome mon pere, ma mere, mes freres & mes seures. & de la vient mien en masculin, & en pulier miens, mienne en femenyn, & en pulier

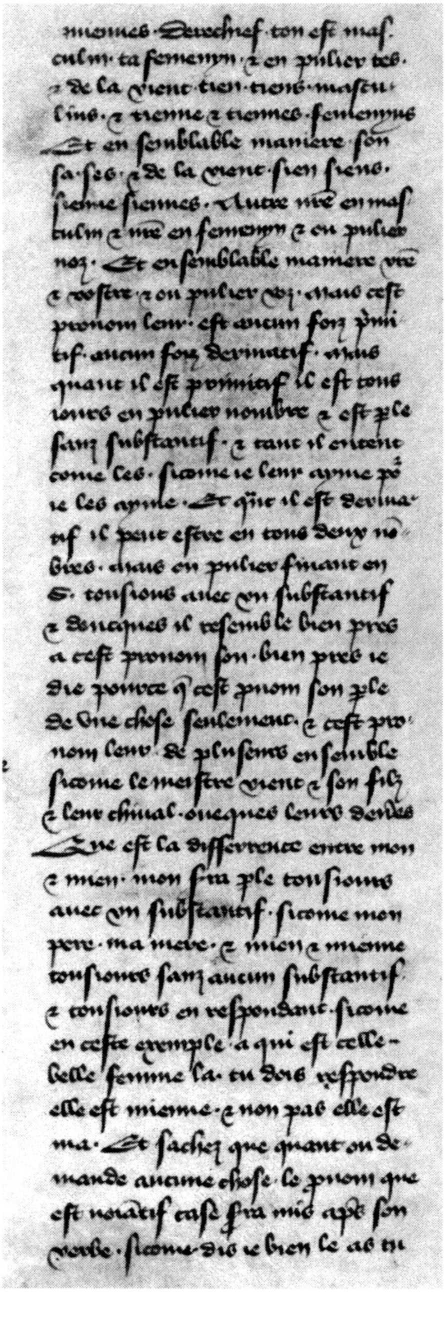

miennes. Derechief. ton est mas-
culin. ta femenyn. ⁊ en plurier tes.
⁊ de la vient. tien. tiens. mascu-
lins. ⁊ tienne ⁊ tiennes. femenyns
Et en semblable maniere son
sa. ses. ⁊ de la vient. sien siens.
sienne siennes. Autre vre en mas-
culin ⁊ vre en femenyn ⁊ ou plurier
noz. Et en semblable maniere vre
⁊ vostre ⁊ ou plurier voz. Mais cest
pronom leur. est aucun foiz pmi-
tif. aucun foiz derivatif. Mais
quant il est primitif il est tous
iours en plurier nombre ⁊ est ple
sanz substantif. ⁊ tant il entent
come les. sicomme ie leur ayme pour
ie les ayme. Et quant il est deriva-
tif il peut estre en tous deux no-
bres. Mais ou plurier finant en
s. tousiours avec vn substantif
⁊ denecques il resemble bien pres
a cest pronom son. bien pres ie
die pource q cest pnom son ple
de une chose seulement. ⁊ cest pro-
nom leur. de plusieurs ensemble
sicomme le meistre vient ⁊ son filz
⁊ leur cheval. ouecques leurs dendes
Que est la differrence entre mon
⁊ mien. mon sera ple tousiours
avec vn substantif. sicomme mon
pere. ma mere. ⁊ mien ⁊ mienne
tousiours sanz aucun substantif.
⁊ tousiours en respondant. sicomme
en ceste exemple. a qui est celle
belle femme la. tu dois respondre
elle est mienne. ⁊ non pas elle est
ma. Et sachiez que quant on de-
mande aucune chose. le pnom que
est noatif case sera mis apres son
verbe. sicomme dis ie bien le as tu

miennes. Derechief ton est masculin, ta femenyn, & en pulier tes ; & de la vient tien, tiens masculins, & tienne & tiennes femenyns. Et en semblable maniere son, sa, ses ; & de la vient sien, siens, sienne, siennes. Autre n*os*tre en masculin, & n*os*tre en femenyn, & en pulier noz. Et en semblable maniere v*os*tre & vostre & en pulier voz. Mais cest pronom leur est aucun foiz p*ri*mitif, aucun foiz derivatif, mais quant il est primitif il est tous iours en pulier nombre & est p*ar*le sanz substantif, & tant il entent come les, sicome : ie leur ayme po*ur* : ie les ayme. Et q*ua*nt il est derivatif, il peut estre en tous deux no*m*bres, mais en pulier finant en s, tousious avec vn substantif, & doncques il resemble bien pres a cest pronom son ; bien pres, ie die, pour ce q*ue* cest p*ro*nom son p*ar*le de vne chose seulement, & cest pronom leur de pluseurs ensemble, sicome : le meistre vient, & son filz, & leur chival, oveques leurs den*re*es. Que est la differrence entre mon & mien ? Mon s*er*ra p*ar*le tous iours avec vn substantif, sicome mon pere, ma mere, & mien & mienne tous iours sanz aucun substantif, & tous iours en respondant, sicome en ceste exemple : a qui est celle belle femme la ?, tu dois respondre : elle est mienne, & non pas : elle est ma. Et sachez que, quant on demande aucune chose, le p*ro*nom que est nominatif case, s*er*ra mis ap*re*s son verbe, sicome : dis ie bien ? le as tu ?

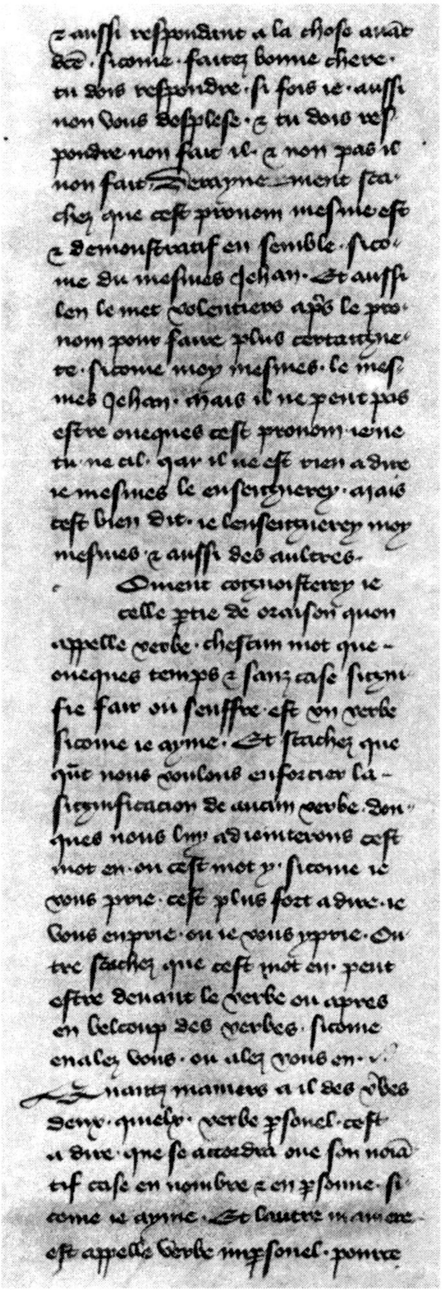
z aussi respondant a la chose auat
dee. sicomme. faites bonne chere.
tu dois respondre. si fois ie. aussi
non vous desplese. z tu dois res
pondre non fait il. z non pas il
non fait. Derrainement sca
chez que cest pronom mesme est
z demonstratif ensemble. sico
me du mesmes Jehan. Et aussi
len le met volentiers apres le pro
nom pour faire plus certaine
te. sicome moy mesmes. le mes
mes Jehan. mais il ne peut pas
estre oncques cest pronom ie ne
tu ne il. car il ne est rien a dire
ie mesmes le enseigneray. mais
cest bien dit. ie lenseigneray moy
mesmes z aussi des autres.
Comment cognoisteray ie
celle partie de oraison quon
appelle verbe. chescun mot que
oncques temps z sanz case signi
fie fair ou souffre est un verbe
sicome ie ayme. Et sachez que
quant nous voulons enforcer la
signification de aucun verbe. Don
ques nous lui adiousterons cest
mot en. ou cest mot y. sicome ie
vous prie. cest plus fort a dire. ie
vous enprie. ou ie vous yprie. Ou
tre sachez que cest mot en. peut
estre devant le verbe ou apres
en belcoup des verbes. sicome
enalez vous. ou alez vous en.
Quantez manieres a il des verbes
deux. quelx. verbe personel. cest
a dire que se accorde oue son nomina
tif case en nombre z en persone. si
come ie ayme. Et lautre maniere
est appelle verbe impersonel. pource

& aussi respondant a la chose ava*nt* d*i*te, sicome : faitez bonne chere ?, tu dois respondre : si fois ie ; aussi : non vous desplese ?, & tu dois respondre : non fait-il, & non pas : il non fait. Deraynement scachez que cest pronom mesme est <relatif>[1] & demonstratif ensemble, si come : du mesmes Jehan. Et aussi len le met volentiers ap*re*s le pronom pour faire plus certaignete, sicome moy mesmes, le mesmes Jehan ; mais il ne peut pas estre oveques cest pronom ie ne tu ne cil, qar il ne est rien a dire : ie mesmes le enseignerey, mais cest bien dit : ie lenseignerey moy mesmes, & aussi des aultres.

Coment cognoisterey ie celle p*ar*tie de oraison quon appelle verbe ? chescun mot que, oveques temps & sanz case, signifie fair ou seuffre, est vn verbe, sicome ie ayme. Et scachez que q*ua*nt nous voulons enforcier la significacion de aucun verbe, donques nous luy adiointerons cest mot en ou cest mot y, sicome : ie vous prie, cest plus fort a dire : ie vous en prie ou ie vous y prie. Outre scachez que cest mot en peut estre devant le verbe ou apres en belcoup des verbes, sicome : en alez vous ! ou alez vous en ! Quantz maniers a il des v*er*bes ? deux. quielx ? verbe p*er*sonel, cest a dire, que se accordra ove son no*min*atif case en nombre & en p*er*sonne, si come ie ayme. Et lautre maniere est appelle verbe imp*er*sonel, pour ce

1 « relatif » : adjonction de Städtler.

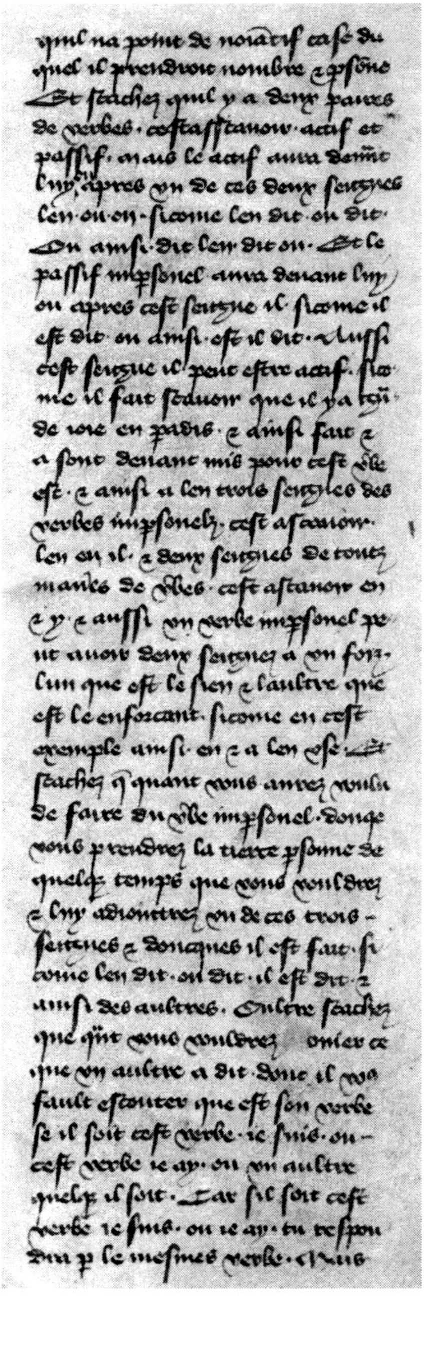
quil na point de noiatif case du
quel il prendroit nombre et psone
Et sachiez quil y a deux paires
de verbes. cest assavoir. actif et
passif. mais le actif aura devant
luy, apres un de ces deux seignes
len. ou. on. si comme len dit. on dit.
On ainsi. dit len dit on. Et le
passif impsonel aura devant luy
ou apres cest seigne il. si comme il
est dit. ou ainsi. est il dit. Aussi
cest seigne il peut estre actif. si co-
me il fait savoir que il ya trop
de ioie en paradis. et ainsi fait et
a sont devant mis pour cest exle
est. et ainsi a len trois seignes des
verbes impsonelz. cest assavoir.
len. on. il. et deux seignes de toutz
maniers de verbes. cest assavoir en
et y. et aussi un verbe impsonel pe-
ut avoir deux seignez a un foiz.
lun que est le sien et laultre que
est le enforcant. si come en cest
exemple ainsi. en et a len ose. Et
sachiez q quant vous avrez voulu
de faire un verbe impsonel. donque
vous prendrez la tierce psonne de
quelq temps que vous voudrez
et luy adiousterez un de ces trois
seignes et donques il est fait. si
come len dit. on dit. il est dit. et
ainsi des aultres. Oultre sachiez
que quant vous voudrez ouier ce
que un aultre a dit. donc il vous
fault escouter que est son verbe
se il soit cest verbe. ie suis. ou
cest verbe ie ay. ou un aultre
quelq il soit. Car sil soit cest
verbe ie suis. ou ie ay. tu respon
dra p le mesmes verbe. Mais

quil na point de no*min*atif case du quel il prendroit nombre & p*er*so*n*ne. Et scachez quil y a deux paires de verbes, cest asscavoir actif et passif. Mais le actif aura dev*a*nt luy ou[1] apres vn de ces deux seignes len ou on, sicome : len dit, on dit. Ou ainsi : dit len, dit on. Et le passif imp*er*sonel aura devant luy ou apres cest seigne il, sicome : il est dit, ou : ainsi est il dit. Aussi cest seigne il peut estre actif, sicome : il fait scavoir que il y a gr*an*de ioie en p*ar*adis, & ainsi fait & a sont devant mis pour cest v*er*be est. & ainsi a len trois seignes des verbes imp*er*sonelz, cest a scavoir len, on, il, & deux seignes de toutz man*e*res de v*er*bes, cest ascavoir en & y. & aussi vn verbe imp*er*sonel peut avoir deux seignez a vn foiz, lun que est le sien & laultre que est le enforcant, sicome en cest exemple : ainsi en & a len vse. Et scachez q*ue* quant vous aurez voulu de faire du v*er*be imp*er*sonel, donqe vous prendrez la tierce p*er*sonne de quelq*ue* temps que vous vouldrez & luy adiointrez vn de ces trois seignes & doncques il est fait, si come len dit, on dit, il est dit, & ainsi des aultres. Oultre scachez que q*ua*nt vous vouldrez onier ce que vn aultre a dit, donc il vo*us* fault escouter que est son verbe, se il soit cest verbe ie suis ou cest verbe ie ay ou vn aultre, quelq*ue* il soit. Car sil soit cest verbe ie suis, ou ie ay, tu respondras p*ar* le mesmes verbe. Mais

1 « ou » : ajouté au-dessus de la ligne après « luy ».

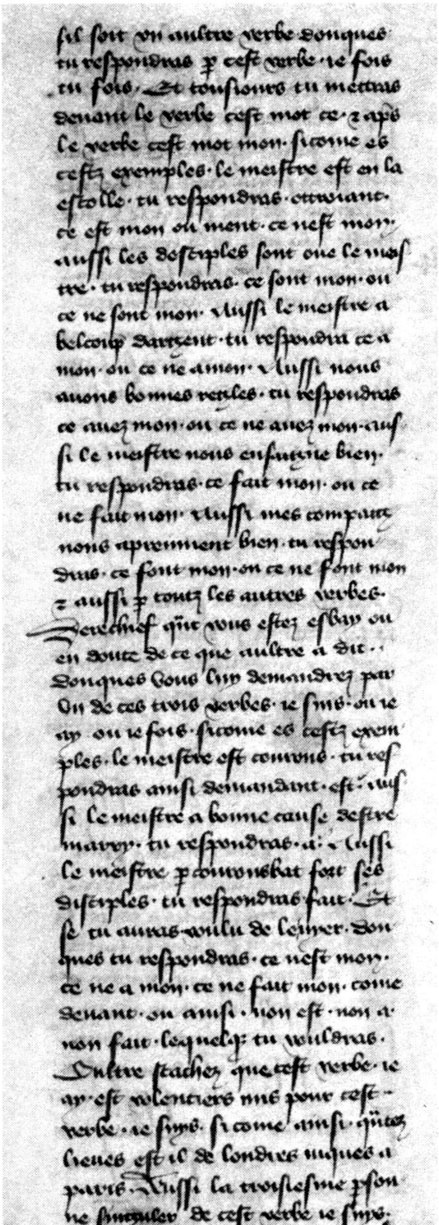
s'il soit un aultre verbe donques
tu respondras par cest verbe ie fois
tu fois. Et tousjours tu mettras
devant le verbe cest mot ce. et apres
le verbe cest mot mon. sicome es
cestz exemples. le meistre est en la
escolle. tu respondras. ottriant.
ce est mon ou ment. ce n'est mon.
Aussi les desciples sont oue le meis
tre. tu respondras. ce sont mon. ou
ce ne sont mon. Aussi le meistre a
beaucoup d'argent. tu respondras ce a
mon. ou ce ne a mon. Aussi nous
avons bonnes regles. tu respondras
ce avez mon. ou ce ne avez mon. Aus
si le meistre nous ensaigne bien.
tu respondras. ce fait mon. ou ce
ne fait mon. Aussi mes compaignons
nous aprennent bien. tu respon
dras. ce font mon. ou ce ne font mon
et aussi par toutz les autres verbes.
Derechief quant vous estez esbahy ou
en doute de ce que aultre a dit..
donques vous luy demandrez par
un de ces trois verbes. ie suis. ou ie
ay. ou ie fois. sicome es cestz exem
ples. le meistre est comune. tu res
pondras ainsi demandant. est. Aus
si le meistre a bonne cause de estre
marry. tu respondras. a. Aussi
le meistre par courousat fort ses
disciples. tu respondras fait. Et
si tu auras voulu de leiner. Don
ques tu respondras. ce n'est mon.
ce ne a mon. ce ne fait mon. come
devant. ou ainsi. non est. non a.
non fait. lequel que tu vouldras.
Oultre sachez que cest verbe ie
ay est volentiers mis pour cest
verbe. ie suis. sicome ainsi quantz
lieues est il de Londres iusques a
Paris. Aussi la troisiesme person
ne singuler de cest verbe ie suis.
est volentiers mys pour la troisies

sil soit vn aultre verbe, donques tu respondras p*ar* cest verbe ie fois, tu fois. Et tousiours tu mettras devant le verbe cest mot ce & apr*es* le verbe cest mot mon, sicome es cestz exemples : le meistre est en la escolle, tu respondras, ottroiant : ce est mon, ou nient : ce nest mon. aussi Les desciples sont ove le meistre ; tu respondras : ce sont mon, ou : ce ne sont mon. Aussi : le meistre a belcoup dargent ; tu respondra : ce a mon, ou : ce ne a mon. Aussi : nous avons bonnes regles ; tu respondras : ce avez mon, ou : ce ne avez mon. Aussi : le meistre nous ensaigne bien, tu respondras : ce fait mon, ou : ce ne fait mon. Aussi : mes compaignons apreinnent bien, tu respondras : ce font mon, ou : ce ne font mon, & aussi p*ar* toutz les autres verbes. Derechief, q*ua*nt vous estez esbay ou en doute de ce que aultre a dit, donques vous luy demandrez par un de ces trois verbes : ie suis, ou ie ay, ou ie fois, sicome es cestz exemples : le meistre est courous, tu respondras ainsi demandant : est ? aussi : le meistre a bonne cause destre marry, tu respondras : a ? Aussi : le meistre p*ar* courous bat fort ses disciples, tu respondras : fait ? Et se tu auras voulu de le nyer, donques tu respondras : ce nest mon, ce ne a mon, ce ne fait mon, come devant, ou ainsi : non est, non a, non fait, lequelq*ue* tu vouldras. Oultre scachez que cest verbe : <pour> ie ay est volentiers mis [pour] cest verbe : ie suys, sicome ainsi : q*ua*ntez lieues est il de londres iusques a paris ? Aussi la troisiesme p*er*sonne singuler de cest verbe ie suys est volentiers mys pour la troisies-

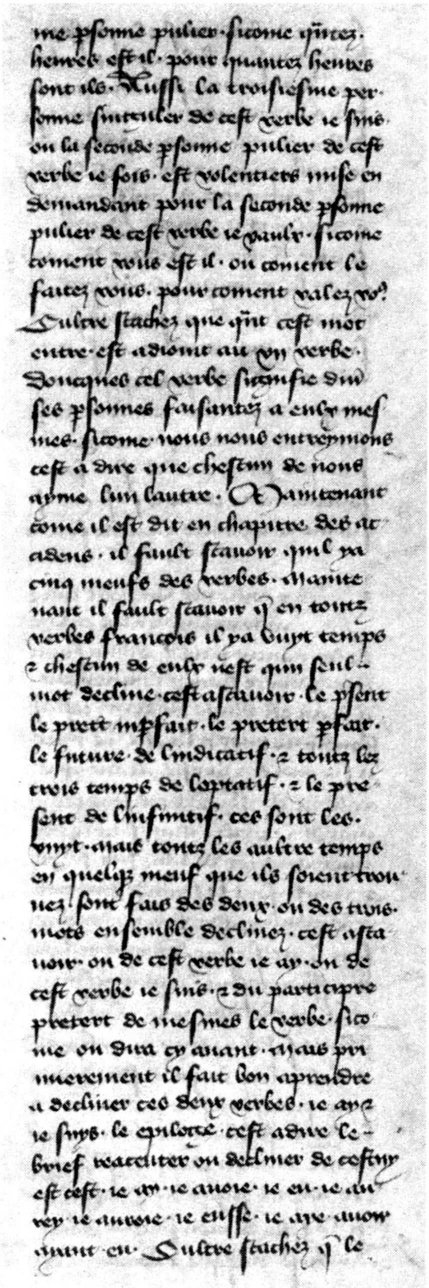
me personne plurier. si come jurez.
heures est il. pour quantez heures
sont ils. Aussi la troisiesme per-
sonne singuler de cest verbe je suis.
ou la seconde personne plurier de cest
verbe je sois. est volentiers mise en
demandant pour la seconde personne
plurier de cest verbe je vaulx. si come
coment vous est il. ou coment le
faitez vous. pour coment valez vous.
Oultre sachez que quant cest mot
entre. est adiount au un verbe.
Donques cel verbe signifie dui
ses personnes faisantz a eulx mes
mes. si come nous nous entreaymons
cest a dire que chescun de nous
ayme lun lautre. Maintenant
come il est dit en chapitre des ac
cidens. il fault scavoir quil ya
cinq meufs des verbes. Mainte
nant il fault scavoir que en toutz
verbes francois il ya huyt temps
et chescun de eulx nest que un seul-
mot decline. cest assavoir. le present
le pretit imparfait. le preterit parfait.
le future de lindicatif. et toutz les
trois temps de loptatif. et le pre
sent de linfinitif. ces sont les.
huyt. mais toutz les aultre temps
en quelz meuf que ils soient trou
vez. sont fais des deux. ou des trois.
motz ensemble declinez. cest assa
voir. ou de cest verbe je ay. ou de
cest verbe je suis. et du participe
preterit de mesmes le verbe. si co
me on dira cy avant. Mais pri
mierement il fait bon aprendre
a decliner ces deux verbes. je ay.
je suys. le quelle. cest adire le-
brief tractiter ou decliner de cestuy
est ceste. je ay. je avoie. je eu. je au
rey. je auroie. je eusse. je aye. avoir
avant eu. Oultre sachez que le

me p*er*sonne pulier, sicome : q*ua*ntez heures est il ? pour : quantez heures sont ils ? Aussi la troisiesme personne singuler de cest verbe : ie suis ou la seconde p*er*sonne pulier de cest verbe : ie fois est volentiers mise en demandant pour la seconde p*er*sonne pulier de cest verbe : ie vaulx, sicome coment vous est il ? ou : coment le faitez vous ? pour : coment valez vo*us* ? Oultre scachez que q*ua*nt cest mot entre est adioint au vn verbe, Doncques cel verbe signifie div*er*ses p*er*sonnes faisantez a eulx mesmes, sicome : nous nous entreymons, cest a dire que chescun de nous ayme lun lautre. Maintenant come il est dit en chapitre des accidens, il fault scavoir quil y a cinq meufs des verbes. Maintenant il fault scavoir q*ue* en toutz verbes francois il y a huyt temps & chescun de eulx nest quun seul mot decline, cest a scavoir le p*re*sent, le pret*er*t inp*ar*fait, le pretert p*ar*fait, le future de lindicatif, & toutz lez trois temps de loptatif, & le present de linfinitif. ces sont les huyt, mais toutz les aultre temps, en quelq*ue* meuf que ils soient trouvez, sont fais des deux ou des trois mots ensemble declinez, cest a scavoir ou de cest verbe ie ay, ou de cest verbe ie suis, & du participre pretert de mesmes le verbe, si come on dira cy avant. Mais primierement il fait bon apprendre a decliner ces deux verbes ie ay & ie suys. le epiloge, cest a dire le brief reacenter ou decliner de cestuy, est cest : ie ay, ie avoie, ie eu, ie aurey, ie auroie, ie eusse, ie aye, avoir, ayant, eu. Oultre scachez q*ue* le

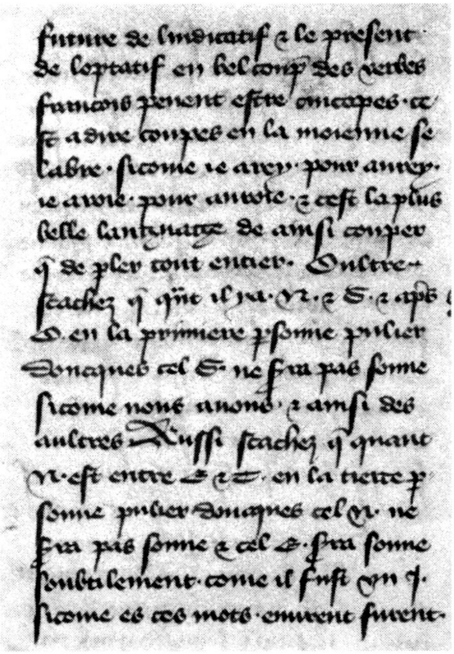

futuire de l'indicatif ⁊ le present
de l'optatif en bel comp des verbes
francois devent estre encoupes. ce
est a dire coupes en la moienne sel-
labre. si come ie arey pour averey.
ie avrie pour averoie. ⁊ c'est la plus
belle langage de ainsi couper
q̃ de pler tout entier. Oultre-
scachez q̃ quant il ya .n. ⁊ .e. ⁊ apres
.e. en la primiere psone plurier
donques cel .e. ne sera pas sonne
si come nous avons. ⁊ ainsi des
aultres. Aussi scachez q̃ quant
.n. est entre .e. ⁊ .t. en la tierce p-
sone plurier donques cel .n. ne
sera pas sonne ⁊ cel .e. sera sonne
soubtilement. come il fust en q.
si come es ces mots. envient furent.

future de lindicatif & le present de loptatif en belcoup des verbes francois peuent estre sincopes, ce-st à dire coupes en la moienne se-labre, sicome ie arey pour aurey, ie aroie pour auroie ; & cest la plus belle language de ainsi couper q*ue* de p*ar*ler tout entier. Oultre scachez q*ue* q*ua*nt il y a n & s, & apr*es* o en la primiere p*er*sonne pulier, doncques cel s ne s*er*ra pas sonne, sicome nous avons, & ainsi des aultres. Aussi scachez q*ue* quant n est entre e & t en la tierce p*er*-sonne pulier, doncques cel n ne s*er*ra pas sonne, & cel e s*er*ra sonne soubtilement come il fust vn i, sicome es ces mots : enurent, furent.

TRANSCRIPTION ADAPTÉE

[Donait françois]

[INTRODUCTION]

[322rb] Pour ceo que les bones gens du roiaume d'Engleterre sont enbrasez a sçavoir lire et escrire, entendre et parler droit françois a fin qu'ils puissent entrecomuner bonement ové lour voisins, c'est a dire les bones gens du roiaume de France, et ainsi pour ce que les leys d'Engleterre pour le graigneur partie[1], et aussi beaucoup de bones choses sont misez en françois[2], et aussi bien pres touz les seigneurs et toutes les dames

1 *Cf.* Crépin (2004, p. 1573) : « Le français juridique [...] a longtemps été de règle en Angleterre. C'est un français codifié, aux formules incontournables, si bien que se multiplièrent les manuels. Ils portent tous le même titre, *La court du Baron*. Le premier manuel de droit rédigé en anglais ne paraîtra qu'au XVIe siècle. » En 1362, un statut d'Édouard III imposait de substituer à la langue française, « trop desconue » en Angleterre, l'anglais, ordonnant que dorénavant tous les procès « soient pledez, monstretz, defenduz, responduz, debatuz et juggez en lange engleise ; et q'ils soient [entrez] et enroullez en latin » (Lusignan 2004, p. 207-208). Cette année-là, le chancelier Sir Henry Green, ouvrit les séances du Parlement en anglais, mais ce n'est qu'en 1386 que les registres et débats du Parlement furent rédigés en anglais, le français continuant à être utilisé avec l'anglais jusque vers 1430. « Dans les faits, le statut de 1362 semble être resté sans suite [...]. Le système judiciaire anglais continua d'utiliser exclusivement le français et le latin à l'écrit dans le déroulement des procès. » (Lusignan *ibid.*) N'oublions pas que la plus grande partie du lexique juridique de l'anglais est de l'anglo-normand déguisé en anglais. Sur ces questions, largement documentées, voir – outre l'introduction de l'ouvrage de référence de Baker, *Manual of Law French* (1990) – Brand 2000, Lusignan 2004 (Chap. IV, « Le français du roi en Angleterre », p. 155-217), Ormrod 2003, Rothwell 2001.

2 Crépin 2004, p. 1573 : « Les textes en français d'Angleterre, textes continus ou listes de vocabulaire, concernent de nombreux autres domaines [que le domaine juridique], qui vont de l'économie domestique au commerce maritime et à l'héraldique. » Pour plus de détails sur les domaines d'expression pour lesquels on a écrit en anglo-normand, voir Merrilees 1982.

TRADUCTION EN FRANÇAIS MODERNE

[Le Donait français]

[INTRODUCTION]

[322^{r}b] Parce que les bonnes gens du royaume d'Angleterre brûlent de savoir lire et écrire, entendre et parler[1] le français correct afin de pouvoir communiquer convenablement avec leurs voisins, c'est-à-dire les bonnes gens du royaume de France, et aussi parce que les lois d'Angleterre pour la plus grande partie, et aussi beaucoup de bonnes choses sont mises en français, et aussi bien <parce que> presque tous les seigneurs[2] et toutes les dames

1 Quadruple objectif : à l'écrit, lire et écrire ; à l'oral, entendre et parler. Contrairement aux autres Donat, le *Donait françois* est en grande partie une grammaire du français parlé ou lu, comme le montrent la partie phonétique initiale et les nombreuses règles de prononciation des mots dans les questions / réponses. Cette orientation relie l'ouvrage aux manuels d'orthographe.

2 Le mot étant donné en abréviation, il est difficile de savoir quelle serait exactement sa forme restituée, *seignur*, *seignour* (graphies anglo-normandes) ou *seigneur* (graphie continentale), comme le remarque Kristol examinant la *Maniere* de 1399 (1990-1991, p. 321, § (3)).

en mesme roiaume d'Engliterre volentiers[1] s'entrescrivent en romance, tres necessaire je cuide estre aus Engleis de sçavoir la droite nature de françois. A le honneur de Dieu et de sa tres doulce miere et toutz les saintez de paradis, je, Johan Barton, escolier de Paris, nee et nourie toutez voiez d'Engleterre en la conté de Cestre[2], j'ey baillé aus avant diz Anglois un donait françois pur les briefment entreduyr en la droit language du Paris et de païs la d'entour, laquelle language en Engliterre on appelle *doulce francé*. Et cest donait je le fis la fair a mes despenses et tres grande peine par pluseurs bons clercs du language avantdite. Pur ce, mes chiers enfantz et tres doulcez puselles, que avez fain d'apprendre cest donait, sçachez qu'il est divisé en belcoup de chapiters, si come il apperera cy avale.

1 Crépin 2004, p. 1574-1576 : « Outre les francophones de naissance, de moins en moins nombreux en Angleterre médiévale, se multiplièrent les francophones par apprentissage. Les écoliers, les étudiants devaient apprendre le français, et même l'utiliser comme langue d'explicitation du latin – jusque vers le milieu du XIVe siècle [...]. Il coexistait [...] en Angleterre deux types de langue française. Le premier type est une langue vernaculaire, c'est-à-dire parlée et parlée spontanément, nullement dépendante de l'écrit. L'autre est une langue seconde, qu'on apprend, qu'on apprend bien en allant en France, mal en se contentant du premier type, vernaculaire. » Kristol (2001) avance l'hypothèse que le français et le latin étaient enseignés concurremment. Il faut évidemment ajouter une troisième sorte de français, le français juridique, qui est également appris, mais ne dépend nullement du français continental (*cf. supra* et Baker 1990). Pour les nombreux débats sur le statut de l'anglo-normand à l'époque du *Donait françois*, *cf.* introduction « La question de l'anglo-normand », p. 14.

2 *Cestre* = Chester, ville du Cheshire < lat. *castra* « camp retranché ».

dans le même royaume d'Angleterre s'écrivent volontiers entre eux en romance[1], je pense qu'il est très nécessaire aux Anglais de savoir la droite nature du français. En l'honneur de Dieu et de sa très douce mère et de tous les saints du paradis, moi, Jean Barton, écolier de Paris, né et nourri toutefois par l'Angleterre dans le comté de Chester, j'ai donné aux Anglais précités un Donat français pour les introduire brièvement dans le langage correct de Paris et du pays d'alentour, lequel langage en Angleterre on appelle *doux français*[2]. Et ce Donat, je l'ai fait faire à mes frais et <avec> très grande peine par plusieurs bons clercs du langage précité. Pour cela, mes chers enfants et très douces pucelles, qui avez faim d'apprendre ce Donat, sachez qu'il est divisé en beaucoup de chapitres[3], comme cela apparaîtra ci-après.

---

1 *Romance* (< *romanica lingua*) peut désigner ici soit spécifiquement l'anglo-normand en usage dans les classes aisées de la population, soit, plus généralement, la « langue romane », donc le français. En fait l'appellation de *romanica lingua* est ambiguë. Dans la *Manière* de 1396 (lettre de l'auteur à son mécène), il ne fait aucun doute que le terme est synonyme de français : « parler et escrire doulz françois ou romance » (Kristol éd. 1995, p. 45.21). Dans le *Tractatus orthographie* de Coyfurelly, Lusignan (1987, p. 102, à la suite de Owen 1929, p. 6) croit y voir l'anglo-normand, opposé à la *lingua gallicana*, mais Kristol (1989, p. 364) montre que, pour cet auteur, *romanicus* signifie « picard ». Dans *Lesclarcissement* de Palsgrave (1530), le mot est attesté deux fois, seul et dans *the olde romance tonge*, à côté des expressions *(the) old(e) Romant tong(e) / speche*, où il désigne un ancien état de la langue, à ne pas suivre.

2 Suite à une suggestion de M. Colombo Timelli et à deux remarques d'A. Kristol et de P. Swiggers, nous proposons de lire *doulce france* non comme « douce France », mais comme *doulce francé* < *franceis* (« doux français »), selon l'évolution régulière du E long en syllabe ouverte en (anglo-)normand, les graphies, majoritaires, en *-oi-* pour françois pouvant être lues elles aussi en [ɛ]. *Cf.* la *Manière de langage* de 1396 : les élèves « purront avoire soveraigne grace et sen naturel d'apprendre a parlere, bien sonere et parfitement escriere douce francés, qui est la plus beale et la plus gracious langage et la plus noble parlere après latyn de scole que soit en monde et de tous genz melx preysé et amee que nulle part. » (Kristol éd. 1995, p. 3.8-11). L'expression se retrouve dans le titre de l'ouvrage de Richard Dove, *Donait soloum douce franceis de Paris*, un compendium sur la morphologie verbale (voir son édition dans Merrilees 1993, p. 285-291). Lusignan (1987, p. 102, d'après Stengel, 1879, p. 7) cite une autre manière de langage dans laquelle un Parisien félicite un Anglais pour la qualité de son français en ces termes : « vraiement je n'oy oncquesmais Englois parler françois si bien a point ne si *doulcement* ».

3 L'emplacement pour les lettrines permet de distinguer 6 chapitres (préambule ; lettres ; accidents des parties du discours ; le nom ; le pronom ; le verbe. *Cf.* introduction, « L'insertion dans le manuscrit et la structure », p. 29.

[CLASSEMENT DES LETTRES]

Quantez letters est il ? Vint. Quellez ? Cinq voielx et quinse [322ᵛa] consonantez[1].

[LES VOYELLES]

Quelx sont les voielx et ou seront ils sonnés ? Le premier vouyel est *a* et serra sonné en la poetrine, le seconde est *e* et serra sonné en la gorge, le tiers est *i* et serra sonné entre les joues, le quart est *o* et serra sonné au palat de la bouche, le quint est *u* et serra sonné entre les levres[2].

1 Donat, *Ars maior* : « Littera est pars minima uocis articulatae. Litterarum aliae sunt uocales, aliae consonantes. Consonantium aliae sunt semiuocales, aliae mutae » [La lettre est la plus petite partie de la voix articulée. Parmi les lettres, les unes sont des voyelles, les autres des consonnes. Parmi les consonnes, les unes sont des semi-voyelles, les autres des muettes.] (603.6-7 H.)

2 Donat, *Ars maior* : « Vocales sunt quae per se proferuntur et per se syllabam faciunt. Sunt autem numero quinque *a e i o u.* » [Les voyelles sont les lettres [phonèmes] qui se profèrent par elles-mêmes et font par elles-mêmes une syllabe. Elles sont au nombre de cinq : *a e i o u.*] (603.8-9 H.)

[CLASSEMENT DES LETTRES]

Combien y a-t-il de lettres[1] ? Vingt[2]. Lesquelles ? Cinq voyelles et quinze [322^v^a] consonnes.

[LES VOYELLES]

Quelles sont les voyelles[3] et où seront-elles prononcées ? La première voyelle est *a* et sera prononcée dans la poitrine, la seconde est *e* et sera prononcée dans la gorge, la troisième est *i* et sera prononcée entre les joues, la quatrième est *o* et sera prononcée au palais de la bouche, la cinquième est *u* et sera prononcée entre les lèvres[4].

1 Les *Donat* édités par Maria Colombo Timelli (1996), inspirés de l'*Ars minor* de Donat (questions / réponses sur les parties du discours) ne comportent pas de partie phonétique et commencent directement par l'examen des parties du discours. Le *Donait françois* ne donne pas de définition de la lettre. Comme Donat, il distingue des voyelles et des consonnes et, parmi ces dernières, des « semi-voyelles » et des « muettes ».

2 22 lettres chez Sylvius, Pillot, R. Estienne, qui intègrent les « lettres grecques » *y* et *z* dans la liste ; 23 chez Bosquet qui intègre *k*.

3 À la différence de Donat, le *Donait françois* ne propose pas de définition de la voyelle, mais donne une définition de l'articulation de chacune d'entre elles.

4 Les voyelles sont définies selon le lieu d'articulation, en partant de la poitrine jusqu'aux lèvres, sans précision de la langue-cible qui doit être le français par défaut, mais le *Donait françois* ne le dit pas. Donat ne caractérisait pas la prononciation de chacune des voyelles. Au XVIe siècle, les grammairiens feront la distinction entre les variétés d'une même voyelle, ce qui les conduira à différencier, au moins implicitement, graphie et phonétique : Palsgrave (1530, livre 2, chap. 2-9) distingue en français deux *a*, trois *e*, deux *i*, deux *o* et considère que le *u* français diffère à la fois du *u* latin et du *u* anglais. Sylvius (1531, p. 2-3) considère que « *a*, *i*, *o* des Latins ne changent pas de prononciation chez les Français », à la différence de *e* (trois prononciations) et de *u*. Meigret (1550) distingue 7 voyelles : « Quant aux voyelles, je trouve que la langue française en a jusqu'au nombre de sept, si diverses entre elles que l'une ne peut être prononcée pour l'autre, sans manifeste offense de l'oreille : quoique les aucunes aient entre elles une grande affinité. Nous avons donc *a*, *ę* ouvert, *e* clos, *i*, *ou* clos (autrement ne l'osé-je noter), *o* ouvert, *u*. » Ramus (1572) arrive à une liste de 10 voyelles.

[CONSONNES : SEMI-VOYELLES ET MUETTES]

Et toutes les autres lettres sont appellez consonantz. Quantez manieres est il de consonantz ? Deux. Quelx ? Semivouyel ou mute, qar si come chescun vouyel comence de lui mesmes et fin a lui mesmes, ainsi chescun semivoyel comence a un vouyel et fine a lui mesmes[1] si come *l*, *m*, et doncques il est appellé un semivouyel ; ou il comence de lui mesmes et fine en un vouyel si come *b*, *c*, et doncques il est appellé une mute[2].

1 « ainsi chescun semivoyel comence a un vouyel et fine a lui mesmes » : ajouté dans la marge gauche.

2 Donat, *Ars maior* : « Semiuocales sunt, quae per se quidem proferuntur, sed per se syllabam non faciunt. Sunt autem numero septem, *f l m n r s x*. » [Les semi-voyelles sont les lettres qui se profèrent par elles-mêmes mais ne font pas par elles-mêmes une syllabe. Elles sont au nombre de sept : *f l m n r s x*.] (604.10-11 H.) – Donat, *Ars maior* : « Mutae sunt, quae nec per se proferuntur nec per se syllabam faciunt. Sunt autem numero nouem, *b c d g h k p q t*. Ex his supervacuae quibusdam uidentur *k* et *q* ; qui nesciunt, quotiens a sequitur, *k* litteram praeponendam esse, non *c* ; quotiens *u* sequitur, per *q*, non par *c*, scribendum. *H* interdum consonans interdum adspirationis creditur nota. » [Les muettes sont les lettres qui ne se profèrent pas par elles-mêmes et ne font pas par elles-mêmes une syllabe. Elles sont au nombre de neuf : *b c d g h k p q t*. Parmi elles, *k* et *q* semblent superflues à certains : ils ignorent que chaque fois que c'est *a* qui suit, il faut lui préposer *k*, et non *c* ; et chaque fois que c'est *u*, il faut écrire *q*, et non *c*. *H* est considéré quelquefois comme une consonne, et quelquefois comme la marque de l'aspiration.] (604.15-605.3 H.) – Sainliens (1580, p. 32) dit pourtant que la lettre *h* se prononce *ash* et que la lettre *f* se prononce *ef*. Chez lui comme dans le *Donait françois*, il s'agit bien de la prononciation des lettres séparées dans l'alphabet, donc du *nom* de la lettre. Palsgrave relève une différence entre français et latin : « In the namyng of the sayd consonantes the frenche men diffre from the latin tong, for where as the latines in soundynge of the mutes begyn with the letters selfe, and ende in *E*, sayng *BE*, *CE*, *DE*, etc., the frenche men in the stede of E, sounde oy, and name them *BOY*, *COY*, *DOY*, etc., and where as the latines in soundyng of theyr liquides or semi vowelles begyn with E, and ende with them, saynge *EL*, *EM*, *EN*, the frenche men double the liquide or semi vocale, and adde also an other E, and name them *ELLE*, *EMME*, *ENNE*, gevyng the accent upon the fyrst *E* and, at the last *E*, depressyng theyr voyce. » (Introd. au second livre, 1852 [1530], p. XXIII-XXIV) [Quant aux noms qu'ils donnent à ces consonnes, les Français ne font pas comme en latin : alors que les Latins, pour nommer les *mutae*, commencent par la lettre de la consonne et la font suivre d'un *e*, en disant *be*, *ce*, *de*, etc., les Français, au lieu de *e*, prononcent *oy*, et disent *boy*, *coy*, *doy*. Et là où les Latins donnent leurs noms aux liquides ou aux semi-voyelles en commençant par *e* et en terminant par <la consonne>, en disant *el*, *em*, *en*, les Français redoublent la liquide ou semi-voyelle, et ajoutent encore un *e*, et disent *elle*, *emme*, *enne*, en mettant l'accent sur le premier *e*, et laissant le dernier *e* atone. Trad. Baddeley 2003, p. 337-338]. Sur la question du nom des lettres, voir Clerico 1995b.

[CONSONNES : SEMI-VOYELLES ET MUETTES]

Et toutes les autres lettres sont appelées consonnes[1]. Combien de manières[2] y a-t-il dans les consonnes ? Deux. Lesquelles ? Semi-voyelle ou muette, car tout comme chaque voyelle commence par elle-même et finit en elle-même, ainsi chaque semi-voyelle commence par une voyelle et finit par elle-même comme *l*, *m*, et alors elle est appelée une semi-voyelle ; ou elle commence par elle-même et finit en une voyelle, comme *b*, *c*, et alors elle est appelée une muette.

1 *consonantz* dans l'original. Le terme *consonant* est habituel chez les grammairiens du XVIe siècle et s'explique par le latin (*consonans*, *-tem*). On trouve *consonę* dans Ramus 1562, *conson(n)e* chez Meurier, une fois *consone* chez R. Estienne et *consonne* chez Ramus 1572 et Bosquet 1586.

2 On trouve ici la première des six utilisations de *manier* / *maniere* pour introduire des classements : le terme est employé plus bas pour distinguer les types de temps du passé ; pour distinguer les deux types de supposition ; pour distinguer les types de substantifs et les types d'adjectifs ; pour distinguer le verbe impersonnel du verbe personnel. Voir introduction, « Les accidents des parties du discours », p. 38. Le mot est également utilisé au XIVe siècle dans les traités précoces, dans plusieurs usages semi-techniques, ainsi dans le traité *Quantes parties* qui en fait un large usage : par ex. dans la catégorie du nom, pour désigner la distinction entre noms et adjectifs (« Quantes manieres de nom sont ? II. Queles ? Le substantif et li adjectif », f. 41^v^a), les types de comparaison (« Quantes manieres de comparaison sont ? II. Queles ? L'une est reguliere et l'autre irreguliere », f. 42^r^a), les types de composition (« Par quantes manieres sont les nons compous ? Par IIII », f. 42^v^a) ; dans la catégorie du verbe : pour distinguer les catégories de neutres (« Quantes manieres de neutre sunt ? II. Queles ? Les uns sont neutres passis et les autres passis en neutre », f. 48^v^a) ; pour désigner les sens de l'adverbe (« La signification de l'adverbe en quantes manieres est ele divisee ? Em pluseurs », f. 49^v^a). Ramus s'en sert également pour distinguer voyelles et consonnes : « D. Combien i a il dę manierę' dę letręs ? P. Dęus, la voielę e la consonę » (1562, p. 8). Bosquet l'utilise pour désigner les modes : par ex. « Verbe, est le liën, ou nerf du deuis, Iequel se decline par manieres, ou meufs, & temps. » (1586, p. 68 / 72) ; « *Le meuf Indicatif, ou maniere Indicatiue* » (*ibid.*, p. 94).

Quantez semivouyelx sont ils doncqes ? Six. Qelx ? *l*, *m*, *n*, *r*, *s*, *x*. Et quantez mutez sont ils ? Neuf. Quelx ? *b*, *c*, *d*, *(e)*[1], *f*, *g*, *h*, *p*, *q*, *t*, mais *h* n'est pas lettre, mes elle est un signe de alaine ; *y* et *z* sont lettres gregoisez[2].

1 « e » mis entre parenthèses par Städtler, omis par Stengel et Swiggers.

2 Donat, *Ars maior* : « *Y* et *z* remanent, quas litteras propter Graeca nomina admisimus : altera namque uocalis, altera est consonans duplex. Vnde fit, ut quidam putant, Latinas litteras non plures esse quam decem et septem, si quidem ex uiginti et tribus una adspirationis nota est, una duplex, duae superuacuae, duae Graecae. » [Il reste *y* et *z* que nous avons admises comme lettres du fait de leurs noms grecs (u-grec et zêta) : de fait, l'une est une voyelle, l'autre une consonne double. Il en résulte que, selon l'avis de certains, il n'y a pas plus de dix-sept lettres latines puisque sur les vingt-trois une est signe d'aspiration, une autre est double, deux sont superflues, et deux sont grecques.] (605.4-7 H.)

Combien y a-t-il donc de semi-voyelles ? Six. Lesquelles ? *l*, *m*, *n*, *r*, *s*, *x*. Et combien y a-t-il de muettes ? Neuf. Lesquelles ? *b*, *c*, *d*, *f*[1], *g*, *h*, *p*, *q*, *t*, mais *h* n'est pas une lettre : c'est un signe d'aspiration[2]. *Y* et *z* sont des lettres grecques.

---

1 La plus longue discussion sur le statut de *f* est soutenue par J.-C. Scaliger qui fait du chapitre 15 de son *De causis* (*Vtrum F, sit muta, an semivocalis*, 1540, p. 29-33) un véritable « morceau de bravoure » (Clerico 1995a, p. 296 *sq.*) pour réfuter les sept arguments des anciens qui en font, à tort selon lui, une muette.

2 Si l'on met à part le *h*, comme nous y engage le *Donait françois*, l'opposition entre semi-voyelles et muettes correspond à notre opposition entre duratives et occlusives, à l'exception du *f* classé dans les muettes (une semi-voyelle chez Donat) et du *x*. – Le statut du *h* pose déjà problème aux grammairiens latins : faut-il y voir juste une *nota*, une sorte de signe prosodique, comme le pense Varron et dont on peut faire, selon Cornutus, l'économie ? ou est-il une vraie *littera*, dont Scaurus défend l'existence ? (Desbordes 1990, p. 179 *sq.*). Au XVIe siècle, le grammairien qui développera le plus la question est Ramus dans ses *Scholae grammaticae* (1559, p. 62-64) : pour lui, *h* est une vraie lettre (car en alternance avec des consonnes traitées comme telles), non une muette, mais une semi-voyelle (Clerico 1995a, p. 339-341). Pour Palsgrave aussi, *h* est une vraie lettre, mais pas une consonne, et Palsgrave distingue nettement un *h* non aspiré et un *h* aspiré, donnant une liste de mots avec *h* aspiré (voir trad. Baddeley, 2003, p. 337, 386-388, 401-402). – D. Trotter me signale aussi, dans le *DEAF*, sous l'entrée H 2, 20-287, cette citation d'un juge anglais qui refuse de distinguer entre deux noms de communes, l'un avec *H-*, l'autre sans (*Ersam* et *Hersam*), en disant : *H n'est pas lettre*.

Ditez, n'est il plus que quinse consonantz ? Nemy, mais il avient que *i* et *u* se tournent ascun foitz en guise et en force des consonantz. Ditez doncques quant il avient. Quant ils sont misez en un mesmes selabe devant un vouyel, soit il au comencement, ou au milieu de un mote, en quelle language que ce soit, ils se tournent en guise et en force des consonantz. Baillez nous exemple. Veez la cy, si come es ces quater mos *Johannes*, *vates*, *cuius*, *audivit*. Et aprés *g* et aprés *q* et aprés *s* en la mesmes selabe *u* ne serra guieres sonné, si comme [322^{v}b] es ces trois mos : *lingua*, *quis*, *suavis*[1].

---

1 Donat, *Ars maior* : « Harum duae, *i* et *u*, transeunt in consonantium potestatem, cum aut ipsae inter se geminantur aut cum aliis uocalibus iunguntur, ut *Iuno*, *uates*. Hae etiam mediae dicuntur, quia in quibusdam dictionibus expressum sonum non habent, *i* ut *uir*, *u* ut *optumus*. Extra quam formam *u* littera interdum nec uocalis nec consonans habetur, cum inter *q* litteram consonantem et aliquam uocalem constituitur, ut *quoniam*, *quidem*. Huic item digammon adscribi solet, cum sibi ipsa praeponitur, ut *seruus*, *uulgus*. Nam *i* litteram geminari in una syllaba plurimi negant. » [Ces deux voyelles, *i* et *u*, passent à un son consonantique lorsque soit elles se redoublent elles-mêmes, soit elles sont jointes à d'autres voyelles, comme *Iuno*, *uates*. Elles sont dites aussi « intermédiaires » parce que, dans certains mots, elles n'ont pas de son distinct, *i* dans *uir*, *u* dans *optumus*. En dehors de cette forme, la lettre *u* est quelquefois considérée ni comme une voyelle, ni comme une consonne, quand elle est placée entre la lettre *q* qui est une consonne et une autre voyelle, par ex. *quoniam*, *quidem*. De même on a l'habitude de lui ajouter un digamma, quand elle est préposée à elle-même, par ex. *seruus*, *uulgus*. De fait la plupart refusent la gémination de la lettre *i* dans une seule syllabe.] (604.1-7 H.) Pour chaque lettre, les anciens distinguent son *nomen* (nom dans l'alphabet), sa *figura* (sa graphie) et sa *potestas* (le son). C'est Longus qui insiste le plus sur l'indétermination du son dans *opti/umus* (*cf.* Desbordes 1990, p. 195-196).

Dites, n'y a-t-il plus que quinze consonnes ? Pas du tout, mais il arrive que *i* et *u* se tournent quelquefois en guise et en force de consonnes. Dites donc quand cela arrive. Quand ils sont mis dans une même syllabe devant une voyelle, soit au commencement, soit au milieu d'un mot, en quelque langage que ce soit, ils se tournent en guise et en force de consonnes. Donnez-nous un exemple. Voyez-le ici, comme dans ces quatre mots *Johannes* [fr. Jean], *vates* [fr. devin], *cuius* [fr. dont], *audivit* [fr. il a entendu][1]. Et après *g* et après *q* et après *s* dans la même syllabe, *u* ne sera guère prononcé, comme [322^{v}b] dans ces trois mots : *lingua* [fr. langue], *quis* [fr. qui], *suavis* [fr. doux][2].

1 La règle est valable *en quelle langage que ce soit*, ce qui peut vouloir dire soit « dans n'importe quelle façon de parler (dans n'importe quel usage langagier », soit « pour toute langue ». De fait, ce sont quatre exemples latins qui sont donnés pour respectivement [j] initial, [w] initial, [j] intérieur, [w] intérieur. Rien n'est dit de la différence entre les [j] et [w] latins et les [dʒ] ou [ʒ] et [v] français, mais selon G. Clerico (1995a, p. 335), les grammairiens de la Renaissance ne faisaient pas la distinction. Ce que confirment les remarques de Palsgrave qui, lui aussi, donne des exemples de mots latins : « *I*, whan he is a consonant, shall have suche sounde in frenche wordes as he hath in latine in these wordes *Ianus*, *iecur*, *iocundus*, *iudex*, without any exception [...]. *V.* whan he is a consonant, shall be sounded in frenche lyke as he is in latyn in these wordes *uanitas*, *uenio*, *uindicta*, *uoluntas*, that is to saye almost lyke an *f.* » (1852 [1530], p. 31 et 38) [*I*, quand il est consonne, a le même son dans les mots français qu'il a en latin dans ces mots *Ianus*, *iecur*, *iocundus*, *iudex*, sans exception [...]. *V*, quand il est consonne, sera prononcé en français comme en latin dans ces mots : *uanitas*, *uenio*, *uindicta*, *uoluntas* : c'est-à-dire, presque comme un *f.* Trad. Baddeley 2003, p. 402 et 410].

2 Il faut sans doute comprendre que, du fait d'un *w* semi-consonantique très faiblement articulé, *lingua*, *quis*, *suauis* sont prononcés presque comme [linga] au lieu de [ling^{w}a], [kis] au lieu de [k^{w}is], [sawis] au lieu de [s^{w}awis], c'est-à-dire avec des occlusives simples au lieu des labio-vélaires correspondantes. Servius (*GL* 4, 421.33-34) observait que V n'était ni consonne, ni voyelle dans la séquence Q + V + voyelle, ainsi dans *quoniam* (Clerico 1995a, p. 329).

Derechef, quant il est deux consonantz en milieu du mot, si come en cest mot *letters*, le premier ne serra guiers sonné, fors il y a deux *ll*, qar ils serront toutez deux fort sonnez, come en ceste mot *quelles*. Derechief, quant *n* s'ensuyt *a* ou *o*, doncques *u* serra en milieu de eux, come es ces deux mos *quant*, *sont*[1].

1 Palsgrave observe également la vélarisation de voyelles nasalisées : « If *m* or *n* folowe nexte after *a*, in a frenche worde, all in one syllable, than *a* shall be sounded lyke this diphthong *au*, and some thyng in the noose, as these wordes *ámbre*, *chámbre*, *mandér*, *amánt*, *tant*, *quant*, *parlánt*, *regardánt*, shall in redynge and spekynge be sownded *aumbre*, *chaumbre*, *maunder*, *amaunt*, *taunt*, *quaunt*, *parlaunt*, *regardaunt*, soundyng the *a* lyke *au* and somethynge in the noose, and so of all suche other [...]. If *m* or *n* folowe next after *o* in a frenche worde, both in one syllable, than shall the *o* be sounded almost lyke this diphthonge *ou*, and some thyng in the noose : as these wordes *mon*, *ton*, *son*, *renóm* shalbe sownded *moun*, *toun*, *soun*, *renoum* and so of all suche other. » (1852 [1530], p. 2 et 7). – [Si *a* est suivi de *m* ou de *n* dans un mot français, et si les deux lettres sont dans la même syllabe, le *a* se prononcera alors comme la diphtongue *au*, et quelque peu dans le nez, comme dans ces mots *ámbre*, *chámbre*, *mandér*, *amánt*, *tant*, *quant*, *parlánt*, *regardánt*, qui, quand on lit et quant on parle, se prononcent *aumbre*, *chaumbre*, *maunder*, *amaunt*, *taunt*, *quaunt*, *parlaunt*, *regardaunt*, en prononçant le *a* comme *au*, et quelque peu dans le nez, et de même pour tous les autres de ce genre [...]. Si *o* est suivi de *m* ou de *n* dans un mot français, dans la même syllabe, il se prononce alors presque comme la dipthtongue *ou*, et quelque peu dans le nez, comme dans ces mots *mon*, *ton*, *son*, *renóm*, qu'on prononce *moun*, *toun*, *soun*, *renoum*. Trad. Baddeley 2003, p. 366 et 372]

Derechef, quand il y a deux consonnes au milieu du mot, comme dans ce mot *letters*[1], la première ne sera guère prononcée, sauf s'il y a deux *ll*, car ils [ces deux *ll*] seront tous deux fort prononcés, comme dans ce mot *quelles*[2]. Derechef, quand *n* suit *a* ou *o*, alors *u* sera en milieu d'eux, comme dans ces deux mots *quant*, *sont*[3].

1 La remarque est difficile à interpréter du fait qu'un seul exemple est donné. De plus le mot *lettre* est donné deux fois seulement sous la forme pleine *letters*, ailleurs toujours abrégé (avec deux abréviations différentes). Après sept mots latins donnés en exemple, *letters* pourrait être un mot anglais, mais il est plus probable que ce soit un mot français (*cf.* aussi *gener* / *genre*, *quater*). La remarque se comprendrait pour une première consonne différente de la seconde (par ex. une consonne étymologique non prononcée). Mais en cas de géminée, on s'attendrait plutôt à une remarque selon laquelle la géminée n'est pas prononcée plus forte que la simple. Néanmoins, comme me le fait remarquer P. Swiggers, « si l'on tient compte du fait que ces auteurs pensent tous en termes de correspondance graphie / prononciation, la remarque devient compréhensible : c'est le second *t*, qui fait union avec le *r* qui suit, qui est "sonné" selon l'auteur ».

2 Sur la forte prononciation du *l* géminé, *cf.* R. Estienne (1557, p. 7) : « L. Quand on la double elle se prononce plus fort, & plus rudement : comme, *Allicher*, *Icelle*, *Chandelle*, *Pucelle*. » La remarque ne vaut évidemment que lorsque *ll* n'est pas précédé de *i*, qui au contraire adoucit la prononciation (« Si *i* est deuant les deux *ll*, elles se prononcent plus doulcement. », *ibid.*)

3 Sur *quant* prononcé [kaunt] ou [kãunt], *cf.* Kristol 1989, p. 356, Trotter à par. et introduction, « La langue du *Donait françois* », p. 21 et « La phonétique : une grammaire du français parlé », p. 32 ; la graphie anglo-normande *aun* ne se trouve jamais dans le *Donait françois*. C'est la conséquence d'un enseignement explicite des manuels d'orthographe. La prononciation n'en est pas affectée : « Item *quant*, *grant*, *demandant*, *sachant*, *tant* et totes les participl[e]s serront escriptz ove *n* sans *u*, mes en lisant il avera le soun de *u*. » (*Orthographia gallica*, éd. Johnston 1987, règle F11). La séquence *aun* n'apparaît pas dans la *Manière* de 1399, mais on en trouve 19 occurrences (contre 246 de *an*) dans celle de 1396 et elle est assez fréquente dans celle de 1415 (Kristol éd., 1995, p. XXVIII, XXXVIII, XLVII). De même, les graphies *noun* et *pronoun* (qui ont elles-mêmes influencé les termes anglais correspondants), ainsi que la remarque similaire de Palsgrave, permettent de supposer que *sont* était prononcé également [sount] ou [sɔ̃unt].

[SIX RÈGLES DE PRONONCIATION]

Ci endroit il fault sçavoir belcoup de bones rieulis, dequelles la primier est cestuy :

quant un mot fine en un vouyel et le mot suyant comence par un autre vouyel, donques le primier vouyel serra perdu en parlant, si come es cestes exemples : *ma amye, sa amour*[1], fors que quant le entendement serroit ainsi perdu : *Jehan parla a Adam*, et aussi quant cel mot fine en *i*, si come *je ouÿ Adam*, ou en *o*, si come *Pharao ala*, pour ce doncques entre eux il fault la alaine traier.

---

1 Qui devaient être prononcés : *m'amye* [mamiə] (*cf.* ma mie), *s'amour* [samour]. Il y a sept occurrences de *m'amie* dans la *Manière* de 1396 (CD) (Kristol éd., 1995, p. XXXIX, note 14). *M'amie*, avec parfois *t'amie, s'amie* est constamment donné par les grammairiens du XVIe siècle lorsqu'ils traitent de l'apostrophe ou de la transformation de *ma* en *mon* devant un mot féminin commençant par une voyelle : Sylvius 1531, p. 55 ; R. Estienne 1557, p. 10 ; Garnier 1557, p. 39 (qui le signale comme une exception) ; Ramus 1562, p. 37 ; 1572, p. 46 ; Bosquet 1586, p. 66 ; Serreius 1623 [1598], p. 31. Meigret, R. Estienne et Cauchie y associent *m'amour* : « nous disons *m'amour, m'amíe* aussi tôt que *mon amour* » (Meigret 1980 [1550], p. 61) ; « Quelque fois nous disons, M'*amie*, M'*amour* » (R. Estienne 1557, p. 30) ; « *in* ma, ta, sa, *ante* amie *et* amour *tantùm, nam in aliis fit generis mutatio hoc pacto*, mon ame. » (Cauchie 1586, f. 11[r] ; repris f. 87[r]). Les grammairiens et remarqueurs du XVIIe siècle (Dupleix, Maupas, Ménage, Oudin, Vaugelas) citent fréquemment la phrase « M'amour vous ay donnée », très connue car elle est extraite d'une chanson citée par Marot dans une *Épigramme à ses disciples*. Vaugelas, après avoir remarqué qu'on dit pour des raisons d'euphonie *mon ame*, dit encore : « On dit pourtant, *m'amie*, & *m'amour*, en termes de caresses, mais ce n'est qu'en ces deux mots, que je sçache, & en certaines occasions qu'on parle ainsi ; car on ne dira point *vne telle estoit fort m'amie*, mais *estoit fort mon amie*, ny *m'amour est constante*, pour dire *mon amour est constante* » (1647, p. 352/312).

[SIX RÈGLES DE PRONONCIATION]

À cet endroit, il faut savoir beaucoup de bonnes règles[1], parmi lesquelles la première est la suivante :

Quand un mot finit par une voyelle et <que> le mot suivant commence par une autre voyelle, alors la première voyelle sera perdue en parlant, comme dans ces exemples : *ma amye*, *sa amour*, sauf quand le sens serait ainsi perdu : *Jehan parla a Adam*, et aussi quand ce mot finit en *i*, comme *je ouÿ Adam*, ou en *o*, comme *Pharao ala* [Pharaon alla] : dans ce cas, il faut suspendre l'haleine entre eux[2].

1 Le mot « règle » a deux formes en ancien et moyen français : une forme semi-savante calquée sur le latin, comportant un *-g-* : *regle* (*regula*) ; et une forme normale *riule*, *rieule*, résultant phonétiquement du même mot. La forme *rieulis* est un reflet de la bonne prononciation anglo-normande tardive : *rieule* (sg.) [rəul] > [rul], *rieules* (pl.) [rəuləs] > [ruləs], avec une graphie *-i-* fréquente pour transcrire le [ə] final atone pour lequel il n'y a pas de graphème (*cf.* anglais *rule* ; *cf.* aussi Pope 1952, § 1162 ; informations fournies par A. Kristol et C. Marchello-Nizia). Sur ces règles, voir introduction, « La phonétique : une grammaire du français parlé », p. 32.

2 Dans l'original : « la alaine traier », c'est-à-dire marquer l'hiatus. *Cf. supra*, *h* « est un signe de alaine ».

La seconde regle est cestuy que quant un mot fine en une consonant et le mot suiant comence par un autre, doncques le primier consonant sera pou sonné ou nient, si come en cest exemple *Jehan parla*, fors quant cel primier mot fine en *b*, si come *Oreb*[1], ou en *m*, si come *Abraham*[2], ou en *n*, si come *raison*, ou en *r*, si come *Putiphar*, qar doncques tu sonneras fort, qar aultrement l'entendement serroit perdu.

La trois regle est cestuy que quant un mot fine en un vouyel et le mot s'ensuiant comence par un consonant ou a contraire, c'est a sçavoir, quant un mot fine par un consonant et le mot <s'ensuiant>[3] commence par un vouyel, doncques toutz [323^{r}a] deux serront fort sonnés, si come es cestes exemples *la grace de Dieu*, *veult aymer*, *peut estre*.

---

1 Il est remarquable que le *Donait françois* tire ses exemples de personnages bibliques, donc assez peu courants et apparemment assez peu représentatifs du français : Jean, Adam, Pharaon (générique), Oreb, Abraham (pour lequel il y avait deux prononciations, avec voyelle nasale, et avec [am]), Putiphar. En fait ces mots importés sont intéressants car ils exigent parfois une prononciation particulière (*Abraham* et *Adam* sont déjà chez Charisius et chez Priscien pour leur flexion). Vaugelas le remarque à propose de *Achab* : « Le *b*, finissant le mot, se prononce devant un autre mot qui commence par une consone, comme *Achab ce meschant*, on prononce le *b*. Nostre langue n'a point de mot qui finisse par cette lettre, il faut emprunter des mots estrangers, où cette reigle se pratique, et l'on prononcera *Achab hardi*, comme on prononce *Achab ce meschant*. » (1647, p. 196-197). *Oreb* est utilisé par La Touche qui remarque que *b* « se prononce à la fin des noms propres comme dans *Moab*, *Oreb*, suivant la V. Règle générale. Elle est muette dans *plomb*, et *rumb*, ou *romb de vent* ; mais elle sonne dans *radoub*. » (1730 [1696], p. 16).

2 Serreius (1623 [1598], p. 21) considère que *Abraham* se prononce, comme *carquan*, avec un *NG* « obscur » : « *un Carquan* torques, quasi ung *Carquang*. *Abraham* quasi *Abrahang* ». Vaugelas observe que le *m* final « ne se mange point », « car comment diroit-on *Abraham*, *Hierusalem*, ou *Bethleem*, sans prononcer l'*m* ? » (1647, p. 197).

3 « s'ensuiant » : adjonction de Städtler.

La seconde règle est la suivante : quand un mot finit par une consonne et que le mot suivant commence par une autre, alors la première consonne sera peu prononcée ou pas du tout, comme dans cet exemple *Jehan parla*[1], sauf quand ce premier mot finit en *b*, comme *Oreb*, ou en *m*, comme *Abraham*, ou en *n*, comme *raison*, ou en *r*, comme *Putiphar*, car alors tu prononceras fortement : autrement en effet le sens serait perdu.

La troisième règle est la suivante : quand un mot finit par une voyelle et que le mot suivant commence par une consonne ou au contraire, c'est-à-dire quand un mot finit par une consonne et que le mot <suivant> commence par une voyelle, alors tous [323ra] les deux seront fortement prononcés, comme dans ces exemples *la grace de Dieu*, *veult aymer*, *peut estre.*

1 C'est sans doute la règle la plus difficile à comprendre (*cf.* introduction, « La phonétique : une grammaire du français parlé », p. 32), d'autant qu'elle semble receler une contradiction : l'auteur utilise comme premier exemple un mot se terminant par *n* (*Jehan*), puis disent plus bas que la règle ne s'applique pas si le mot se termine par *n* (*raison*). Dans le premier exemple, l'auteur veut sans doute dire que « Jehan parla » [ʒəãparla], où le [n] perd son articulation propre devant la consonne du mot suivant, s'oppose par exemple à « Jehan appela » [ʒəãnapəla] où [n] garderait son articulation consonantique. Mais l'auteur ne distingue pas le cas des nasales de celui des occlusives. Le principe de la règle s'éclaire quand on la rapproche par ex. des remarques de Vaugelas concernant les consonnes finales qui « se mangent », c'est-à-dire qui se prononcent pas ou qui « ne se mangent pas » devant un autre mot qui commence par une consonne (dans l'observation « H, *aspirée, ou consone, et* H, *muëtte* », 1647, p. 194 *sq.*). Vaugelas observe que se prononcent le *b* final (*Achab*), le *c* final (*sac*), le *l* final (*cruel*), le *m* final (*Abraham*), etc. alors que « se mange » le *d* final (*fond*), le *f* final (dans *œuf* [ø] *de pigeon*), le *g* final (*sang*), le *p* (*coup*), etc. Il observe à l'inverse que le *n* final devant un mot commençant par une voyelle se prononce fortement : « On prononce *en affaire*, tout de mesme que si l'on escriuoit *en naffaire*, comme beaucoup de femmes ont accoustumé d'orthografier » (1647, p. 196).

La quatre regle est cestuy que quant un semivouyel, mes mesmemant *n*, s'ensuit cest vouyel *e*, doncqes cel *e* serra bien pres sonné come il fust un *a*, si come *bellement*, *bonnement*[1]. Et aussi quant aprés ceste lettre *n* vient ceste lettre *l*, doncques ceste lettre *n* serra sonné come ceste lettre *l*, si come *en la fois*, *en la ville*[2].

La cinq regle est cestuy que quant un mot fine en ceste lettre *l*, et le mot s'ensuiant comence par un consonant, doncques ceste lettre *l* serra sonné come *u* si come *bel pere*, *bel filz*, mais a contraire quant un mot fine en *l* et le mot s'ensuiant comence par un vouyel, doncques *l* serra fort sonné, si come es cestez exemplez *bel uncle*, *bel amy*. Et ceste mesmes regle tient aussi bien en milieu du mot, si come es cestez exemples *vielx*, *tielx*, *alaine*, *Eleine*[3].

1 *Cf.* Palsgrave : « If *m* or *n* folowe nexte after *e*, all in one syllabe, than *e* shall be sounded lyke an Italian *a* and some thynge in the noose, so that for these wordes thus written, *emblér*, *amendrír*, *endementiérs*, *humblement*, and suche lyke : in redynge and spekynge they sounde *ambler*, *amandrir*, *andemantiers*, *humblemant*, and so of all suche other. » (1852 [1530], p. 3-4). [Si *e* est suivi d'un *m* ou d'un *n* dans la même syllabe, on le prononcera comme un *a* italien, et quelque peu dans le nez ; ainsi, les mots qui sont écrits comme ceci, *emblér*, *amendrír*, *endementiérs*, *humblement*, et ainsi de suite, sont prononcés, quand on lit et quand on parle, *ambler*, *amendrir* [sic pour *amandrir*], *andemantiers*, *humblemant*, trad. S. Baddeley, 2003, p. 368]. *Cf.* Marchello-Nizia 1997, p. 95.

2 Les deux règles précédentes concernaient la rencontre de phonèmes à la frontière de deux mots. Cette 4e règle n'a pas le même statut, car elle traite d'abord de phénomènes internes au mot (le groupe *en* prononcé [ã], *cf.* note précédente), puis d'une prétendue assimilation du *-n* de la préposition au *l* initial du mot qui suit, qui ne nous dit pas si le *l* est prononcé plus fortement et si la voyelle antérieure est nasalisée ou non : *en la fois* [ãl(l)afwa(s)], *en la ville* [ãl(l)avilə]. En fait, il semble y avoir nasalisation de la voyelle + détente (appui) nasale. On ne trouve pas trace chez les autres grammairiens de la Renaissance d'une telle observation.

3 Cette règle est composée à l'inverse de la précédente : traitant de *l* devant un mot commençant par une consonne, puis de *l* à l'intérieur du mot.

La quatrième règle est la suivante : quand une semi-voyelle, mais en particulier[1] *n*, suit la voyelle *e*, alors ce *e* sera prononcé presque comme s'il était un *a*, comme *bellement*, *bonnement*. Et aussi quand après la lettre *n* vient la lettre *l*, alors cette lettre *n* sera prononcée comme la lettre *l*, comme *en la fois*, *en la ville*.

La cinquième règle est la suivante : quand un mot finit par la lettre, *l*, et que le mot suivant commence par une consonne, alors cette lettre *l* sera prononcée comme *u*, comme *bel pere*, *bel filz*[2], mais au contraire quand un mot finit en *l* et que le mot suivant commence par une voyelle, alors *l* sera fortement prononcé, comme dans ces exemples *bel uncle*, *bel amy*. Et cette même règle vaut aussi bien au milieu du mot, comme dans ces exemples *vielx* [vieux], *tielx* [tels], *alaine* [haleine], *Eleine* [Hélène][3].

1 *Mesmemant*. *Cf.* Godefroy, *meismement*, « surtout, principalement », AND, *maismement* « especially, in particular » et Soutet 1992, p. 169-204.

2 Qui deviendront, graphiquement aussi, *beau père*, *beau fils*, du fait du développement d'un glide vocalique, *a* après ɛ, en français (*cf.* Pope, 1952, p. 154, § 388 : « **bĕllus** > **bęɫs** > **bęaus** »), mais pas en anglo-normand (*cf.* Pope 1952, p. 445, § 1162 : « the diphthongs… remaining without glide developments (*cf.* the spelling *beus*…) »).

3 La règle intègre très synthétiquement en quatre exemples les deux traitements opposés de *l* préconsonantique qui évolue (*vielx* et *tielx*) et de *l* prévocalique qui se maintient (*alaine*, *Eleine*). *Cf.* Pope 1952, p. 154, § 387 et 388 : « *vetulos* ***βęklos** > **vięl̥ts** > **vieuts** *vieuz* » / « **tɑles** > **tẹɫs** > **tẹeus** > **tieus** », avec développement du glide vocalique *e* après *ĕ* en français, mais pas en anglo-normand, où l'on a [vɛus] et [tɛus], sans glide, et avec simple vocalisation du *l* implosif.

La sisme regle est cestuy que, quant un mot signifie chose qu'est masle, se vous pouvez cognoistre a le oïl, donques il serra sonné communement sanz *e* au bout, si come *un cheval*, *un chevalier*, se ne soit sa nature de avoir un *e* au bout, si come *pere*, *frere*, mais quant il y a un mot que signifie chose femelle, doncques il serra communement sonné on *e* a bout, si come *dame*, *femme*, et tielz semblables. Mais cy endroit il fault entendre que, quant l'en ne peut cognoistre au le oïl de ascun mot, se il signifie chose masle ou femmelle, doncques il fault ascouter le parler de eux que mieulx sonnent, qar il y a grande foison [323rb] des tielx mos que en leur nature sont femelles, et pour tant toutez vois ils serront sonnez come s'ils serroient maslez sanz *e* a bout, si come *la foison*, *ma maison*, *ta raison*, *sa seison*[1]. Oultre sçachez icy tres bien et gardez vous mesouen que *e* soit sonné fort au bout du mot, quant ascun mot fine en *e*, et se il ne fine pas ainsin que vous la ne le sonné mie.

1 Graphie anglo-normande (*cf.* AND, s.v. *seison*) de *saison* < *sationem* « temps des semailles » ; Palsgrave n'a plus que *saison* ou *sayson* (anglais *season*).

La sixième règle est la suivante : quand un mot signifie une chose qui est mâle, si vous pouvez la reconnaître à l'œil[1], alors il sera prononcé communément sans *e* au bout, comme *un cheval*, *un chevalier*, sauf si sa nature est d'avoir un *e* au bout, comme *pere*, *frere*[2], mais quand il y a un mot qui signifie une chose femelle, alors on prononcera d'ordinaire un[3] *e* au bout, comme *dame*, *femme*, et autres mots semblables. Mais à cet endroit il faut entendre que, quand l'on ne peut reconnaître à l'oeil un mot, s'il signifie une chose mâle ou femelle, alors il faut écouter le parler (la prononciation) de ceux qui prononcent mieux, car il y a grande foison [323rb] de tels mots qui en leur nature sont femelles, et pourtant ils seront prononcés comme s'ils étaient mâles sans *e* au bout, comme *la foison*, *ma maison*, *ta raison*, *sa seison*[4]. En outre sachez très bien ici et prenez garde désormais[5] que *e* soit prononcé fortement au bout du mot, quand un mot finit en *e*, et s'il ne finit pas ainsi, que vous ne le prononciez pas[6].

---

1 C'est-à-dire à la graphie : un mot masculin qui se reconnaît « à l'œil », c'est un mot masculin qui ne comporte pas de *e* final senti comme « féminin ».

2 Comportant un *e* final car issus de *padre* < *patre(m)*, *fradre* < *fratre(m)*.

3 Seul exemple dans le texte de la graphie *on* pour « un ».

4 Dans cette série de mots dissyllabes en *-on*, féminins bien que ne se terminant pas par *e*, c'est l'article qui indique le genre. Ils sont donnés dans l'ordre alphabétique avec, successivement, l'article défini et un déterminant possessif de chaque personne, ce qui montre, ici aussi, le soin apporté aux exemples.

5 *mesouen* : Godefroy : « maintenant, désormais, alors » ; Huguet : « cette année, désormais, maintenant », AND : « henceforth, from now on ». Städtler (1988, p. 129, dernière ligne) fait suivre le mot d'un point d'interrogation entre crochets.

6 Autrement dit, quand un mot se termine par un *e* (un schwa), il faut prendre garde de toujours prononcer ce [ə], que le mot soit masculin : [pɛrə], [frɛrə], ou féminin : [damə], [famə], et non *[pɛr], *[frɛr], *[dam], *[fam]. L'insistance de l'auteur est sans doute due à la fois au fait qu'en anglo-normand le schwa final avait tendance à tomber dès le XIIIe s. (Pope 1952, p. 438, § 1133 et Ingham 2012, p. 92-93) et au fait qu'un mot était senti comme masculin quand il était sans *-e* final et comme féminin quand il comportait cet *-e*.

[LES ACCIDENTS DES MOTS ET DES PARTIES DU DISCOURS]

Aprés le chapitre des lettres il nous fault dire des accidens, primierement pour ce :

[L'ESPÈCE]

Quant especies sont ils des mos ? Deux. Quelles ? La primitive et la dirivative. Qar quant un mot ne vient que de lui mesmes, doncques nous l'appellons de la primitive espece, si come *un jour*, *un maille*, *un denier*, *un blanc*. Mais quant un mot descent de un autre, doncques nous l'appellons de la dirivative espece, si come *une journee*, *une maillee*, *une denieree*, *une blanchee*[1].

1 Donat, *Ars maior* : « Appellatiuorum nominum species multae sunt [...]. Aliae sunt primae positionis, ut *mons, schola* ; alia deriuatiua, ut *montanus, scholasticus* ; alia diminutiua, ut *monticulus*, *scholasticulus.* » (615.1-4 H.). – Priscien, *Ars* : (1) pour le nom : « Species sunt tam propriorum quam appellatiuorum duae, principalis et deriuatiua. Principalis, ut *Iulus, mons*, deriuatiua, ut *Iulius, montanus*, sub qua sunt aliae multae. » (*GL* 2, 57.9-11) ; (2) pour le verbe : « Species sunt uerborum duae, primitiua et deriuatiua, quae inueniuntur fere in omnibus partibus orationis. Est igitur primitiua, quae primam positionem ab ipsa natura accepit, ut *lego*, *ferueo*, *domo*, *facio*, *garrio*, *albo* ; deriuatiua, quae a positiuis deriuantur, ut *lecturio*, *feruesco*, *domito*, *facesso*, *garrulo*, *albico* » (*GL* 2, 427.11-15) ; (3) pour le pronom : « Species pronominum bipertita est ; alia enim sunt primitiua, alia deriuatiua. Primitiua : *ego*, *mei*, *tu*, *tui*, *sui* ; deriuatiua : *meus*, *tuus*, *suus* » (*GL* 2, 577.6-7) ; (4) pour l'adverbe : « Species primitiua et deriuatiua. Primitiua quidem, quae a se nascitur, ut *non*, *ita*, *ceu*, *saepe* ; deriuatiua uero, quae ab aliis nascitur, ut *clanculum, saepius saepissime, docte* a *docto, cursim* a *cursu, ductim,* **ἀπνευστί,** a *ductu* » (*GL* 3, 63.7-10). – Le traité *Quantes parties* utilise *especes* pour la « poesté [potentitalité] de la conjunction » (5 espèces ; f. 51[r]b) et la « signification de l'interjection » (4 espèces ; f. 52[r]a) et le *Libellus* utilise également le terme pour les espèces de la conjonction (« H. Potéstas coniunctiônum quot spécies habet ? *Combien d'especes ha la conionction ?* D. Quinque, *Cinq* » ; 1585 [1545], p. 20).

[LES ACCIDENTS DES MOTS ET DES PARTIES DU DISCOURS]

Après le chapitre des lettres, il nous faut parler des accidents[1], et premièrement dire ceci.

[L'ESPÈCE]

Combien y a-t-il d'espèces dans les mots ? Deux. Lesquelles ? La primitive et la dérivative[2]. Car quand un mot ne vient que de lui-même, nous l'appelons de l'espèce primitive, comme *un jour, un maille*[3], *un denier, un blanc*[4]. Mais quand un mot descend d'un autre, nous l'appelons de l'espèce dérivative, comme *une journee, une maillee, une denieree, une blanchee*[5].

1 Sur le traitement, rare, des accidents des parties du discours avant ces dernières, voir introduction, « Les accidents des parties du discours », p. 38.

2 Dans la tradition grammaticale, l'espèce (latin *species*) a désigné des entités variées : le terme *species* est relativement peu utilisé par Donat et dans un sens non technique (*Ars minor* et *Ars maior* : les espèces de *potestas* de la conjonction ; *Ars maior* : espèces de noms propres, espèces de noms communs, dont les noms de première imposition et les dérivés, les espèces d'adverbes de lieu). C'est Priscien qui lui donne le sens spécifique de dérivation, le terme gardant également son sens général et étant très fréquent, surtout dans le *Priscien majeur.* Ainsi pour le nom, le verbe, le pronom, l'adverbe (voir note de la transcription). Cet emploi spécifique a donné naissance à l'utilisation du terme pour désigner la dérivation, ou plutôt l'opposition simple / dérivé, pour les espèces de mots qui peuvent la subir. Dans l'optique générale qui lui fait traiter les accidents avant les parties du discours, il est normal que l'auteur du *Donait françois* en traite globalement pour le mot, mais il ne donne des exemples que pour les noms, et spécifiquement pour des noms de monnaies.

3 On attend un*e* maille (<°*medialia*, de *medius* « demi ») sous les Capétiens, la plus petite monnaie qui valait un demi-denier. La graphie *un maille* peut s'expliquer par le fait que -*e* final ne se prononce normalement pas en anglo-normand : [yn].

4 Le blanc est une petite pièce de monnaie qui valait cinq deniers ; le grand blanc en valait treize (Godefroy).

5 Une *maillée*, une *denierée* et une *blanchée* désignent ce qu'on donnait ordinairement pour une maille, un denier et un blanc, autant de termes qui désignent de petites pièces de monnaie.

[LA FIGURE]

Quantez figures est-il des mos ? Trois. Quelles ? La simple et la compost et la decompost[1]. Qar quant un mot ne peut estre devisé en deux mos et chescun par soy entendible, doncqes nous le appellons de la simple figure, si come cest mot *fait*. Mais quant un mot peut estre devisé en deux mos et chescun par soy entendible, doncques nous l'appellons de la composte figure, si come cest mot *parfait*. Et quant un mot descent d'un aultre qui est compost, doncques nous l'appellons de la decomposte figure, si come cest mot *parfaitement*[2].

1 « et la decompost » : ajouté au-dessus de la ligne après « compost ».

2 Donat, *Ars minor* : « Figurae nominum quot sunt ? Duae. Quae ? Simplex, ut *decens*, *potens* ; conposita, ut *indecens*, *inpotens*. Quot modis nomina conponuntur ? Quattuor : ex duobus integris, ut *suburbanus* ; ex duobus corruptis, ut *efficax*, *municeps* ; ex integro et corrupto, ut *insulsus* ; ex corrupto et integro, ut *nugigerulus* ; aliquando ex compluribus, ut *inexpugnabilis*, *inperterritus*. » [Les figures des noms, combien y en a-t-il ? Deux. Lesquelles ? Simple, comme *decens* [décent], *potens* [puissant], composée, comme *indecens* [indécent], *impotens* [impuissant]. Combien y a-t-il de modes de composition des noms ? Quatre : à partir de deux mots intacts, comme *suburbanus* [voisin de la ville] ; à partir de deux mots altérés, comme *efficax* [efficient], *municeps* [citoyen d'un municipe] ; à partir d'un mot intact et d'un mot altéré, comme *insulsus* [non salé, insipide] ; à partir d'un mot altéré et d'un mot intact, comme *nugigerulus* [colporteur de collifichets] ; quelquefois à partir de plusieurs mots, comme *inexpugnabilis* [inexpugnable], *inperterritus* [sans effroi]] (586.11-15 H.) – Priscien, *Ars* : « Figura quoque dictionis in quantitate comprehenditur : uel enim simplex est, ut *magnus*, uel composita, ut *magnanimus*, uel decomposita, quam Graeci παρασύνθετον uocant, id est a compositis deriuata, ut *magnanimitas*, quae rationabiliter separatim accepta est figura a Graecis. Neque enim simplex poterit esse, quae a composita deriuatur dictione, neque composita, quia, quod suum est compositorum, non habet, id est ut ipsa per se ex diuersis componatur dictionibus separatim intellegendis sub uno accentu et unam rem suppositam [id est significandam] accipiat, ut est *respublica*, *iusiurandum* et talia. » [La figure de mot est également comprise en termes d'étendue : elle est en effet soit simple, par ex. *magnus* [grand], soit composée, par ex. *magnanimus* [magnanime], soit décomposée, type que les Grecs appellent *parasyntheton*, c'est-à-dire dérivé de composé, par ex. *magnanimitas* [magnanimité] et qui a été considéré à bon droit comme figure à part par les Grecs. En effet ce mot ne pourra être simple, lui qui est dérivé d'un mot composé, ni composé, parce qu'il n'a pas ce qui est le propre des composés, c'est-à-dire qu'il n'est pas par lui-même composé de mots compréhensibles séparément sous un seul accent et qu'il reçoit un seul référent [une seule chose à signifier], par ex. *respublica* [république], *iusiurandum* [serment] et tels autres mots] (*GL* 2, 177.10-18).

[LA FIGURE]

Combien y a-t-il de figures dans les mots ? Trois. Lesquelles ? La simple, la composée et la décomposée. Car quand un mot ne peut être divisé en deux mots et <que> chacun <est> par lui-même audible, nous l'appelons de la figure simple, comme ce mot *fait*. Mais quand un mot peut être divisé en deux mots et <que> chacun par lui-même <est> audible, nous l'appelons de la figure composée, comme ce mot *parfait*. Et quand un mot descend d'un autre qui est composé, nous l'appelons de la figure décomposée, comme ce mot *parfaitement*[1].

---

1 *Quantes parties* : « Quantes figures sont ? III. Queles ? La simple, la compoute, la decompoute ; la simple si comme *pius*, la compoute si comme *impius*, la decompoute si comme *impietas*, qui descent de *impius, impia, impium.* » (f. 42^{v}a). – *Libellus* : « H. Figúræ nóminum quot sunt ? *Combien y a-il de figures des noms ?* D. Duæ, *Deux*. H. Quæ ? *Quelles ?* D. Simplex, vt Decens, *bien seant* : Potens, *puissant* : Compósita, vt índecens, *qui n'est point seant* : ímpotens, *qui n'ha point de puissance.* » (1585 [1545], p. 4). – La « figure » désigne la composition, ou plus exactement la faculté pour un mot d'être simple ou composé. Chez Donat, elle existe pour le nom, le pronom, le verbe, l'adverbe, le participe, la conjonction. En revanche, le décomposé, c'est-à-dire le dérivé de composé, partiellement assimilable aux formations parasynthétiques des modernes, n'est pas une catégorie de Donat qui n'a que l'opposition *simple / composée* (avec plusieurs sortes de composés selon que les deux mots sont altérés ou non par la composition). C'est à Priscien qu'on la doit. La figure « décomposée » se trouve dans d'autres ouvrages précoces : ainsi dans le traité *Quantes parties*, mais pas dans le *Libellus*. On retrouve le terme chez Meigret : « Il est trois figures d'adverbes : l'une simple comme *ouí*, *non* : l'autre composée comme *nany* : la tierce est la décomposée qui est dérivée des composés : comme de *maleureus maleureuzemęnt*. » (1980 [1550], p. 121) Et chez Serreius (1623, p. 45) : « <Figura> Decomposita ex duobus pronominibus & aliqua particularum, ut, *Celuy la*, *celuy-mesme.* »

[LE NOMBRE]

Quantez nombrez sont ils ? [323^{v}a] Deux. Quelx ? Le singuler et le pulier.

Que est le singuler ? Cestuy que parle d'une chose seulement, si come *un home*, *une femme*.

Mais le puliere est cil que parle des pluseurs choses ensemble, si come *les homes*, *les femmes*[1]. Cy endroit il fault sçavoir que ceste mot en françois, pour la graigneur partie, que est singuler et aussi pulier, se il y a un *s* plus a bout, si come *home*, *homes*, *femme*, *femmes*. Et ceste regle est vray fors que es verbes, de quelx on dira en leur chapitre cy aval. Pour ceo gardez vous que vous ne mittez pas le singuler pour le pulier, ne a contraire, si come font les sots.

Mais pour tant toutez vois com il y a belcoup des mos françois que sont les mesmes en pulier come y sont en singuler, et non plus ne meins, si come *temps*, *nois*, *françois*, mesmes *englois*, *escos*, des quielx tous il ne me en souvient pas faire une regle quant a present, mais ils se finent volenters en *s*.

1 Donat, *Ars minor* : « Numeri nominum quot sunt ? Duo. Qui ? singularis, ut *hic magister* ; pluralis, ut *hi magistri.* » (586.5-8 H.) – *Ars maior* : « Numeri sunt duo, singularis et pluralis : singularis, ut *hic sapiens*, pluralis, ut *hi sapientes.* Est et dualis numerus, qui singulariter enuntiari non potest, ut *hi ambo*, *hi duo.* » (622.10-12 H.) – Priscien, *Ars* : « Numerus est dictionis forma, quae discretionem quantitatis facere potest. Est autem uel singularis uel pluralis, nam dualis apud Latinos non inuenitur. Singularis est, ut *homo*, pluralis, ut *homines.* » [Le nombre est la forme du mot qui permet de faire une distinction dans la quantité. Il est singulier ou pluriel : de fait, on ne trouve pas de duel en latin. Le singulier, par ex. *homme*, le pluriel, par ex. *hommes.*] (GL 2, 172.2-4)

[LE NOMBRE]

Combien y a-t-il de nombres ? [323^{v}a] Deux. Lesquels ? Le singulier et le pluriel.

Quel est le singulier ? Celui que parle d'une chose seulement, comme *un home* [homme], *une femme.*

Mais le pluriel est celui qui parle de plusieurs choses ensemble, comme *les homes*, *les femmes.*

À cet endroit il faut savoir que ce mot en français, pour la plus grande part, est singulier et aussi pluriel, s'il y a un *s* en plus au bout, comme *home*, *homes*, *femme*, *femmes.* Et cette règle est vraie sauf dans les verbes[1], dont on parlera dans le chapitre qui leur est consacré ci-dessous. Pour cela, prenez garde à ne pas mettre le singulier pour le pluriel, ni le contraire, comme font les sots[2].

Toutefois, comme il y a beaucoup de mots français qui sont les mêmes [qui ont la même forme] au pluriel et au singulier, ni plus ni moins, comme *temps*, *nois* [noix], *françois* [français], même *englois* [anglais], *escos* [écossais[3]], tous <mots> à propos desquels il ne me vient pas maintenant à l'esprit de faire une règle[4], mais ils se finissent volontiers en *s*.

1 *Quantes parties* : « Quans nombres sont ? II. Quieus ? Li singulier et le plurier ; le singulier qui parole d'une seule chose <si> comme *hic magister*, le plurier de plusieurs choses si comme *hii magistri.* » (f. 42^{v}a) – *Libellus* : « Númeri nóminum quot sunt ? *Combien y a-il de nombres des noms ?* D. Duo, *Deux.* H. Qui ? *Qui sont-ils ?* D. Singulâris, vt hic magíster, *le maistre* : Plurâlis, vt hi magístri, *les maistres.* » (1585 [1545], p. 4) – C'est-à-dire que -*s* est la marque de pluriel pour les noms, mais pas pour les verbes. Le défaut de la règle est d'être formulée pour le nombre en général, et non spécifiquement pour le nom et pour le verbe, dans lequel la marque de nombre se manifeste évidemment de façon différente.

2 Les « sots » ou les idiots : les non instruits, les incompétents (trois mentions, *cf.* introduction, « Les destinataires de l'apprentissage et la fonction de l'ouvrage », p. 18).

3 Trois noms de peuples, sans doute par association d'idées. Le choix des deux derniers suffit à montrer que la nationalité du public visé est toujours présente à l'esprit de l'auteur.

4 Devant le nombre et la variété de mots se finissant par *s* tant au singulier qu'au pluriel, l'auteur renonce à formuler une règle, peut-être parce qu'elle manquerait de généralité. Il semble découvrir les problèmes au fur et à mesure de la rédaction : juste avant, il a cru bon de préciser que le -*s* final était la marque de pluriel pour les noms… mais pas pour les verbes !

[LA PERSONNE[1]]

Quantez personnes est il ? Trois. Quelles ? La primier, la deusiesme, la troisiesme, si come *je*, *tu*, *cil* en singuler, *nous*, *vous*, *ceulx* en pulier. Quel mot est primier personne ? Celuy que parle de luy mesmes, si come *je*, *nous*. Et la seconde est de celuy a quel parler est fait, si come *tu* et *vous*. Et la tierce est celuy duquel le parler est fait entre la primier et la seconde, si come *cil* et *ceux*. Et tous les nouns et tous les pronouns et tous les participres sont la tierce personne, fors que *je*, *tu*, *nous* [323ᵛb] et *vous* et leurs obliques et le vocatif case. Cy endroit il fault prendre garde qu'en parlant françois on ne mette pas une persone pour une aultre, si come font les sottez gens disantz ainsi : *je ferra* pour *je ferrey*, *cil ferray*[2] pour *cil ferra*, et tielez semblables.

1 Donat, *Ars Minor* : « Personae uerborum quot sunt ? Tres. Quae ? Prima, ut *lego* ; secunda, ut *legis* ; tertia, ut *legit.* » (593.11-12 H.) – Donat, *Ars Maior* : « Personae uerbis accidunt tres, prima, secunda, tertia. prima est, quae dicit *lego* ; secunda, cui dicitur *legis* ; tertia, de qua dicitur *legit.* » (638.4-5 H.) – Priscien, *Ars* : « Sunt igitur personae uerborum tres. Prima est, quae de se loquitur uel sola uel cum aliis, ut *dico dicimus*, secunda, ad quam loquitur, de ipsa uel sola uel cum aliis, ut *dicis dicitis*, tertia, de qua extra se et illam, ad quam dirigit sermonem, posita loquitur prima, ut *dicit dicunt.* » [Il y a donc trois personnes des verbes. La première, c'est celle qui parle d'elle-même, qu'elle soit seule ou avec d'autres, comme *je dis, nous disons*. La seconde, c'est celle à laquelle la première parle d'elle-même, qu'elle soit seule ou avec d'autres, comme *tu dis, vous dites*. La troisième, c'est celle au sujet de laquelle parle la première personne posée, en dehors d'elle-même et de la personne à qui est adressée la parole, comme *il dit, ils disent*.] (*GL* 2, 448.11-14). – *Quantes parties* : « Quantes personnes sont ? III. Queles ? La premiere si comme *lego*, la seconde si comme *legis*, la tierce si comme *legit.* » (f. 49ʳb) – *Libellus* : « H. Persónæ verbôrum quot sunt ? *Combien y a-il de personnes des verbes ?* D. Tres, *Trois*. H. Quæ ? *Quelles ?* D. Prima, vt Lego, *ie li* : Secúnda, vt legis, *tu lis* : Tértia, vt Legit, *il lit.* » (1585 [1545], p. 15).

2 « cil ferray » : mots ajoutés, par une autre main, dans la marge droite.

[LA PERSONNE]

Combien y a-t-il de personnes ? Trois. Lesquelles ? La première, la deuxième, la troisième, comme *je*, *tu*, *cil* au singulier, *nous*, *vous*, *ceulx* au pluriel. Quel mot est la première personne ? Celui qui parle de lui-même, comme *je*, *nous*. Et la seconde est celle de celui à qui l'on parle, comme *tu* et *vous*[1]. Et la troisième est celle de celui dont on parle entre la première et la seconde, comme *cil* et *ceux*. Et tous les noms, tous les pronoms et tous les participes sont <de> la troisième personne, sauf *je*, *tu*, *nous* [323^{v}b] et *vous* et leurs obliques, ainsi que le vocatif[2]. À cet endroit, il faut prendre garde qu'en parlant français on ne mette pas une personne pour une autre, comme le font les sottes gens, qui disent ainsi : *je ferra* pour *je ferrey*, *cil ferray* pour *cil ferra*, et telles <expressions> semblables.

---

1 Du fait que la personne est traitée comme accident global, elle peut être exemplifiée par un pronom. Mais il y a à la base les définitions des personnes comme accidents du verbe et c'est de toute évidence le texte de Priscien, lui-même inspiré par celui d'Apollonius commentant et corrigeant Denys le Thrace (*cf.* éd. Lallot, 1998, p. 171), et non celui de Donat, qui a servi de point de départ. Au contraire le traité *Quantes parties* et le *Libellus* s'en tiennent aux définitions élémentaires de Donat.

2 Ici aussi c'est l'influence de Priscien qui est déterminante : l'attribution de la 3e personne aux noms, pronoms et participes, à l'exclusion des pronoms personnels de 1re et 2e personnes et des vocatifs, s'explique par le fait que Priscien, s'interrogeant, au livre 17, sur l'invention du pronom, pose que les noms, du fait qu'ils signifient à la fois la substance et la qualité, sont inclus dans toute personne indistinctement : « une telle ambiguïté provoquait l'indétermination de la personne, et a abouti à celle qui est adaptée à cette ambiguïté même, c'est-à-dire la troisième » (*quia confusio infinitam faciebat personam, concessit ad sibi aptam, id est tertiam*, *GL* 3, 117.18-19 ; trad. Ars Grammatica, 2010, p. 87). De ce fait les noms sont indicatifs de troisièmes personnes et ce n'est que par figure qu'ils peuvent être attirés à une autre personne, comme dans *Vergilius ego* « moi Virgile ». Les médiévaux, relayés par les humanistes, créeront une figure de construction spécifique, l'*evocatio*, pour expliquer ce transfert de la 3e personne à la 1re ou à la 2e.

[LE GENRE <DES NOMS>]

Quantez geners est il ? Cinq. Quelx ? Le masculin, le femenyn, le neutre, le comun de deux, le comun de trois[1].

Quel mot est masculin genre ? Cil que parle de chose masle, c'est a dire resemblant par nature a un home, si come *un enfant*, *un cog*, *un cheval*, et ainsi des aultres[2].

Et quel mot est femenyn genre[3] ? Cil que parle de chose femmelle, c'est a dire resemblant par nature a une femme, si come *une pucelle*, *une geline*, *une vache*, et ainsi des aultres. Ci endroit il fault prendre garde q'en parlant françois qu'on ne mette pas masle pour femmelle ne a contraire, si come *le* pour *la*, *mon* pour *ma*, *ton* pour *ta*, *son* pour *sa*, et ainsi des autres, si come *ma pere*, *mon mere*, qar on doit dire *mon pere*, *ma mere*.

---

1 Donat, *Ars minor* : « Genera nominum quot sunt ? quattuor. quae ? masculinum, ut *hic magister* ; femininum, ut *haec musa* ; neutrum, ut *hoc scamnum* ; commune, ut *hic et haec sacerdos* ; est praeterea trium generum, quod omne dicitur, ut *hic et haec et hoc felix* ; est epicoenon, id est promiscuum, ut *passer, aquila.* » (586.5-8 H.) – *Quantes parties* : « Quans genres en vient il ? V. Quieus ? Le masculins si comme *hic magister*, le feminin si comme *hec musa*, le neutre si comme *hoc scannum*, le commun si comme *hic et hec sacerdos*, le tout si comme *hic et hec et hoc felix.* » (f. 42[r]b) – *Libellus* : « H. Génera nóminum quot sunt ? *Combien y a-il de genres des noms ?* D. Quátuor, *Quatre.* H. Quæ ? *Quels ?* D. Masculînum, vt hic magíster, *le maistre :* Fœminînum, vt hæc musa, *vne chanson*, Néutrum, vt hoc scamnum, *vn banc*, Commûne, vt hic & hæc sacérdos, *vn prebstre.* Est & prætérea trium génerum, quod omne dícitur, vt hic & hæc & hoc fœlix : *Il y a dauantage celuy de trois genres, qui est dict de tout genre, comme heureux.* » (1585, p. 4)

2 Donat, *Ars maior* : « Masculinum est, cui numero singulari casu nominatiuo pronomen uel articulus praeponitur hic, ut *hic magister.* » (619.8-9 H.)

3 Donat, *Ars maior* : « Femininum est, cui numero singulari casu nominatiuo pronomen uel articulus praeponitur haec, ut *haec musa.* » (619.9-10 H.)

[LE GENRE <DES NOMS>[1]]

Combien y a-t-il de genres ? Cinq. Lesquels ? Le masculin, le féminin, le neutre, le commun de deux, le commun de trois[2].

Quel mot est de genre masculin ? Celui qui parle d'une chose mâle, c'est-à-dire ressemblant par nature à un homme, comme *un enfant*, *un cog* [coq], *un cheval*, et ainsi de suite.

Et quel mot est de genre féminin ? Celui qui parle d'une chose femelle, c'est-à-dire ressemblant par nature à une femme, comme *une pucelle*, *une geline*, *une vache*[3], et ainsi de suite. À cet endroit, il faut prendre garde qu'en parlant français on ne mette pas un mâle pour une femelle ni le contraire, comme *le* pour *la*, *mon* pour *ma*, *ton* pour *ta*, *son* pour *sa*, et ainsi de suite, comme *ma pere*, *mon mere*, car on doit dire *mon pere*, *ma mere*[4].

1 La tradition latine distingue des *genera uerborum* à l'image des *genera nominum*. Le *Donait françois* en traitera plus bas, après le temps, alors qu'une étude globale des accidents, telle qu'elle est entreprise dans l'ouvrage, aurait permis de les regrouper.

2 Ce sont les cinq catégories de la tradition latine. C'est une classification difficile car d'une part elle combine un critère sémantique et un critère morphologique (variation selon le genre grammatical), d'autre part elle s'applique au départ à une seule catégorie (les noms) qui rassemble substantifs et adjectifs qui n'ont pas le même comportement vis-à-vis du genre (dans les uns, c'est un trait intrinsèque, dans les autres c'est une variation qui peut être morphologiquement marquée ou non). Le commun aux trois genres, qui désigne chez Donat (sous le terme de *omne*) le *nomen* sans variation morphologique selon le genre, comme l'adjectif *felix* [masc.], *felix* [fém.], *felix* [neutre], ici annoncé, ne sera pas traité, du fait de l'absence de neutre en français. L'épicène, non marqué du point de vue du genre grammatical, et qui correspond à une 6e catégorie, n'est pas évoqué non plus.

3 On remarquera le parallélisme des exemples (humain, petit animal, gros animal) qui montre le soin apporté au texte, qu'on ne peut pas considérer comme un simple brouillon. *Cf.* de même, *infra*, le parallèle entre les exemples donnés de noms propres et ceux donnés de noms communs.

4 Le risque (si risque il y a) est surtout pour *pere* [pɛrə] : se terminant par un *e* qui doit être prononcé selon la 6e règle de prononciation (ce *e* sera appelé féminin par les grammairiens du XVIe siècle), il ne doit pas être pris pour un nom féminin. En fait l'auteur semble inventer ici simplement des fautes grossières, aptes à focaliser l'attention.

Et quel mot est neutre genre ? Cil que parle de chose que par nature ne resemble mye ne a masle n'a femmelle, si come *un bank*, *un huis*, *une scelle*, *un cuilier*, *un cene*, et ainsi des autres. Mais icy sçachez que chescun mot que par nature est neutre genre, non obstant ce toutez vois est parlé en françois come il fust un masculin ou femenyn, selonc ce que leur usage demande, come il apert aux exemples avant ditz[1]. [324ra]

Quel mot est comun de deux geners ? Cy que une foiz apartient aux maslez et une aultre foiz aux femmelles. Mais quant il apartient au femenyn, un *e* plus serra mise au bout, ait il un *e* en masculyn ou non, si come *un, une, bel, belle, bon, bonne, né, nee, engendré, engendree, enflé, enflee.* Et tielx mos, pour la greigneur partie, sont appellez nouns adjectifs[2].

---

1 Donat, *Ars maior* : « Neutrum est, cui numero singulari casu nominatiuo pronomen uel articulus praeponitur hoc, ut *hoc scamnum.* » (619.10-11 H.).

2 Donat, *Ars maior* : « Commune est, quod simul masculinum femininumque significat, ut *hic et haec sacerdos* [...]. Est etiam trium generum commune, quod "omne" dicitur, ut *hic et haec et hoc felix.* » (619.11-12 et 14-15 H.). Il y a pour le *Donait françois* un genre naturel des mots (très vraisemblablement par référence à l'anglais aussi bien qu'au latin), que l'expression en langue française annihile. En fait il n'y a strictement, c'est-à-dire morphologiquement parlant, aucun « commun aux deux genres » dans les exemples proposés, puisque, chaque fois, une forme féminine *distincte* de la forme masculine est donnée. Donat proposait comme exemple de commun aux deux genres *sacerdos* (prêtre/prêtresse). Dans les adjectifs latins, on peut opposer *leuis* (commun au masc. et au fém.) à *leue* (au neutre). Un vrai (morphologiquement) commun aux deux genres en français serait un adjectif se terminant par *e* au masculin, comme « *volaje*, qui est de genre commun », à la différence de *çivil*, *volatil*, *jentil* (Meigret, 1980 [1550], p. 36 H.). *Cf.* aussi Ramus : « Les adiectifs en *e* sont de commun genre : comme *honneste*, *celeste*, *iuste*, *affable*, *tesmoing* est aussi commun. » (1572, p. 65) et Cauchie : « Communis generis sunt, quorumcunque uox masculina e breui clauditur, ut *ferme* firmus a, *opiniatre* pertinax, *celeste* [...] (1586, f. 18v) [Sont du genre commun tous les mots dont le masculin est terminé par un *e* bref comme *ferme*, etc. [...]. Trad. Demaizière 2001, p. 328).

Et quel mot est de genre neutre ? Celui qui parle d'une chose qui, par nature, ne ressemble ni à un mâle ni à une femelle, comme *un bank* [banc], *un huis*, *une scelle* [un siège], *un cuilier* [une cuillère], *un cene* [un repas du soir], et ainsi de suite[1]. Mais ici sachez que chaque mot qui par nature est de genre neutre est toutefois utilisé en français comme s'il était un masculin ou un féminin, selon ce que son usage demande, comme il apparaît d'après les exemples précités. [324ʳa]

Quel mot est commun aux deux genres ? Celui qui appartient à la fois aux mâles et aux femelles. Mais quand il appartient au féminin, un *e* en plus sera mis au bout, qu'il ait un *e* au masculin ou non, comme *un, une, bel, belle, bon, bonne, né, nee, engendré, engendree, enflé, enflee*. Et de tels mots, pour la plus grande part, sont appelés noms adjectifs[2].

1 La place accordée au neutre, comme le fait que masculin et féminin ne sont exemplifiés que par des être sexués semblent s'expliquer par la prise en compte de l'anglais. Si l'on en croit la forme d'article préposée aux substantifs ici donnés, on n'aurait qu'un exemple de mot (morphologiquement) féminin dans la liste : *une scelle*. En fait, selon A. Kristol, on a ici deux exemples de mots masculins suivis de trois exemples de féminins, la forme écrite *un* devant *cuilier* et *cene* (< latin *cena*) n'indiquant pas le genre du nom, mais sa prononciation [yn]. Le *k* de *bank* est sans doute une graphie anglo-normande. Kristol remarque que « l'emploi de *k* n'est pas rare dans la *Manière* de 1396 », alors qu'il n'y en a qu'un ex. dans celle de 1399, et plusieurs dans celle de 1415 (1995, p. XXVIII, XXXVIII, XLVII). On trouve dans deux de ces textes (1995, p. 5.8, 79.21) *banker* pour désigner un tapis recouvrant les bancs. *Scelle* se trouve également dans ces textes sous les formes *sciellez* (5.9) et *sceiles* (79.20) pour désigner un siège, un escabeau. *Cuiller* (< lat. populaire *cochlearium*, ustensile creux à manche servant à manger des escargots, dérivé de *cochlea* « escargot ») a d'abord été masculin ; l'usage féminin, entrainé par la prononciation de la finale en [-jɛ:r], est attesté dès 1160-1174 (*TLFi*). Le déterminant indéfini que le *Donait françois* attribue à *cene* étonne puisque le mot a toujours gardé, semble-t-il, son sens de « repas du Christ la veille de sa passion ». Mais l'AND (s.v. *cene*) donne des exemples où le mot a simplement le sens de *meal*, *supper*.

2 Les adjectifs, auxquels le *Donait françois* ajoute des participes passés, sont reconnus ici par la variation morphologique selon le genre. Ils sont définis autrement *infra*, f. 325ʳa.29-34.

[LA QUALITÉ DES NOMS : NOMS PROPRES / NOMS COMMUNS[1]]

La qualité des nouns, en quoy est elle devisé ? En deux. Coment ? Ou le nom de quelle que chose que tu veulx, quant il fust primirement trouvé, fust ordiné a signifier une chose seulement, et pour ce est il appellé un propre noun, si come *Londres*, *Tamis*, *Jehan*, *Eleyn* ; ou le nom de qelle que chose que tu veulx, quant il fust primierement trouvé, fust ordeiné a signifier en comun toutez de sa nature especiale, et pour ce les gramoriens le appellent un nom appellatif, si come *une citee*, *un fluve*, *un home*, *une femme.*

1 Donat, *Ars minor* : « Qualitas nominum in quo est ? Bipertita est : aut enim unius nomen est et proprium dicitur, aut multorum et appellativum. » (585.10-11 H.) *Ars maior* : « Qualitas nominum bipertita est. Aut enim propria sunt nomina aut appellatiua. » (614.6 H.). – *Quantes parties* : « Quantes qualités de nom sont ? II. Queles ? La propre et l'apellative ; la propre des propres noms, <…> si comme *Robertus*, l'appellative des nons communs, qui convient a pluseurs, si comme *magister*, *dominus.* » (f. 41^{v}b). – *Libellus* : « H. Quálitas nóminum in quó est ? *En quoy est la qualité des noms ?* D. Bipartîta est. *Elle est diuisee en deux.* H. Quómodo ? *Comment ?* D. Aut enim vnîus rei nomen est, & próprium dícitur : aut multôrum, & est appellatîuum, *Car il fault ou que le nom d'vne chose seule, soit appelé propre* : *ou de plusieurs, appellatif.* » (1585 [1545], p. 3).

[LA QUALITÉ DES NOMS : NOMS PROPRES / NOMS COMMUNS]

La qualité des noms, en quoi se divise-t-elle ? En deux. Comment ? Ou le nom de n'importe quelle chose, à ton gré, quand il a été trouvé pour la première fois, a été destiné à signifier une chose seulement, et pour cette raison, il est appelé un nom propre, comme *Londres*, *Tamis* [la Tamise], *Jehan* [Jean], *Eleyn*[1] [Hélène] ; ou le nom de n'importe quelle chose, à ton gré, quand il a été trouvé pour la première fois, a été destiné à signifier en commun toutes <les choses> de sa nature spécifique, et pour cette raison, les grammairiens l'appellent un nom appellatif, comme *une citee* [une cité], *un fluve* [un fleuve], *un home* [un homme], *une femme*[2].

1 Écrit *Eleine supra* (f. 323^{r}a.25).

2 La *qualitas* des noms recouvre, pour Donat comme pour le *Donait françois*, la division entre noms propres et noms communs. La qualité est chez Donat le premier accident des noms. Mais la *qualitas* est utilisée aussi par Donat pour les pronoms où elle sert à distinguer les définis et les indéfinis (*pronomina finita / infinita, Ars minor*, 588.5-6 H.) et pour les verbes où elle recouvre à la fois les modes (*modi*) et les formes (*formae*), c'est-à-dire des formes verbales suffixées à valeur particulière (il y a quatre formes : « perfecta, ut *lego* ; meditatiua, ut *lecturio* ; frequentatiua, ut *lectito* ; inchoatiua, ut *feruesco, calesco* », *Ars minor*, 591.11-13 H.). Le *Donait françois* ne garde pas ces catégories. D'après le glossaire des textes édités par M. Colombo-Timelli (1996, p. 119), ce qui est régulièrement retenu comme qualité, c'est la qualité des pronoms, c'est-à-dire l'opposition entre pronoms définis et pronoms indéfinis. La qualité des noms se trouve aussi dans le traité *Quantes parties* et dans le *Libellus* édité par R. Estienne (voir note dans la transcription). À noter dans les exemples le parallélisme : nom propre / nom commun de ville, de fleuve (qui remonte à Donat : *Roma / urbs, Tiberis / flumen, Ars maior*, 614.2-3 H.), puis d'homme, de femme.

[LE CAS]

Quantez cases est il ? Six. Quelx ? Nominatif, genitif, datif, accusatif, vocatif, ablatif, et ils sont cognuz par leurs signez[1]. Qui sont ils ? Ces trois : *le*, *du*, *au*. *Le* est signe du nominatif ou du accusatif, *du* est signe de le genitif ou de ablatif, et *au* est signe du datif ; mais le vocatif ne a point de signe, qar chescun mot que est appellé d'un altre est vocatif case, si come *mon amy, va te en*, *Meistre, ensaigne nous.*

Ditez quant ce [324ʳb] seigne *le* est seigne du nominatif case et quant de le accusatif. Quant le mot devant lequel cest seigne *le* vient, fait ou seuffre, doncques se mesmes mot est nominatif case, si come *le meistre nous ayme*, *le maistre est amé de nous* ; mais quant le mot devant lequel cest seigne *le* vient, receipt ascun fait devant alant, doncques ce mot est accusatif case, si come *je ayme le maistre.* Et ce mot que signifie fair ou seuffre est appellé un verbe, si come *je ayme*, *je suys amé.*

1 Donat, *Ars minor* : « Casus nominum quot sunt ? Sex. Qui ? Nominatiuus, genetiuus, datiuus, accusatiuus, uocatiuus, ablatiuus. Per hos omnium generum nomina pronomina participia declinantur hoc modo. » (586.16-18 H.) *Cf.* Städtler, *Glossar*, s.v. *case*, 1988, p. 172-174. – *Quantes parties* : « Quantes cases sont ? VI. Queles ? Le nominatif, le genitif, le datif, le accusatif, le vocatif et le ablatif. Le nominatif *le maistre*, le genitif *du maistre*, le datif *au maistre*, l'accusatif *le maistre*, le vocatif *o tu maistre*, li ablatif *dou maistre* et *par le maistre* et *o le maistre* et *sanz le maistre*. » (f. 42ᵛb) – *Libellus* : « H. Casus nóminum quot sunt ? *Combien y a-il de cas des noms ?* D. Sex, *Six*. H. Qui ? *Qui sont-ils ?* D. Nominatîuus, *le nominatif* : Genitîuus, *le genitif* : Datîuus, *le datif* : Accusatîuus, *l'accusatif* : Vocatîuus, *le vocatif* : Ablatîuus, *l'ablatif.* » (1585 [1545], p. 5)

[LE CAS]

Combien y a-t-il de cas ? Six. Lesquels ? Nominatif, génitif, datif, accusatif, vocatif, ablatif, et on les reconnaît par leurs signes[1]. Qui sont-ils ? Les trois suivants : *le*, *du*, *au*[2]. *Le* est signe du nominatif ou de l'accusatif, *du* est signe du génitif ou de l'ablatif, et *au* est signe du datif ; mais le vocatif n'a point de signe, car chaque mot qui est utilisé dans un appel par une autre personne[3] est au vocatif, comme *mon amy, va te en* [mon ami, va-t-en !], *Meistre, ensaigne nous* [Maître, enseigne-nous !].

Dites quand le [324ʳb] signe *le* est signe du nominatif et quand il l'est de l'accusatif. Quand le mot devant lequel le signe *le* vient, fait ou souffre, ce même mot est au nominatif, comme *le meistre nous ayme*, *le maistre est amé de nous* ; mais quand le mot devant lequel le signe *le* vient, reçoit un fait <exprimé par un verbe> qui vient devant, ce mot est à l'accusatif, comme *je ayme le maistre*. Et le mot qui signifie faire ou souffrir est appelé un verbe, comme *je ayme*, *je suys amé*[4].

1 Double graphie : *signe* (6 occurrences), *seigne* (18 occurrences)

2 *Le, du, au* : « signes » des cas, plus tard reconnus comme « articles » (pour la grammaire médiévale et la plupart des grammairiens du XVIᵉ siècle, c'est la principale fonction de l'article que de marquer le cas). Plus bas (f. 325ᵛa.31-32), le *Donait françois* définit *le* comme « un article, c'est à dire un seigne enforçant les autres mos ».

3 L'expression *chescun mot que est appelé d'un altre* est un peu difficile : elle semble pouvoir être glosée en « le nom d'une personne qui est apostrophée par une autre. » Donat utilisait *o* comme marque du vocatif (*o magister*).

4 L'auteur recourt à deux critères pour distinguer nominatif et accusatif : la place des mots et la valeur sémantique attachée au verbe (marquer l'action ou la passion). Il est donc obligé de donner par avance la définition du verbe, qui lui échappe en quelque sorte, dans cette première partie réservée aux accidents. Elle est conforme, mais partielle, par rapport à celle donnée plus bas : « Chescun mot que, oveques temps et sanz case, signifie fair ou seuffre, est un verbe, si come *je ayme.* » (f. 326ᵛa.21-24). Le nominatif (le sujet) et l'accusatif (le complément d'objet direct) ayant même signe, le *Donait françois* recourt à un mélange de sémantique et de taxonomie, sans recourir aux classes de mots (c'est un « mot », et non un « nom » qui reçoit le signe), ce qui aboutit à des formules étranges : « le mot fait ou seuffre », le mot « receipt ascun fait devant alant ».

Ditez quant cest seigne *du* est seigne de le genitif case et quant de l'ablatif case. Quant le mot devant lequel cest seigne *du* vient, ensuyt un nom, doncques ce mesmes mot serra genitif case, si come *je ayme le filz du maistre.* Mais quant le mot devant lequel cest seigne *du* vient, ensuit un verbe ou un participle, doncqes ce mesmes mot serra ablatif case, si come *je suis ensaigné du maistre.*

Baillez moy exemple des touz les cases : nominatif *le maistre* ; genitif *du maistre* ; datif *au maistre* ; accusatif *le maistre* ; vocatif *maistre* ; ablatif *du maistre.* Et en pulier, nominatif *les maistres* ; genitif *des maistres* ; datif *aux maistres* ; accusatif *les maistres* ; vocatif *maistres* ; ablatif *des maistres*[1].

[LES DEGRÉS DE COMPARAISON]

Quantz degrés de comparison est il ? Trois. Quelx ? Le positif, si come *bon*, *mauveis*, *bel*, *lait*, *haut*, *bas*, et ainsi des aultres ; le comparatif, si come *plus bon*, *plus mauveis*, *plus hault*, *plus bas* et [324ᵛa] ainsi des aultres ; le suppellatif, si come *tres bon*, *tres mauvais*, et ainsi des autres[2].

1 Donat, Ars *minor* : « *Magister* nomen appellatiuum generis masculini numeri singularis figurae simplicis casus nominatiui et uocatiui, quod declinabitur sic : nominatiuo *hic magister*, genetiuo *huius magistri*, datiuo *huic magistro*, accusatiuo *hunc magistrum*, uocatiuo *o magister*, ablatiuo *ab hoc magistro* ; et pluraliter nominatiuo *hi magistri*, genetiuo *horum magistrorum*, datiuo *his magistris*, accusatiuo *hos magistros*, uocatiuo *o magistri*, ablatiuo *ab his magistris.* » (586.19-24 H.) – *Libellus* : « Nominatíuo hic magister, *le maistre* : Genitíuo huius magístri, *du maistre* : Datíuo huic magístro, *au maistre* : Accusatíuo hunc magístrum, *le maistre* : Vocatíuo ô magíster, *ô le maistre* : Ablatíuo ab hoc magístro, *du maistre.* » (1585 [1545], p. 5)

2 Donat, *Ars minor* : « Conparationis gradus quot sunt ? Tres. Qui ? Positiuus, ut *doctus* ; conparatiuus, ut *doctior* ; superlatiuus, ut *doctissimus.* Quae nomina conparantur ? Appellatiua dumtaxat qualitatem aut quantitatem significantia : qualitatem, ut *bonus*, *malus* ; quantitatem, ut *magnus*, *paruus.* » (585.12-586.2 H.) – *Quantes parties* : « Quans degrez de comparaison sont ? Trois. Quieus ? Le positif, le comparatif et le suppellatif ; le positif si comme *doctus*, *sage*, le comparatif si comme *doctior*, *plus sage*, le suppellatif si comme *doctissimus*, *tres sage* [...]. En quantes manieres est faite comparaison ? En III. En queles ? Par sens par soi si comme *bonus*, *melior*, *optimus* ; par vois par soi si com *novus*, *novior*, *novissimus* ; par vois et par sens si comme *dignus*, *dignior*, *dignissimus* [...]. Quantes manieres de comparaison sont ? II. Queles ? L'une est reguliere et l'autre irreguliere. Quant est comparaison reguliere ? Quant le comparatif est a droit formé de son positif. Quant est elle irreguliere ? Quant le comparatif n'est a droit fourmé de son positif [...]. En quantes manieres est faite comparaison irreguliere ? En III : additione, substratione, mutatione ; additione ut *magnificus*, *cior*, *mus* ; sustratione ut *iuvenis*, *or* <...> ; mutatione en II manieres : vocis vel significationis ; vocis ut *bonus*, *melior*, *optimus* ; significationis ut *novus*, *ior*, *mus.* » (f. 41ᵛb-42ʳb) – *Libellus* : « H. Comparatiônis gradus quot sunt ? *Combien y a-il de degrez de comparaison ?* D. Tres, *trois.* H. Qui ? *Qui sont-ils ?* D. Positîuus, vt Doctus, *sçauant :* Comparatîuus, vt Dóctior, *plus sçauant :* Superlatîuus, vt Doctíssimus, *tressçauant.* » (1585 [1545], p. 3)

Dites quand le signe *du* est signe du génitif et quand il l'est de l'ablatif. Quand le mot devant lequel vient le signe *du* suit un nom, ce même mot sera au génitif, comme *je ayme le filz du maistre.* Mais quand le mot devant lequel vient le signe *du* suit un verbe ou un participe, ce même mot sera à l'ablatif, comme *je suis ensaigné du maistre*[1].

Donnez-moi un exemple de tous les cas : nominatif *le maistre* ; génitif *du maistre* ; datif *au maistre* ; accusatif *le maistre* ; vocatif *maistre* ; ablatif *du maistre.* Et au pluriel, nominatif *les maistres* ; génitif *des maistres* ; datif *aux maistres* ; accusatif *les maistres* ; vocatif *maistres* ; ablatif *des maistres.*

[LES DEGRÉS DE COMPARAISON]

Combien y a-t-il de degrés de comparaison ? Trois. Lesquels ? Le positif, comme *bon*, *mauveis*, *bel*, *lait* [laid], *haut*, *bas*, et ainsi de suite ; le comparatif, comme *plus bon*, *plus mauveis*, *plus hault*, *plus bas* et [324^{v}a] ainsi de suite ; le superlatif, comme *tres bon*, *tres mauvais*, et ainsi de suite[2].

1 Ici, à la différence du § précédent, l'auteur utilise les noms des classes de mots : *nom*, *verbe*, *participe*, combinés à la place. Si le verbe vient d'être défini, le nom ne l'est pas encore et le participe ne le sera pas (il ne faut pas oublier que le *Donait françois* est tronqué ou inachevé).

2 La distinction de degrés de comparaison est liée au départ à une raison morphologique : le latin utilise, comme l'anglais, des suffixes spécifiques pour indiquer le comparatif (*-ior*) et le superlatif (-[*issi*]*mus*). Si elles veulent tenir compte de leurs diverses réalisations, les grammaires en français qui ont pour objet l'étude du latin sont contraintes de lui donner une large part, ce que fait le traité *Quantes parties*, mais pas le *Libellus*. Dans une grammaire du français, la présentation peut être considérablement simplifiée, comme elle l'est dans le *Donait françois*. Il est remarquable que la distinction des degrés de comparaison ne sera jamais vraiment abandonnée dans les grammaires françaises. Il est en outre à noter, à propos de *très*, que l'auteur n'évoque pas *mout* (qui n'apparaît pas une fois dans le texte) pour marquer le superlatif ; or cet adverbe (< *multu-*) marquait seul anciennement le superlatif. *Très* s'est développé seulement à partir du milieu du XIIe siècle, et vers 1400 *moult* n'a pas encore tout à fait disparu. Mais dans l'usage parlé et novateur, *très* l'a remplacé (*cf.* Marchello-Nizia 2000).

Ci endroit il fault sçavoir que le comparatif en françois est le mesmes mot que est son positif, ovecque cest mot *plus*, si come *plus bon*, *plus mauveis*. Et le suppellatif est le mesmes mot que est son positif ovec cest mot *tres*, si come *tres bon*, *tres mauveis*. Mais quant on veult fair un excellent suppellatif, donque l'en ajoint cest mot *plus* ovec cest mot *tres* et[1] le positif, si come *tres plus bon*, *tres plus mauveis*.

[LES MODES (MEUFS) DU VERBE]

Quantz meufs est il ? Cinq. Quelx[2] ?

Le indicatif, ce est que demonstre vray ou fauls, si come *je ayme*[3] ;

le imperatif, c'est que commande chose a estre faite si come *aymes tu*, *ayme cil*[4] ;

le optatif, c'est que desire chose a faire, si come *je aymeroie*[5] ;

1 Dans l'original : *ou* au lieu de *et*.

2 Donat, *Ars minor* : « Qualitas uerborum in quo est ? in modis et in formis. Modi qui sunt ? indicatiuus, ut *lego* ; imperatiuus, ut *lege* ; optatiuus, ut *utinam legerem* ; coniunctiuus, ut *cum legam* ; infinitiuus, ut *legere* ; inpersonalis, ut *legitur.* » (591.9-11 H.) – *Quantes parties* : « Quans mues sont ? V. Quieus ? L'indicatif, l'imperatif, li optatif, li conjuntif, l'infinitif. L'indicatif demoustre, l'imperatif commande, li optatif desierre, li conjuntif conjoint, l'infinitif sanz nombres et sanz persones qui de lui soient. » (f. 47ᵛb) – *Libellus* : « H. Quálitas verbôrum in quo est ? *En quoy est la qualité des verbes ?* D. In modis & in formis, *En meuz & formes.* – H. Modi qui sunt ? *Qui sont les meuz ?* D. Indicatîuus, vt Lego, *ie li* : Imperatîuus, vt Lege, *lis* : Optatîuus, vt v'tinam Légerem, *Pleust à Dieu que ie leusse* : Coniunctîuus, vt cùm Legam, *Comme ainsi soit que ie lise* : Infinitîuus, vt Légere, *lire* : Impersonâlis, vt Légitur, *On lit.* » (1585 [1545], p. 12)

3 Priscien, *Ars* : « Indicatiuus, quo indicamus uel definimus, quid agitur a nobis uel ab aliis. » [L'indicatif, par lequel nous indiquons ou établissons ce qui est fait par nous ou par d'autres.] (*GL* 2, 421.20-21)

4 Priscien, *Ars* : « Imperatiuus est, quo imperamus aliis, ut faciant aliquid uel patiantur. » [L'impératif est le mode par lequel nous commandons à d'autres de faire ou de subir quelque chose.] (*GL* 2, 423.26)

5 Priscien, *Ars* : « Tertius est optatiuus, qui quamuis et temporibus et personis perfectior uideatur esse imperatiuo, tamen eget aduerbio optandi, ut plenum significet sensum. » [Le troisième mode est l'optatif qui, tout en paraissant plus achevé que l'impératif pour l'expression des temps et des personnes, nécessite néanmoins un adverbe de souhait pour donner sa pleine signification.] (*GL* 2, 424.8-10)

À cet endroit, il faut savoir que le comparatif en français est le même mot que <sa forme au> positif, avec le mot *plus*, comme *plus bon*, *plus mauveis*[1]. Et le superlatif est le même mot que <sa forme au> positif avec ce mot *tres*, comme *tres bon*, *tres mauveis*. Mais quand on veut faire un excellent superlatif, l'on adjoint alors le mot *plus* avec le mot *tres* et le positif, comme *tres plus bon* [vraiment très bon], *tres plus mauveis* [vraiment très mauvais][2].

[LES MODES DU VERBE[3]]

Combien y a-t-il de modes ? Cinq. Lesquels ?

– l'indicatif, c'est celui qui manifeste le vrai ou le faux, comme *je ayme* [j'aime] ;

– l'impératif, c'est celui qui commande une chose à faire comme *aymes tu* [aime, toi !], *ayme cil* [qu'il aime, lui !] ;

– l'optatif, c'est celui qui désire une chose à faire, comme *je aymeroie* [j'aimerais][4] ;

---

1 *Plus bon* est étonnant, puisque c'est l'un des rares cas où le français utilise de préférence à la forme analytique un comparatif synthétique, *meilleur* (< *meliorem*), alors que *pire* (< *peiorem*) n'a pas exactement les mêmes usages que *plus mauvais*.

2 Il existe dès le XIIIe siècle des attestations de *très* et *plus* combinés pour renforcer le superlatif (Godefroy : *la tres plus desmesuree*, *li tres plus apovreié*, *la tres plus bele del mond*, *la tres plus haute* (*science*), *la tres plus merveilleuse chose*, *la tres plus parfaite* ; La Curne : *li tres plus sages clers*, *les tres plus grans rigolemens*, *du tres plus bel que je sauroie*).

3 La *qualitas* des verbes subsumant les « modes » et les « formes » (les formations suffixées du type *lecturio* ou *lectito* sur *lego*) est une particularité de Donat que reprend exactement le *Libellus*, alors que le *Quantes parties* traite séparément des *mues* (modes) et des *fourmes* / *formes*, sans les mettre sous un chapeau commun. Le *Donait françois* ayant comme objet le français néglige simplement ces formations qui ne sont propres qu'au latin et qui, en outre, sont difficiles à traduire en français (le *Quantes parties* traduit *lecturio* par *je me pourpens à lire* et le *Libellus* par *i'ay desir de lire*).

4 La forme en *-rais* relève dans nos grammaires du conditionnel, qu'on en fasse ou non un mode spécifique. Mais l'extension de l'optatif, importé des grammaires grecques aux grammaires latines, puis des grammaires latines aux grammaires françaises, n'est pas superposable à celle du conditionnel, comme le montre un peu plus loin la forme *aye*, considérée également comme relevant de l'optatif dont elle constitue le futur.

le conjunctif, c'est que joint a luy un aultre raison, si come *quant je ayme, tu serras amé*[1] ;

le infinitif, c'est un verbe que n'est pas certain de luy mesmes et pour ce apent il d'un aultre verbe, si come *je desire aymer*[2].

Et icy il fault prendre garde que vous ne mettez pas un meuf ne un temps pour un aultre, si come font les ydios disans ainsi : *je prie a Dieu que je ay bonne aventure*, qar ils diroient la *que je aye bonne aventure* et non pas *que je ay*, pour ce que *je ay* est le present du indicatif et *je aye* est le future de l'optatif. Se vous veulliez estre plus garni [324ᵛb] de la diversité des ces cinq meufs et leur temps, sçachés bien doncques le chapitre des verbes que icy avant est escript.

[LES TEMPS]

Quans temps est il ? Trois. Quelx ?

Le temps qu'est maintenant et est appellé present, si come *je ayme*.

Le temps qu'est passé, et est appellé le pretert, si come *je aymey*.

Le temps qu'est a venir et est appellé le future, si come *je aymerey*.

1 Priscien, *Ars* : « Quartus est subiunctiuus [quippe iure], qui eget non modo aduerbio uel coniunctione, uerum etiam altero uerbo, ut perfectum significet sensum. » [Le quatrième mode est le subjonctif [à vrai dire, il porte bien son nom], qui nécessite non seulement un adverbe ou une conjonction, mais aussi un autre verbe pour donner sa pleine signification.] (*GL* 2, 424.12-14)

2 Priscien, *Ars* : « Infinitus est, qui et personis et numeris deficit, unde et nomen accepit infiniti, quod nec personas nec numeros definit et eget uno ex quattuor supra dictis modis, ut significet aliquid perfectum. » [L'infinitif est le mode qui est dépourvu des personnes et des nombres : c'est de là qu'il a tiré son nom d'*indéfini*, parce qu'il ne définit ni les personnes ni les nombres et qu'il a besoin de l'un des modes cités ci-dessus pour obtenir une signification complète.] (*GL* 2, 425.9-11)

– le conjonctif, c'est celui qui joint à lui une autre raison, comme *quant je ayme, tu serras amé*[1] ;

– l'infinitif, c'est un verbe que n'est pas défini par lui-même et qui pour cette raison dépend d'un autre verbe, comme *je desire aymer*[2].

Et ici, il faut prendre garde de ne pas mettre un mode ni un temps pour un autre, comme font les idiots en disant ainsi : *je prie a Dieu que je ay bonne aventure*, car ils devraient dire là *que je aye bonne aventure* et non pas *que je ay*, parce que *je ay* est le présent de l'indicatif et *je aye* est le futur de l'optatif[3]. Si vous voulez en savoir davantage [324vb] sur la diversité des cinq modes et de leurs temps, prenez donc connaissance du chapitre des verbes qui figure ci-dessous[4].

[LES TEMPS]

Combien y a-t-il de temps ? Trois. Lesquels ?

Le temps qui est maintenant et qui est appelé présent, comme *je ayme* [j'aime].

Le temps qui est passé et qui est appelé le prétérit[5], comme *je aymey* [j'aimai].

Le temps qui est à venir et qui est appelé le futur, comme *je aymerey* [j'aimerai].

---

1 Pour désigner le subjonctif, Donat utilise *coniunctiuus*, Priscien *subiunctiuus*. Quelle que soit la valeur qu'on donne à *quant* (temporel ou causal, équivalent à *puisque*, cette dernière valeur étant plus conforme à l'expression « joindre une autre raison »), les modernes considèrent le *je ayme* qui suit comme un indicatif. Pour les premiers grammairiens français, ce n'est pas la forme qui crée le subjonctif, mais sa dépendance à une conjonction ou à un autre verbe (*cf.* Colombat 2006). *Cf.* par ex. R. Estienne : « La quarte maniere [le 4e mode] sapelle Conionctiue, ou Subionctiue : quand on parle auec cause ou condition, & qu'il y a deux modes & manieres ioinctes ensemble pour faire sentence parfaicte. comme si ie di, *Quand ie l'auray dict*, la sentence n'est pas parfaicte, si ie n'adiouste quelque chose, comme, *tu le scauras*, ou semblable. » (1557, p. 34).

2 Pas plus l'*Ars minor* que l'*Ars maior* (qui glose *indicatiuus* par *pronuntiatiuus* et évoque, mais refuse la possibilité d'un 7e mode, le *promissiuus*, H. 632.8-11) ne donnent de définitions des modes, définitions qu'on trouve chez Priscien.

3 La forme *(que) j'aie* est considérée aujourd'hui comme un subjonctif présent ; elle est traitée dans le *Donait françois* comme optatif futur car, utilisée derrière un verbe de demande (*prier*), elle indique un souhait, et la valeur sémantique prime toujours sur la valeur de subordination indiquée par le subjonctif.

4 La phrase constitue, pour un moderne, un aveu d'échec en ce qui concerne la conception de l'ouvrage : il est difficile de traiter d'un accident indépendamment de la partie du discours qu'il affecte.

5 La forme *pretert* est attestée à côté de *preterit* (*cf.* AND, s.v. *preterit*).

Quantz maniers est il de temps passé ? Trois. Quelx ?

Temps qu'est passé, mais toutez vois non pas tout fait, et est appellé le pretert inparfait, si come *je aymoie.*

Temps qu'est passé et aussi tout fait, et est appellé pretert parfait, si come *je aymey.*

Temps qu'est passé et aussi plus que tout fait, et est appellé pretert plus que parfait, si come *je avoie amé*[1].

1 Donat, *Ars minor* : « Tempora uerborum quot sunt ? Tria. Quae ? Praesens, ut *lego* ; praeteritum, ut *legi* ; futurum, ut *legam.* Quot sunt tempora in declinatione uerborum ? Quinque. Quae ? Praesens, ut *lego* ; praeteritum inperfectum, ut *legebam* ; praeteritum perfectum, ut *legi* ; praeteritum plus quam perfectum, ut *legeram* ; futurum, ut *legam.* » (593.7-10 H.) – Priscien, *Ars* : « Sunt [...] tempora tria, praesens, praeteritum et futurum. Sed praeteritum rursus diuiditur in tria, in praeteritum imperfectum, praeteritum perfectum, praeteritum plusquamperfectum. » (*GL* 2, 405.8-10). – *Quantes parties* : « Quans temps sont ? III. Quieus ? Le present, le preterit et le futur. Quans <...> a declinaison ? V. Quieus ? Le present qui parle de presente chose, si comme *lego, je lis,* le preterit nient parfait de chose nient parfaite, si comme *legebam, je lisoie,* le preterit parfait <...>, si comme *legi, je lui,* le preterit plus que perfait de chose plus que parfaite, si comme *legeram, je avoie leu,* le futur de chose a venir, si comme *legam, je lirai.* » (f. 49[r]b) – *Libellus* : « H. Quot sunt témpora in declinatiône verbôrum ? *Combien y a-il de temps à la declinaison des verbes ?* D. Quinque, *Cinq.* H. Quæ ? *Quels ?* D. Præsens, vt Lego, *ie ly* : Prætéritum imperféctum, vt Legêbam, *ie lisois* : Prætéritum perféctum, vt Legi, *i'ay leu* : Prætéritum plus quàm perféctum, vt Légeram, *i'auoye leu* : Futûrum, vt Legam, *ie liray.* » (1585 [1545], p. 15)

Combien y a-t-il de manières dans le temps passé ? Trois. Lesquelles ?

Le temps qui est passé, mais toutefois non pas tout fait, et il est appelé le prétérit imparfait, comme *je aymoie* [j'aimais].

Le temps qui est passé et aussi tout fait et qui est appelé prétérit parfait, comme *je aymey* [j'aimai][1].

Le temps qui est passé et aussi plus que tout fait et qui est appelé prétérit plus-que-parfait, comme *je avoie amé* [j'avais aimé][2].

1 Le passé simple est donné deux fois, d'abord comme exemple de passé en général, ensuite comme exemple de passé « parfait ». Comme me le fait remarquer R. Ingham, le passage est à comparer avec le *Liber Donati* qui, lui, donne bien les formes de toutes les personnes... mais regroupe imparfait et passé simple sous l'appellation de *pretert nient parfit* [prétérit nullement parfait] : « En le pretert nient parfit : *j'amoy* ou *amay*, *tu amoiez* ou *amas*, *il amoit* ou *ama* ; pluraliter : *nous amoions* ou *amasmez*, *vous amoiez* ou *amastez*, *ils amoient* ou *ameront* » (éd. Merrilees & Sitarz Fitzpatrick, 1993, p. 10, li. 89-91).

2 Exactement comme l'*Ars minor*, le *Donait françois* propose ici cinq temps, un pour le présent et le futur, trois pour le passé. Notre passé composé (qui n'est pas un temps du passé pour les auteurs d'alors) n'est pas évoqué : il ne sera progressivement décrit, en des termes très variés, qu'au XVIe siècle (*cf.* Colombat, éd. Pillot, 2003, p. XLI-L). Le traité *Quantes parties* traduit le parfait latin *legi* par *ie lui* (passé simple) alors que le *Libellus* le traduit *i'ay leu* (passé composé). À l'inverse, le plus-que-parfait n'est mentionné qu'ici : il ne sera pas redonné dans la liste des temps dans le développement sur le verbe, car ce n'est pas un temps simple.

[LES GENRES DES VERBES]

Quantz geners est il des verbes ? Trois[1]. Qelx ? Le actif, c'est a dire faisant, come *je ayme*[2] ; le passif, c'est a dire seuffrant, come *je suys amé*[3] ; le neutre, c'est a dire ne le un ne l'autre clerement, si come *je dois*[4].

---

1 Donat, *Ars minor* : « Genera uerborum quot sunt ? Quinque. quae ? Actiua, passiua, neutra, deponentia, communia. » (592.14-15 H.) – *Quantes parties* : « Quans genres de verbe sont ? V. Quieus ? Li auctif, le passif, le neutre, le commun et le deponent. » (f. 48^{r}b) – *Libellus* : « H. Génera verbôrum quot sunt ? *Combien y a-il de genres de verbes ?* D. Quinque, *Cinq.* H. Quæ ? *Quels ?* D. Actîua, Passíua, Néutra, Deponéntia, & Commúnia, *Les actifs, paßifs, neutres, deponents & communs.* » (1585 [1545], p. 13)

2 Donat, *Ars minor* : « Actiua quae sunt ? Quae in *o* desinunt et accepta *r* littera faciunt ex se passiua, ut *lego, legor.* » (592.16-17 H.) – *Quantes parties* : « A quoi connois tu li auctif ? A ce qu'il se defenist en *o* et puet prendre *r* sur *o* et faire de soi passif, si comme *amo, amor.* » (f. 48^{r}b) – *Libellus* : « H. Actiua quæ sunt ? *Qui sont les verbes actifs ?* D. Quæ in o désinunt : sed accépta r lítera, fáciunt ex se passîua : vt Lego, legor, *Ce sont ceux qui se terminent en* o *: mais en y adioustant vne* r, *ils font de soy des paßifs : comme Ie ly, ie suis leu.* » (1585 [1545], p. 14)

3 Donat, *Ars minor* : « Passiua quae sunt ? Quae in *r* desinunt et ea dempta redeunt in actiua, ut *legor, lego.* » (592.18 H.) – *Quantes parties* : « <A quoi connois tu> le passif ? A ceu qu'il se defenist en *r* et puet delesier *r* et repairier en son auctif, si comme *amor, amo.* » (f. 48^{r}b) – *Libellus* : « H. Passîua quæ sunt ? *Qui sont les verbes Paßifs ?* D. Quæ in r désinunt : & ea démpta, rédeunt in actîua : vt Legor, lego : *Ce sont ceux qui se terminent en* r *: & en ostant icelle ils retournent aux actifs : comme ie suis leu, ie ly.* » (1585 [1545], p. 14)

4 Donat, *Ars minor* : « "Neutra quae sunt ?" Quae in *o* desinunt, ut actiua, sed accepta *r* littera Latina non sunt, ut *sto, curro. Stor, curror* non dicitur. » (592.19-20 H.) – *Quantes parties* : « <A quoi connois tu> le neutre ? A cen qu'il se defenist en *o* et ne puet prendre *r* sur *o* ne faire de soi passif, si comme *sto, curro*, quar l'en ne dit pas ne *stor* ne *curror.* » (f. 48^{r}b-48^{v}a) – *Libellus* : « H. Néutra quae sunt ? *Qui sont les verbes neutres ?* D. Quae in o désinunt, vt actîua : sed accépta r lítera, Latîna non sunt : vt Sto, Curro : nam Stor, Curror, non dícitur, *Qui se terminent en* o, *comme les actifs : mais en ostant* r, *ils ne sont plus Latins : comme Ie suis debout sur mes pieds, ie cours. Car on ne dit point,* Stor, Curror. » (1585 [1545], p. 14)

[LES GENRES DES VERBES]

Combien y a-t-il de genres de verbes ? Trois[1]. Lesquels ?
L'actif, c'est-à-dire faisant, comme *je ayme* ;
le passif, c'est-à-dire souffrant, comme *je suys amé* ;
le neutre, c'est-à-dire clairement ni l'un ni l'autre[2], comme *je dois*[3].

1 Alors que le *Donait françois* a de la peine à sortir du cadre des cinq genres nominaux latins, il ne reconnaît que trois genres verbaux, supprimant d'emblée le déponent et le commun des Latins, catégories que les *Donat* qui ont pour objectif de faire apprendre le latin sont obligés de garder. De ce fait le neutre redevient ce qu'il était au départ, un *neutrum*, c'est-à-dire « ni l'un, ni l'autre », un intermédiaire entre actif et passif, catégorie qui était obscurcie par l'adjonction des deux autres genres.

2 À la définition morphologique et combinatoire de Donat et de ses premières traductions qui visent l'apprentissage du latin, le *Donait françois* substitue une définition sémantique appuyée sur action / passion.

3 L'exemple donné de neutre, « devoir », peut sembler ambigu dans la mesure où, dans certains sens au moins, il est passivable (« être dû »). Mais les dix emplois du verbe *devoir* qu'on trouve dans le *Donait françois* correspondent tous au sens de « être obligé de » et appartiennent au registre de la règle prescriptive. Et à la première personne, *je dois* peut difficilement se convertir en *je suis dû*.

[LES PARTIES DU DISCOURS]

Quantez partiez est il de oraison ? Huyt. Quellez ? Quatre que sont declinez et quatre que ne se declinent mie. Lequelles quatre sont que se declinent ? Nom, pronom, verbe, et participle. Et quellez sont les quatre que ne se declinent mie ? Adverbe, conjunction, preposicion, interjection[1].

Quelle chose est decliner ? Tenier le comencement du mot et changer le fyn. Baillez moy exemple. [325ra] Si come *ay, as, a, avons, avez, ont*, et aussi des aultres.

1 Donat, *Ars minor* : « Partes orationis quot sunt ? Octo. Quae ? Nomen, pronomen, uerbum, aduerbium, participium, coniunctio, praepositio, interiectio. » (585.4-5 H.) À comparer à la liste de Priscien : *nomen, uerbum, participium, pronomen, praepositio, aduerbium* (+ *interiectio*), *coniunctio*. – *Quantes parties* : « Quantes parties d'oroison sont ? VIII. Queles ? Le non, le pronon, le verbe, li adverbe, le participle, la conjunction, la preposition et l'incterjection. D'ices VIII quatre en i a qui se declinent et IIII qui ne se declinent mie. Lesqueles se declinent et lesqueles non ? Le non, le pronon, le verbe, le participle, ices IIII se declinent. Li adverbe, la conjunction, la preposition et l'incterjection, ices IIII ne se declinent mie. » (f. 41rb) – *Libellus* : « Partes oratiônis quot sunt ? *Combien y a-il de parties d'Oraison ?* D. Octo, *huict*. H. Quæ ? *Qui sont elles ?* D. Nomen, *le Nom* : Pronômen, *le Pronom* : Verbum, *le Verbe* : Aduérbium, *l'Aduerbe* : Particípium, *le Participe* : Coniúnctio, *la Conionction* : Præposítio, *la Preposition* : Interiéctio, *l'Interiection.* » (1585 [1545], p. 14)

[LES PARTIES DU DISCOURS]

Combien y a-t-il de parties d'oraison[1] ? Huit. Lesquelles ? Quatre qui sont déclinées et quatre qui ne se déclinent pas. Quelles sont les quatre qui se déclinent ? Nom, pronom, verbe, et participe. Et quelles sont les quatre qui ne se déclinent pas ? Adverbe, conjonction, préposition, interjection[2].

Qu'est-ce que décliner ? Garder le commencement du mot et changer la fin. Donnez-moi un exemple. [325ʳa] Comme *ay, as, a, avons, avez, ont*, et ainsi de suite[3].

1 C'est par ce développement que s'ouvrent l'*Ars minor* de Donat et ses traductions.

2 Le regroupement en déclinables / indéclinables a été obtenu par interversion de l'adverbe et du participe dans la liste de Donat. Le traité *Quantes parties* oppose également déclinables et indéclinables mais garde l'ordre de Donat. Dans sa grammaire latine, Nebrija opère le même regroupement, mais l'ordre des indéclinables est différent : préposition, adverbe, interjection, conjonction.

3 *Avoir* est pris comme exemple de « déclinaison », c'est-à-dire de flexion en général. Il est rare que le terme reçoive une définition explicite. Vu la brièveté des formes du verbe *avoir* (une ou deux syllabes), il est difficile d'y voir un début et une fin, et l'exemple convient donc mal à la définition. Le *Libellus* (p. 15) parle également de *declinatio uerborum / declinaison des verbes*, expression qu'on retrouve encore dans le *Traité* de L. Meigret (« De la déclinaison des verbes », 1980 [1550], p. 80) et dans celui de R. Estienne (« Ce Verbe se decline seulement par les tierces personnes au Singulier & au Plurier », 1557, p. 55). Les premières grammaires françaises proposent comme premiers paradigmes verbaux *avoir* et *être*.

[AUTONYMIE ET SUPPOSITIO MATERIALIS]

En quantz maniers peut un mot estre parler ? En deux. En quelx ? En un manier, materialment, c'est a dire quant le mot ne mouste pas sa significacion, mais sa voix seulement, si come cest mot *ou* <qui a>[1] belcoup des entendemens ; et en autre manier, personelement, c'est a dire quant un mot ne parle pas de sa voix seulement, mais de son entendement, si come *ou alez vous ?* Et sçachés que quant un mot est tenu materialment, il serra tenu nomnellement, neutrelment, indeclinablement, substantivalment et en la force de la troiseisme personne[2].

1 « qui a » : adjonction de Städtler.

2 *Cf.* Pierre Hélie, *Summa super Priscianum* : « Vocabula quandoque se ipsa nominant, ut cum dicitur "homo est nomen". Hic enim non de homine loquimur sed potius de hoc nomine "homo". Et hoc appellabant Antiqui materiale impositum, quod quid sit ut intelligas, materiale impositum est vox representans seipsam, id est, posita ad loquendum de seipsa, et dicitur materiale impositum quia nomen, si ita contingit, representat materiam suam, id est vocem, que quasi materia preiacet, ut inde fiat nomen. Ex voce namque fit nomen per impositionem. » (éd. Reilly 1993, p. 193, § 76-83) [Les vocables parfois se désignent eux-mêmes, comme quand on dit « homme est un nom ». Ici en effet, ce n'est pas de l'homme que l'on parle, mais plutôt de ce nom homme. C'est ce que les Anciens appelaient imposé matériellement. Pour que tu comprennes ce que c'est : un son vocal est dit imposé matériellement quand il se représente lui-même, c'est-à-dire qu'il est imposé pour parler de lui-même. Et l'on dit imposé matériellement parce que le nom, dans ce cas, représente sa propre matière, c'est-à-dire le son vocal, qui est préexistante quasiment comme une matière, de telle sorte qu'à partir de ce son vocal le nom est formé. À partir de ce son vocal en effet est produit le nom par imposition. Trad. I. Rosier-Catach 2011, p. 34-35.] – « Appellant autem antiqui materiale impositum, quando nomen imponitur ad agendum de sua materia, id est, de ipsa voce, ut cum dico, "Homo est nomen", ibi hoc nomen "homo" est materiale impositum, quia imponitur ad agendum de sua materia, id est, de ipsa voce, quia vox est materia nominis. Impositio vero facta ad significandam quasi formam nominis que additur ipsi voci. » (*ibid.*, p. 914, § 17-22) [Les Anciens disent qu'un nom est imposé matériellement, quand il est imposé pour être pris pour sa matière, c'est-à-dire, pour le son vocal lui-même, comme quand je dis « Homme est un nom », ici le nom homme est imposé matériellement, parce qu'il est imposé pour traiter de sa matière, i.e. pour le son vocal lui-même, puisque le son vocal est la matière du nom. Mais l'imposition est faite pour signifier ce qui est comme une forme du nom, qui est ajoutée au son vocal. Trad. I. Rosier-Catach 2011, p. 35.].

[AUTONYMIE ET SUPPOSITIO MATERIALIS[1]]

En combien de manières un mot peut-il être utilisé ? En deux. Lesquelles ? En une manière, matériellement, c'est-à-dire quand le mot ne montre pas sa signification, mais sa voix [forme] seulement, comme ce mot *ou* <qui a> beaucoup de sens ; et en une autre manière, personnellement, c'est-à-dire quand un mot ne parle pas de sa voix [forme] seulement, mais de son sens, comme *ou alez vous* ? Et sachez que quand un mot est pris matériellement, il sera considéré comme un nom, comme un neutre, comme un indéclinable, comme un substantif et avec la valeur de la troisième personne[2].

1 Les médiévaux ont tout d'abord parlé d'*impositio materialis* (*cf.* le texte de Pierre Hélie donné en note dans la transcription). Dans la logique terministe se développe une opposition entre supposition matérielle (ex. *homo est nomen*), supposition simple (ex. *homo est species*) et supposition personnelle « qui correspond à tous les usages d'un terme, comme *homo currit.* Au XIVe siècle, certains auteurs ne retiendront plus que deux types de supposition, matérielle et personnelle » (Rosier-Catach 2011, p. 40). C'est exactement le reflet de cette situation qu'on trouve dans le *Donait françois.*

2 Le *Donait françois* est attentif à définir soigneusement le statut de l'autonyme : (1) nom, (2) substantif, (3) neutre, (4) indéclinable, (5) de 3e personne, établissant un faisceau d'éléments définitoires qui bloque son intégration dans la structure de la phrase dans laquelle il entre. Comme me le fait remarquer A. Grondeux, cette phrase sent la version latine : *et nota quia cum dictio materialiter sumitur, accipitur nominaliter, indeclinabiliter, substantiue et in ui tertie persone.*

[LE NOM]

Coment cognoistrey je de celle partie de oraison qu'est appellé nom ? Chescun mot que porte le nom de une chose par soy mesmes ou pendant d'un aultre est appellé nom[1].

1 Donat, *Ars minor* : « Nomen quid est ? Pars orationis cum casu corpus aut rem proprie communiterue significans. » (585.7-8 H.) – Priscien, *Ars* : « Proprium est nominis substantiam et qualitatem significare. » [Le propre du nom est de signifier la substance et la qualité] (*GL* 2, 55.6) – Priscien, *Ars* : « Nomen est pars orationis, quae unicuique subiectorum corporum seu rerum communem uel propriam qualitatem distribuit. » [Le nom est une partie du discours qui distribue une qualité propre ou commune à chacun des corps ou des choses pris comme objet.] (*GL* 2, 56.29-57.1) – *Quantes parties* : « Qu'est nom ? Une partie d'oroison qui senefie substance o qualité propre ou commune. Quantes manieres de nom sont ? II. Queles ? Le substantif et li adjectif ; le substantif qui se decline par une article si comme *hic magister*, ou par II au plus si comme *hic et hec sacerdos*, l'ajectif par III articles si comme *hic et hec et hoc felix*, ou par III diverses terminaisons si comme *bonus, na, bonum.* » (f. 41^{r}b-41^{v}a) – *Libellus* : « H. Nomen quid est ? *Qu'est-ce que le Nom ?* D. Pars oratiônis cum casu, corpus aut rem, própriè, communitérve signíficans. Própriè, vt Roma, Tyberis : Commúniter, vt vrbs, flumen. *C'est vne partie d'oraison auec le cas, signifiant proprement ou communeement vn corps, ou vne chose. Proprement, comme la ville de Rome, le Tybre : Communeement, comme vne ville, vn fleuue.* » (1585 [1545], p. 3).

[LE NOM]

Comment reconnaîtrai-je la partie d'oraison qui est appelée nom ? Chaque mot qui porte le nom d'une chose par elle-même ou dépendant d'un autre <nom> est appelé nom[1].

1 La définition du nom est intéressante en ce qu'elle ne fait plus référence à la désignation d'un corps ou d'une chose de façon propre ou commune (Donat), ce qui introduisait dans la tradition antique les subdivisions en nom propre et nom commun (appellatif). À la place de cette subdivision est remontée dans les classifications du nom la division en substantif et adjectif, acquise dès le XIIe siècle (*cf.* Colombat 1992, 1999, p. 193-206 ; Rosier 1992) : le substantif est le désignateur direct, l'adjectif est défini comme « dépendant d'un autre <nom> », en fait dépendant, comme la suite l'indique, plutôt d'un substantif qui peut être sous-entendu. Cette dépendance est à la fois de l'ordre de la référence et d'ordre syntaxique. *Cf.* R. Estienne : « Il y a deux sortes de Noms : les uns sont appelez Substantifs, desquels la signification est entendue sans qu'autres mots leur soyent adioincts. comme *Pain*, *Terre* : et font ung sens parfaict auec l'adiectif : comme *Pain blanc*, *Terre noire*. Les adiectifs sont les mots qui se mettent auec les substantifs pour declarer leur qualite ou quantite : et ne se mettent point proprement sans substantif, ou autrement on ne scauroit a quoy seruiroit ledict adiectif : comme en disant *Blanc*, tu ne peux rien entendre si tu n'adioins quelque substantif : comme disant, *Pain blanc*, *Terre noire*, *Terre grasse*, *Bon homme*, *Homme iuste*, *Mauuaise persone*, *Grand personage*, *Grand larron*, *Vin excellent*, *Homme prudent*, *riche*, *poure*, et ainsi des autres. » (1557, p. 13). – La grammaire latine humaniste élémentaire se contente d'une opposition de type morphosyntaxique : « Substantiuum est illud quod unum tantum habet articulum, uel duos ad plus, ut *hic Andreas*, uel *hic* et *haec uirgo*. Adiectiuum est quod tres habet articulos, ut *hic* et *haec* et *hoc felix*, uel tres uoces, ut *stultus*, *stulta*, *stultum*. » (Guarino, ca 1418). Mais Despautère et Linacre (*cf. infra*) préféreront y substituer des définitions fondées sur l'indépendance ou la dépendance syntaxique. – Ces deux types de définition remplacent les définitions sémantiques de Donat – qui attribue à l'adjectif une *media significatio*, une « valeur intermédiaire », c'est-à-dire désambiguïsée par le contexte, alors que ce qui deviendra un substantif a une valeur pleine indépendante de tout contexte – et de Priscien – qui voit dans l'adjectif un nom permettant d'indiquer, et d'évaluer (par la comparaison), la qualité dans d'autres noms.

[Substantifs et adjectifs]

Pour quoy ditez vous par soy mesmes ? Pour ces noms que sont appellés substantifs, si come *une femme, un home*. Et pour quoy ditez vous pendant d'un aultre ? Pour les noms que sont appellés adjectifs, que ne povent pas estre par eulx, mais il leur fault tousjours ou estre aveque leurs substantifs ou les avoir entenduz, si come *bon*, *bel*[1].

---

1 Donat, *Ars maior* : « Sunt alia <nomina> mediae significationis et adiecta nominibus, ut *magnus, fortis* : dicimus enim *magnus uir, fortis exercitus* ; haec etiam epitheta dicuntur. » [Il y a d'autres noms de signification intermédiaire et qui sont ajoutés à des noms, comme *grand, courageux* ; nous disons en effet *grand homme, armée courageuse* ; on les appelle aussi *épithètes*.] (616.7-8 H.) – Priscien, *Ars* : « Haec <nomina> [...] quoque, quae a qualitate uel quantitate sumuntur speciali, id est adiectiua, naturaliter communia sunt multorum : Adiectiua autem ideo uocantur, quod aliis appellatiuis, quae substantiam significant, uel etiam propriis adici solent ad manifestandam eorum qualitatem uel quantitatem, quae augeri uel minui sine substantiae consumptione possunt, ut *bonum animal, magnus homo, sapiens grammaticus, magnus Homerus*. » [Ces <noms> aussi, ceux qui tirent leur existence d'une qualité ou d'une quantité spécifique, c'est-à-dire les adjectifs, sont naturellement communs à beaucoup d'êtres. Les adjectifs sont ainsi appelés parce qu'ils s'ajoutent habituellement à d'autres appellatifs (noms communs) qui désignent la substance, ou même à des noms propres pour en manifester la qualité ou la quantité, lesquelles peuvent être augmentées ou diminuées sans que cela touche la substance, comme *bon animal, grand homme, savant grammairien, grand Homère*.] (GL 2, 58.19-24)

[Substantifs et adjectifs]

Pour quoi dites-vous par elle-même ? Pour les noms qui sont appelés substantifs, comme *une femme*, *un home*. Et pour quoi dites-vous dépendant d'un autre ? Pour les noms qui sont appelés adjectifs, qui ne peuvent pas subsister[1] par eux-mêmes, mais il leur faut toujours ou être avec leurs substantifs ou les avoir sous-entendus, comme *bon*, *bel*[2].

1 *estre* peut représenter ici aussi bien le verbe *ester* (<*stare* ; *cf. ester en justice*) que le verbe *être* (*cf.* AND, s.v. *ester* avec les variantes *esteer*, *estere*, *esterre*, *estaer*, *estier*, *estre*).

2 Priscien, *Ars* : « Adiectiuum est, quod adicitur propriis uel appellatiuis et significat laudem uel uituperationem uel medium uel accidens unicuique : laudem, ut *iustus*, uituperationem, ut *iniustus* ; medium, ut *magnus* – dicimus enim *magnus imperator* laudentes et *magnus latro* uel *fur* uituperantes – ; accidens uero, id est suum uniuscuiusque, ut *niger coruus* et *altum mare*. Inueniuntur tamen etiam in propriis quaedam huiuscemodi, ut *Gradiuus Mars*, *Ennosigaeus Neptunus* et *Quirinus Romulus*. Sed haec, quia propriorum loco accipiuntur, comparari non possunt, quod est proprium adiectiuorum, nec egent adiectione aliorum nominum, quomodo communia adiectiua. Sumuntur autem haec a qualitate uel quantitate animi uel corporis uel extrinsecus accidentium : animi, ut *prudens*, *magnanimus* ; corporis, ut *albus*, *longus* ; extrinsecus accidentium, ut *diues*, *felix*. » [L'adjectif est ce qui est ajouté aux propres ou aux appellatifs et il indique la louange et le blâme, ou bien une qualification ambivalente, ou bien un accident affectant un individu : la louange, comme *juste*, le blâme, comme *injuste* ; une qualification ambivalente, comme *grand* – nous disons en effet *grand général* à titre de louange, et *grand bandit* ou *grand voleur* à titre de blâme – ; quant à l'accident, c'est-à-dire ce qui est propre à un individu, c'est par exemple *noir corbeau*, *mer profonde* ; on trouve d'ailleurs aussi des adjectifs de ce genre dans les noms propres, comme *Mars Gradiuus*, *Neptune Ebranleur-de-la-Terre*, *Romulus Quirinus* ; mais ces derniers, parce qu'ils sont employés à la place des noms propres, ne peuvent être soumis à la comparaison, ce qui est le propre des adjectifs, pas plus qu'ils n'ont besoin de l'ajout d'autres noms, comme les adjectifs communs. D'autre part ces derniers dérivent de la qualité ou de la quantité de l'âme, du corps, ou d'accidents extérieurs : de l'âme, comme *sage*, *généreux* ; du corps, comme *blanc*, *long* ; d'accidents extérieurs, comme *riche*, *heureux*.] (GL 2, 60.6-18) Pour expliquer la dépendance de l'adjectif par rapport au substantif, on est passé de l'idée qu'il n'y a pas d'accidents sans substance (XIIe siècle) à l'idée qu'il n'y a pas d'adjectif sans substantif, car le premier dépend toujours syntaxiquement du second.

Coment sont ils aveques leur substantifs ? Si come *bel home*, *belle femme*. Et coment entendent ils leurs substantifs ? Si come *bon fait cognoistre*, c'est a dire [325ʳb] *bonne chose fait a cognoistre*. En quantz accidens accordra le adjectif ovesque son substantif ? En trois. En quielx ? En case, genre et nombre, si come *bel sire*, *belle dame*[1].

[Les substantifs]

Quantz maniers est il de ces noms que sont appellez substantifs ? Six. Quielx ?

1 *Quantes parties* : « En quantes manieres est semblable li adjectif a son substantif ? En III. En queles ? En genre et en nombre et en case. Par quantes manieres est conneu li adjectif du substantif ? Par III manieres : par declinaison, par signification et par constrution. Par declinaison quar le substantif se decline par une article ou par II, li adjectif par III articles ou par III diverses terminaisons ; par signification quar le substantif signifie aucune chose par soi et li adjectif riens ; par construction quar le substantif se construit bien par soi et li adjectif nient. » (f. 41ᵛa/b) – *Principia grammaticalia* : « En quantes manieres resemble l'adjectif a son substantif ? En trois. En quelles ? En genres, en cases, en nombres. Versus : *Est adiectivum substantivo sociatum / In simili genere, casu pariter, numeroque.* » (f. 2ᵛ) – *Cf.* Guarino : « Adiectiuum cum substantiuo in quattuor concordat : in persona, genere, numero, et casu, ut *Lodouicus facetus*, non autem *faceti*. » (ca. 1418). L'accord supplémentaire « en personne » est dû au vocatif, considéré comme cas de la 2ᵉ personne.

Comment sont-ils[1] avec leurs substantifs ? Comme *bel home, belle femme*. Et comment sous-entendent-ils leurs substantifs ? Comme *bon fait cognoistre* [il est bon de connaître], c'est-à-dire [325ʳb] *bonne chose fait a cognoistre* [c'est une bonne chose que de connaître][2]. En combien d'accidents accordera-t-on l'adjectif avec son substantif ? En trois. Lesquels ? En cas, genre et nombre, comme *bel sire, belle dame*[3].

[Les substantifs]

Combien y a-t-il de manières dans les noms qu'on appelle substantifs ? Six[4]. Lesquelles ?

---

1 L'accord de l'adjectif avec son substantif est ici simplement indiqué, de façon très elliptique, par la locution « être avec », et l'accord au masculin, puis au féminin dans les exemples donnés n'est pas commenté. Le sujet est développé plus bas de façon plus technique, avec le recours à la notion d'accord.

2 Dans ces exemples, *faire* sert de vicaire pour le verbe *être*, comme il l'est pour d'autres verbes (*cf. infra*, f. 327ʳb.9-10 : *Coment le faitez vous ?*). Le manque d'autonomie syntaxique de l'adjectif par rapport au nom est un topos de la grammaire latine médiévale comme de la grammaire latine humaniste : *cf.* Despautère : « *Poeta*, quale nomen ? Substantiuum. Quare ? Quia potest per se stare cum uerbo in sensu perfecto : ut *Poeta scribit. Albus*, quale nomen ? Adiectiuum. Quare ? Quia non potest per se stare cum uerbo in sensu perfecto, ut *Albus currit*, non dicitur : sed *Albus equus currit.* » [*Poète*, quelle sorte de nom ? Un substantif. Pourquoi ? Parce qu'il peut se trouver seul avec un verbe pour former un sens complet, comme *Le poète écrit. Blanc*, quelle sorte de nom ? Un adjectif. Pourquoi ? Parce qu'il ne peut pas se trouver seul avec un verbe pour former un sens complet : on ne dit pas *Blanc court*, mais *Le cheval blanc court*.] (*Rudimenta*, 1537 [1514], p. 4) ; Linacre : « Adiectiuum nomen in uniuersum id uoco, quod sine altero, cui adhaereat, consistere in oratione non potest. » [J'appelle en général *nom adjectif* ce qui, dans l'énoncé, ne peut se soutenir sans un autre élément auquel il puisse s'accrocher.] (*De emendata*, 1524, f. 2ᵛ)

3 On s'étonne de ne voir donné comme exemple qu'une variation en genre, et pas d'exemple pour la variation en nombre. Il serait difficile d'illustrer la variation en cas, puisqu'elle est donnée par les « signes » des cas, donc indépendamment de toute variation morphologique.

4 Des six catégories retenues, qui fonctionnent par paires, univoque / équivoque, collectif / complectif, absolu / relatif, aucune ne vient explicitement de Donat (à moins de considérer que les relatifs « de logi » héritent des *ad aliquid dicta*). Deux (collectif et absolu) se trouvent chez Priscien. La paire collectif / complectif semble venir d'une opposition que fait Pierre Hélie entre *complexiuum nomen* et *collectiuum nomen* à propos du mot *littera* (1993, p. 72.11-73.21 R.) : « Littera [...] complexiuum nomen, non equivoquum. Est autem complexiuum nomen quod singulariter multis conuenit, ita ut quod unicuique illorum. » [*Lettre* [...] est un nom complexif, et non équivoque. Un nom complexif est celui qui, proféré au singulier, convient à beaucoup de noms, mais de telle sorte qu'il convienne aussi à chacun d'entre eux.] Ainsi *homo* est à la fois un *nomen* et une *pars orationis* (« *Pars orationis* [...] complexive dicitur de nominibus. »). De même *a* subsume à la fois la graphie de la lettre et sa prononciation.

univoque, si come *un home*;
equivoque, si come cest mot *ou*[1];
collectif[2], si come *peuple*;
complectif[3], si come *miel a enbeuré*;
absolut, si come *Dieu*[4].

Quantz pairez est il de relatifs ? Deux. Quielx ? Relatif de logi et relatif de gramoire. Et sçachez que ces mos *qui* et *quel* sont masculins singuliers, et *quielx* leur pulier ; et ces mos *que* et *quelle* sont femenyns singuliers, et *quelles* leur pulier[5].

---

1 Stengel (1879, p. 29) et Städtler (1988, p. 133) supposent ici une omission, de même que Swiggers (1986, p. 130, note 6) : « Le copiste du texte a sauté une partie après "cest mots ou" ; il manque une classe de substantifs dans l'énumération. » En fait, il faut admettre que la sixième catégorie est celle des relatifs, cette catégorie étant double. *Ou* a déjà été donné *supra* (à propos de la supposition matérielle) comme exemple de mot à plusieurs sens. À ce titre et du fait de son statut d'autonyme, *ou* est devenu un {nom substantif neutre indéclinable de troisième personne}.

2 Priscien, *Ars* : « Collectiuum est, quod singulari numero multitudinem significat, ut *populus, plebs.* » [Le collectif, c'est celui qui désigne par le singulier une multiplicité, par ex. *peuple, plèbe.*] (*GL* 2, 61.21-22) – *Quantes parties* : « Qu'est non collectif ? Non qui signifie pluralité sur singuliere voiz si comme *turba, gens, populus.* » (f. 42ʳa)

3 Pierre Hélie, *Summa* : « Differt [...] complexiuum nomen a collectiuo quoniam collectiuum nomen pluribus simul conuenit et nulli eorum per se, ut *populus.* Complexiuum uero pluribus conuenit ita quod omnibus illis simul et unicuique illorum per se. » [Le nom complexif diffère du collectif en ce que le nom collectif convient à la pluralité et à aucune de ses entités isolées, comme *peuple.* Le complexif convient à la pluralité en sorte qu'il convienne par lui-même tout à la fois à la pluralité et à chacune de ses entités.] (éd. Reilly 1993, p. 73.22-25)

4 Priscien, *Ars* : « Absolutum est, quod per se intellegitur et non eget alterius coniunctione nominis, ut *deus, ratio.* » [L'absolu, c'est celui qui se conçoit par lui-même et ne nécessite pas l'adjonction d'un autre nom, comme *dieu, raison*] (*GL* 2, 62.5-6) – Pierre Hélie, *Summa* : « Absolutum [...] dicitur nomen a constructione. Est enim absolutum quod non indiger adiunctione ad determinandum accidentia vel substantilia ut *deus.* » [« On parle de nom absolu à partir de la construction. Est en effet absolu le nom qui n'a pas besoin de l'adjonction d'un adjectif pour déterminer ses accidents ou les propriétés de sa substance, comme *Dieu.* » (éd. Reilly 1993, p. 233.45-48)

5 Priscien, *Ars* : « *Quis* et *qui* et *qualis* et *talis* et *quantus* et *tantus* et similia, quae sunt infinita siue interrogatiua uel relatiua uel redditiua, magis nomina sunt appellanda quam pronomina : neque enim loco propriorum nominum ponuntur neque certas significant personas, sed etiam substantiam, quamuis infinitam, et qualitatem, quamuis generalem, quod est suum nominis, habent : nomina sunt igitur dicenda, quamuis declinationem pronominum habeant quaedam ex eis. » [*Quis* et *qui* [quelqu'un / qui ? / qui], *qualis, talis* [quel, tel], *quantus, tantus* [aussi grand] et les termes semblables, qui sont indéfinis, interrogatifs, anaphoriques ou corrélatifs, doivent être appelés des noms plutôt que des pronoms : en effet, non seulement ils ne s'utilisent pas à la place de noms propres et ne désignent pas des personnes déterminées, mais encore ils comportent une substance, bien qu'indéfinie, et une qualité, bien que générale, ce qui est le propre du nom : ils doivent donc être appelés des noms, bien que certains d'entre eux suivent la déclinaison des pronoms.] (*GL* 2, 55.14-20)

univoque, comme *un home* ;
équivoque, comme ce mot *ou* ;
collectif, comme *peuple* ;
complectif, comme *miel a enbeuré* [miel à embeurrer][1] ;
absolu, comme *Dieu*.

Combien y a-t-il de paires de relatifs ? Deux. Lesquelles ? Relatif de logique[2] et relatif de grammaire[3]. Et sachez que les mots *qui* et *quel* sont masculins singuliers, et que *quielx* est leur pluriel ; et les mots *que* et *quelle* sont féminins singuliers, et *quelles* est leur pluriel[4].

---

1 Bien que vraisemblablement hérité du *complexivus* de la tradition latine (*cf.* Pierre Hélie *supra* et dans les notes de la transcription), le *complectif* du *Donait françois* semble avoir pris un sens différent. Städtler (*Glossar* : 1988, p. 179) le glose par « qui sert de complément, complétif ». Swiggers (1985c) interprète « nom complectif » comme « un nom élargi par un complément déterminatif » (nom + *de* + nom ; nom + *à* + nom) et remarque que la dernière construction « reçoit une place prépondérante » dans la grammaire de Palsgrave, en donnant ces exemples *robe a homme, chausse a femme* (1852 [1530], p. 191). On peut y ajouter *mouche a miel* (5 occurrences). P. Swiggers (1985c, p. 131) interprète *miel a enbeure* comme « miel à ambre », c'est-à-dire miel parfumé à « l'ambre gris, qu'on utilisait comme condiment, aromate ou reconstituant ». Mais on trouve chez Palsgrave ce passage : « I stryke a thyng with hony, I lay hony a brode vpon it. *Je emmielle*, prim. conj. I hade as lefe stryke my breed with butter as with hony : *Je ayme aussi chier embeurrer mon pain que de lemmieller.* » (1852 [1530], p. 739) qui pourrait faire interpréter aussi *miel a enbeure* comme « miel à tartiner (comme du beurre) », puisqu'on peut aussi bien « emmieller » sa tartine que l'« embeurrer ». L'hypothèse reste néanmoins fragile : ce serait le seul exemple où une finale d'infinitif de 1re conjugaison est transcrite par *-e* dans le texte.

2 Les relatifs de logique semblent désigner les noms qui présentent une relation sémantique réciproque ou couplée, noms que les anciens désignaient par le syntagme *ad aliquid dicta* « relatifs » (*père / frère*) ou *quasi ad aliquid dicta* « quasi relatifs » (*jour / nuit, droite / gauche ;* Donat, 617.3-4 H. ; Priscien *GL* 2, 60.19-27) et qui correspondent aujourd'hui aux *antonymes réciproques* ou *converses*. L'expression « deux paires de relatif » fait attendre deux fois deux ensembles. Les relatifs et les quasi-relatifs pourraient constituer le premier couple.

3 Le relatif de grammaire désigne le relatif *qui, que, quoi*, mais aussi, plus généralement, tous les anaphoriques. Alors que *qui* est classé parmi les pronoms par Donat, il est explicitement reclassé par Priscien (voir note de la transcription) parmi les noms, car il peut se substituer à n'importe quel nom. C'est donc un « nom général », le plus général de tous les noms (c'est le *nomen substantiam significans relatiuum* [*GL* 3, 239.3-4] dont le fonctionnement est décrit en *GL* 3, 127.12-128.15 ; voir Baratin 1989, p. 405-407, 425). Cela a entraîné des divergences dans la tradition ultérieure (*cf.* Rosier et Stéfanini 1990, Lagarde 1985).

4 On peut s'étonner de cette distinction entre *qui* masculin et *que* féminin, (sans référence au cas) d'autant que le *Donait françois* emploie presque systématiquement *que* comme forme de sujet.

[Les adjectifs]

Quantz maniers est il des adjectifs ? Six. Quielx ?
interogatif, si come *combien* ;
demonstratif, si come *bon* ;
distributif, si come *chescun*[1] ;
partitif, si come *aucun* ;
infinitif, si come *quelque* ;
negatif, si come *nul*.

Mais cy endroit il fault sçavoir que chescun adjectif de femenyn genre doit finir ou en un *e*, et c'est quant son masculin fine en *e*, donques son femenyn finera en deux *ee*, si come *couroucé*, *couroucee* ; et en leur pulier sera mis un *s* a bout, si come *bon*, *bons*, *bonne*, *bonnes*.

1 Priscien, *Ars* : « Diuiduum <nomen> est, quod a duobus uel amplioribus ad singulos habet relationem uel plures in numeros pares distributos, ut *uterque*, *alteruter*, *quisque*, *singuli*, *bini*, *terni*, *centeni*. » [Le <nom> distributif, c'est celui qui, à partir de deux ou plus, établit une relation vers les entités prises une par une ou réparties en paires égales, par ex. *l'un et l'autre*, *l'un ou l'autre*, *chacun*, *un par un*, *deux par deux*, *trois par trois*, *cent par cent*.] (*GL* 2, 61.23-25)

[Les adjectifs]

Combien y a-t-il de manières dans les adjectifs[1] ? Six. Lesquelles ?
– interrogatif, comme *combien* ;
– démonstratif, comme *bon* ;
– distributif, comme *chescun* ;
– partitif, comme *aucun* ;
– infinitif [indéfini], comme *quelque* ;
– négatif, comme *nul*[2].

Mais à cet endroit, il faut savoir que chaque adjectif de genre féminin doit finir en un *e*, et quand son masculin finit en *e*, alors son féminin finira en deux *ee*, comme *courroucé, couroucee* ; et au pluriel, on leur mettra un *s* au bout, comme *bon, bons, bonne, bonnes.*

1 Le classement des adjectifs en six manières, avec un parallélisme, sans doute voulu, avec les six manières de substantifs n'est pas courant : outre que la « manière » sert le plus souvent à opposer, justement, substantifs et adjectifs (Colombo Timelli 1996, Glossaire, p. 109), il n'y a pas de tradition antique de classement des adjectifs, catégorie longtemps subalterne (et donc sans subdivisions) des noms.

2 Ce classement des noms adjectifs ne manque pas d'intriguer le lecteur d'aujourd'hui, puisque l'adjectif « qualificatif » (appelé *demonstratif* au sens de *montrant* une qualité) n'y occupe qu'une place limitée, avec un seul exemple (*bon*) et qu'on y trouve beaucoup de ce qu'on appelle les « déterminants », c'est-à-dire des items classés dans les pronoms chez Donat, mais requalifiés comme noms par Priscien. Tel est le cas de *combien* (*quantus* ou *quot*, pronoms chez Donat, noms relatifs ou corrélatifs chez Priscien ; l'auteur ne voit pas la différence de fonctionnement), *chescun* (*quisque*, pronom chez Priscien, pas cité par Donat), *aucun* (<*alicunus [*aliquis* + *unus*]) qualifié de « partitif » (*aucun* est quantificateur, mais pas forcément partitif selon Buridant 2000, § 143, p. 179-180) et *quelque* (*cf. quis*, pronom indéfini chez Donat, nom indéfini pour Priscien) ; pour *nul*, *cf. nullus*, non cité par Donat, et qui, selon Priscien, bien que véritablement nom « selon l'explication la plus véridique » (*uerissima ratione*), suit, comme *unus, ullus, solus, totus, alius*, la flexion des pronoms (*GL* 2, 265.23-266.5).

[LE PRONOM]

Coment cognoistrey je un pronom ? Chescun mot que est mis en lieu d'un nom et oveques ce seignifie[1] certeine personne est appellé un pronom[2]. Combien a il des pronoms ? Quinze. Quielx ? *Je*, [325ᵛa] *tu*, *soy*, *il*, *le*, *cil*, *cest*, *cel*, *mesmes*, et ces neuf sont primitifs ; *mon*, *ton*, *son*, *nostre*, *vostre*, *leur*, et ces six sont derivatifs. Et sçachez que en la primier personne et singulier nombre nous avons *je* en nominatif case, et *moy* ou *me* es aultres obliques ; et leur pulier serra tousjours *nous*. Et en la seconde personne nous avons *tu* en nominatif, et *toy* ou *te* es aultres obliques, et leur pulier *vous*.

---

1 « sengnfie » dans le manuscrit.

2 Donat, *Ars minor* : « Pronomen quid est ? Pars orationis, quae pro nomine posita tantundem paene significat personamque interdum recipit. » [Qu'est-ce qu'un pronom ? une partie du discours qui, mise à la place d'un nom, signifie à peu près la même chose et reçoit quelquefois la personne.] (588.2-3 H.) – Priscien, *Ars* : « Proprium est pronominis pro aliquo nomine proprio poni et certas significare personas. » [Le propre du pronom est d'être mis à la place d'un nom propre et de désigner des personnes déterminées.] (*GL* 2, 55.13-14) – Priscien, *Ars* : « Pronomen est pars orationis, quae pro nomine proprio uniuscuiusque accipitur personasque finitas recipit. » [Le pronom est une partie du discours qui est mise à la place du nom propre de chacun et qui reçoit des personnes définies.] (*GL* 2, 577.2-3) – *Quantes parties* : « Qu'est pronon ? Une partie d'oroison qui est mise pour propre non et senefie certainne personne. Pourquoi fu le pronon trouvé ? Pour besoing et pour profit. Pour besoin en premiere persone et en secunde. Pour profit en tierce persone, pour faire certainne relation et demonstration. » (f. 46ᵛa/b) – *Libellus* : « Pronômen quid est ? *Qu'est-ce que le Pronom ?* D. Pars oratiônis, quæ pro nómine pósita, tantúndem penè signíficat, personámque intérdum récipit, *C'est vne partie d'oraison, laquelle mise pour le nom, signifie presque tout autant que le nom, et aucunesfois reçoit personne.* » (1585 [1545], p. 7)

[LE PRONOM]

Comment reconnaîtrai-je un pronom ? Chaque mot qui est mis à la place d'un nom et qui avec cela désigne une personne déterminée est appelé un pronom[1]. Combien y a-t-il de pronoms ? Quinze. Lesquels ? *Je*, [325^{v}a] *tu*, *soy*, *il*, *le*, *cil*, *cest*, *cel*, *mesmes*, et ces neuf sont primitifs ; *mon*, *ton*, *son*, *nostre*, *vostre*, *leur*, et ces six sont dérivatifs[2]. Et sachez qu'à la première personne et au singulier, nous avons *je* au nominatif, et *moy* ou *me* aux autres cas obliques ; et leur pluriel sera toujours *nous*. Et à la seconde personne nous avons *tu* au nominatif, et *toy* ou *te* aux autres <cas> obliques, et leur pluriel *vous*.

1 « Une certaine personne », c'est-à-dire « une personne déterminée ». Le *Donait françois* se range donc du côté de Priscien qui pose la contrainte du pronom remplaçant une personne précise, contre Donat, pour qui le pronom peut remplacer n'importe quel nom. La question n'est pas tranchée à la Renaissance : le traité *Quantes parties* suit Priscien, le *Libellus* suit Donat (*cf.* notes de la transcription). Mais, comme l'a remarqué Mok (1975, p. 50), dans *Quantes parties*, la définition prisciannienne entre en contradiction avec le développement qui suit, sur la qualité : « Quantes qualitez de pronon sont ? II. Queles ? La fenie et la nient fenie ; la fenie qui reçoit personne si comme *ego*, *tu*, *ille* ; la nient fenie qui ne reçoit pas personnes si comme *quis*, *que*, *quod*. » (f. 46^{v}b). Le « aucune foiz » inséré entre « reçoit » et « certaine personne » dans le ms. Paris, Bibl. Mazarine 3794, f. 23^{r}a / b (version M1) lève la contradiction. Le manuscrit Metz Bibl. Mun. 647 édité par Mok (1975, p. 38.16-18), puis par Städtler (GramM^{5}, 1988, p. 148), dit plus prudemment, mais aussi plus vaguement : « Relatis c'est ung nom ou un pronom qui fait recordation d'auncune chose devant ditte, laqueille est appellée antecedent. »

2 La liste est tout à fait conforme à celle de Priscien (*Ars*, *GL* 2, 577.6-12) qui retient 8 primitifs ou simples : *ego* (1re personne), *tu* (2e personne), *ille*, *ipse*, *iste*, *hic*, *is*, *sui* (3e personne), et 7 dérivés : *meus*, *tuus*, *suus*, *noster*, *vester*, *nostras*, *vestras*. La liste est beaucoup plus longue chez Donat, avec une division préalable en « définis », ceux qui reçoivent la personne (*ego*, *tu*, *ille*), et « indéfinis », ceux qui ne reçoivent pas la personne (avec *quis* donné comme prototype).

[Les pronoms de troisième personne]

Mais en la tierce personne nous avons six pronoms, c'est assavoir : *ce*, *il*, *le*, *cil*, *cest*, *cel*. Mais cest pronom *se* ou *soy*, lequel que tu vouldras es toutz cases, genres et nombres fors que en nominatif, est un pronom receproc, c'est a dire que celuy mesmes reçoipt, si come *Janyn se ayme*. Et cest mot *leur* peut estre leur pulier, si come *Janyn et Gelemyn se entreayment*, ou ainsi *Janyn et Guillemyn leur entreayment*, qar l'un est aussi bon come l'aultre.

Derechief sçachez que cest mot *il* est un pronom relatif, si come *je ayme le meistre, qar il me a donné cause*. Mais cest mot *le* est un article[1], c'est a dire un seigne enforçant les autres mos, si come *je ayme le meistre lequel me ayme*. Et ascun foiz cest mot *le* est un pronom demonstratif et infinit[2], si come *je le ayme lequel me ayme* ; et ascun foiz relatif, si come *le meistre vient et je le ayme*, ou ainsi *le meistre vient ; le ayme tu point ?*

Mais ces trois mos *cil*, *cest*, *cel* sont pronoms demonstratifs, mais *cel* moustre de long, et *cil* et *cest* [325^{v}b] de pres. Et unqore *cest* moustre plus pres que ne fait *cil*, si come *cest home icy et cil home illeoques et cel home la au mort s'entrehayent*[3].

---

1 Seule occurrence du terme dans le texte, alors qu'il est fréquent dans les autres *Donat* (*cf.* Städtler 1988, s.v. *article*, p. 169-170). Le *Donait françois* considère l'article comme un indicateur (« signe/seigne ») du cas (*cf. supra*, f. 324^{r}a/b).

2 *Démonstratif* [déictique] et *infinit* [indéfini] semblent contradictoires dans les termes. Faut-il comprendre que dans *je le ayme lequel me ayme*, *le* est à la fois déictique de la personne qui m'aime (nous dirions plutôt en termes modernes que *le* est cataphorique de *lequel*) et indéfini en ce que cette personne conçue en général n'est pas déterminée ?

3 Le *Donait françois* retrouve la tripartition latine entre *hic* (pronom rattaché à la 1re personne), *iste* (rattaché à la 2e), *ille* (rattaché à la 3e). En fait, elle ne correspond pas à une réalité dans le français des XIVe et XVe siècles, puisque, déjà, « le gallo-roman a considérablement allégé cet ensemble [l'organisation tripartite du latin] pour ne conserver qu'une opposition binaire entre un dérivé de *iste* (*cist*), qui prend en charge les deux personnes (je, tu) de l'interlocution avec leur zone d'influence, et un dérivé de *ille* (*cil*), rattaché à la personne 3 et à l'espace éloigné. » (Zink 1989, p. 75). Rothwell (2001, p. 15) relève le fait que les élèves, habitués à la bipartition anglaise ou française, devaient trouver l'analyse difficile : il y voit un signe que l'ouvage n'était pas destiné à des débutants.

[Les pronoms de troisième personne]

Mais à la troisième personne nous avons six pronoms, à savoir : *ce*, *il*, *le*, *cil*, *cest*, *cel*[1]. Mais le pronom *se* ou *soy*, que tu voudras à tous les cas, genres et nombres sauf au nominatif, est un pronom réciproque [réfléchi[2]], c'est-à-dire que celui-là même <qui fait l'action la> reçoit, comme *Janyn se ayme*. Et le mot *leur* peut être leur pluriel, comme *Janyn et Gelemyn se entreayment*, ou ainsi *Janyn et Guillemyn leur entreayment*, car l'un est aussi bon que l'autre[3].

Derechef sachez que le mot *il* est un pronom relatif [anaphorique], comme *je ayme le meistre, qar il me a donné cause* [j'aime le maître car il m'a donné raison]. Mais le mot *le* est un article, c'est-à-dire un signe précisant les autres mots[4], comme *je ayme le meistre lequel me ayme* [j'aime le maître qui m'aime]. Et quelquefois le mot *le* est un pronom démonstratif et indéfini, comme *je le ayme lequel me ayme* [je l'aime, celui qui m'aime] ; et quelquefois relatif [anaphorique], comme *le meistre vient et je le ayme*, ou ainsi *le meistre vient ; le ayme tu point ?*[5]

Mais les trois mots *cil*, *cest*, *cel* sont pronoms démonstratifs, mais *cel* montre de loin, et *cil* et *cest* [325^{v}b] de près. Et encore *cest* montre plus près que ne fait *cil*, comme *cest home icy et cil home illeoques et cel home la au mort s'entrehayent* [cet homme ici, cet homme là et cet homme là-bas se haïssent à mort].

1 Par rapport à la liste précédemment donnée, figure en plus *ce*, en moins *mesmes*.

2 Le terme latin *reciprocus* désigne tant la réflexion sur le sujet que la réciprocité entre plusieurs sujets. Le terme *réfléchi* ne s'est imposé que tardivement dans la terminologie grammaticale française (*cf.* Bouard 2012 ; Colombat, 2014).

3 Le *Donait françois* admet comme équivalentes la construction transitive directe et la construction transitive indirecte, ce qui peut être dû à la confusion dans l'usage de *les* et de *leur* : *Janyn et Guillemyn leur entreayment*. De même, *infra*, on peut dire « *je leur ayme* pour *je les ayme* » (f. 326^{r}b.16).

4 Comment comprendre « enforçant » ? Soit on admet que l'article précise, donc détermine le nom qu'il précède, soit on lui donne un sens plus fort dans cet emploi spécifique, l'auteur voulant dire « le maître qui précisément m'aime (et pas un autre) », avec une relative déterminative ; auquel cas le sens serait plutôt : « Je l'aime, le maître qui m'aime ».

5 On attend : *le aymes tu point ? Cf.* Kristol ed. 2005, p. XLVIII, à propos de la *Manière* de 1399 : « CT omet parfois le -s / -z morphologique en position préconsonantique : *aymé vous* 73.22, *fayte vous* 73.23. » À l'inverse, f. 324^{v}a.21, on a *aimes* avec *s* à l'impératif.

[La déclinaison des pronoms]

Maintenant il nous fault dire des ces pronoms coment ils serront declinez. Pour ce sçachez que cest mot *il* est nominatif masculin, et *elle* femenyn, et leurs obliques *leur*. De cest mot *le* nous avons avant dit en chapitre des accidens.

Et cest mot *cil* est nominatif masculin, et *celle* femenyn, et *luy* es leurs obliques ; et en pulier, *cils* en masculin, et *celles* en femenyn, et leurs obliques *leur*.

Derechief cest mot *cest* est nominatif masculyn et *cestes* en femenyn en toutz cases.

Derechief cest mot *cel* ou *ycel*[1] est nominatif masculin ; et *celles* ou *ycelle* femenyn, et es leurs obliques *ycelly*, et en pulier *ceulx* ou *yceulx* en masculin, et *celles* ou *icelles* en femenyn sont en toutz cases[2]. Mais sçachez icy que, ja soit ce cest mot *cel* sans *y* devant soit demonstratif de bien loing, toutez vois quant il y a *y* devant, si come *ycel*, doncques il est affirmatif de la chose avant dite, ou demonstratif de bien pres que n'est cest mot *cest*, si come en cestz exemples :

Que brait[3] *ainsi ? Cil homme illoques ? Ne mie, ce est cest homme icy. Salve vostre grace, ce est cel homme la. Salve la vostre, ce est icel ycy. Par Dieu, voir, ce est icel icy non plus ne mains.*

---

1 Sur le *i/y* initial, *cf.* Zink (1989, p. 74) : « Toutes les formes [de démonstratifs] admettent à l'avant l'adjonction d'un élément *i-*, indice de soulignement à l'origine, emprunté sans doute au doublet *ici* de l'adverbe *ci* [...], mais qui perd rapidement toute valeur intensive. »

2 Dans ce développement, l'auteur a de la peine à faire la différence entre le pronom *il /elle*, qui a bien une flexion, puisque les formes aux cas obliques ne sont pas les mêmes, et les trois démonstratifs qu'il reconnaît : *cil*, démonstratif de 1re personne, auquel il attribue l'oblique *leur* (comme à *il*) ; *cest*, démonstratif de 2e personne, auquel il n'attribue pas de variante flexionnelle ; *cel /ycel*, auquel il attribue un oblique *celly* (1 occ.)/*icelly* (2 occ.), formes apparemment rares.

3 *braire* : « crier », courant pour les humains selon l'AND, s.v. *braire* et encore utilisé aujourd'hui en picard.

[La déclinaison des pronoms]

Maintenant il nous faut dire, à propos de ces pronoms, comment ils seront déclinés. Pour cela, sachez que le mot *il* est nominatif masculin, et *elle* féminin, et leurs obliques sont *leur*[1]. Du mot *le*, nous avons parlé ci-dessus au chapitre des accidents[2].

Et le mot *cil* est nominatif masculin, et *celle* féminin, et *luy* sert à leurs obliques ; et au pluriel, *cils* au masculin, et *celles* au féminin, et leurs obliques sont *leur.*

Derechef le mot *cest* est nominatif masculin et *cestes* au féminin à tous les cas[3].

Derechef le mot *cel* ou *ycel* est nominatif masculin ; et *celles* ou *ycelle* féminin, et à leurs obliques *ycelly*, et au pluriel *ceulx* ou *yceulx* au masculin, et *celles* ou *icelles* au féminin sont à tous les cas. Mais sachez ici que, bien que[4] le mot *cel* sans *y* devant soit démonstratif de bien loin, toutefois quand il y a *y* devant, comme *ycel*, alors il est affirmatif de la chose précédemment dite, ou démonstratif de plus près que n'est le mot *cest*, comme dans ces exemples :

Que brait ainsi ? Cil homme illoques ? Ne mie, ce est cest homme icy. Salve vostre grace, ce est cel homme la. Salve la vostre, ce est icel ycy. Par Dieu, voire, ce est icel icy non plus ne mains [Qui crie ainsi ? Cet homme là-bas ? Pas du tout, c'est cet homme ici. Ne vous en déplaise, c'est cet homme-là. Ne vous en déplaise également, c'est celui-ci, ici. Par Dieu, assurément, c'est celui-ci, ici, ni plus ni moins].

---

1 S'il est une partie du discours qui mérite qu'on parle de déclinaison à propos d'elle, c'est bien le pronom. Mais l'auteur est démuni pour expliquer les différentes flexions et les indications sont lacunaires : il manque au singulier, *le*, *la*, au pluriel *les*.

2 À propos du cas (f. 324ʳa.31-35).

3 On peut se demander pourquoi l'auteur passe d'une forme masculine au singulier à une forme féminine au pluriel, à moins qu'il n'y ait ici une lacune. On attend : masc. sing. *cest* / pl. *cestz* / fém. sing. *ceste* / pl. *cestes* (*cf.* Buridant 2000, § 91, p. 123). Le texte peut présenter ici une lacune, mais Joëlle Ducos me suggère aussi cette interprétation : en moyen français, l'ancienne forme *cist*, désormais adjectivale, n'a qu'une forme *ces* pour le masculin et le féminin pluriel. Le texte semble rendre compte d'un état plus ancien où il y a encore *cest* et *cestes* qui sont utilisés comme pronoms, d'où sans doute la confusion : la forme féminine ne variant pas selon le cas, par opposition à la forme masculine (*cf.* Marchello-Nizia 1997, p. 151-171 et Soutet 1992, p. 93-144).

4 *Ja soit ce* (2 occurrences) se présente ici sans l'élément subordonnant *que* attendu ; il sera couramment *jaçoit que* (sur les variantes graphiques, voir Lardon & Thomine 2009, p. 240-242) et il a valeur concessive : « bien que ».

Cy endroit il fault sçavoir que ces mos *moy*, *toy*, *soy*, *luy*, *cestuy*, *celly*, *icelly* [326ra] sont obliques et doivont doncques estre parlez ovecques les seignes des cases et ovecques toutz preposicions[1], fors que avecques cest seigne *le*, si come *de moy*, *a*[*u*] *moy*[2], ainsi des aultres. Aussi respondant ils doivent estre parlés pour leurs nominatifs, si come en ceste exemple : *Janyn, que fais tu ?*, il doit respondre *Que, moy ?*, et non pas *je* ; et le aultre luy doit dire *Voire, toy*, et non pas *tu*, et ainsi des aultres.

Derechief ces trois mos *cil*, *cest*, *cel* en leurs femenyns, aussi bien en pulier come en singuler, peuent estre parlez pour leurs obliques, si come *Je ay le chaperon de celle femme laquelle parla yer a cest home.* Oultre sçachez que, ja soit ce gramoire par nature demande que le accusatif case doit s'ensuir son verbe, toutez vois pour tant la guise de droit françois met tousjours ces quatre mos *moy*, *toy*, *soy*, *luy*, et les pronoms des leurs puliers entre le verbe et son nominatif case, si come *je me force* et *je luy ay dit que nous vous gratons* et *vous vous forcez.*

---

1 « Les signes des cas » et « les prépositions » sont distingués : autrement dit, *de*, dans *de moi*, est signe de cas (génitif) dans « le livre de moi » et préposition dans « il vient de moi ». *Moy*, *toy*, *soy*... sont des obliques, mais en même ce sont les formes de base, qui servent à les citer (*cf.* aussi plus bas : « ces quatre mots *moy*, *toy*, *soy*, *luy* ») et, à ce titre, ce sont aussi des « nominatifs ».

2 *Au moy*, qui correspond à *à* + *le* + *moy* étant étonnant puisque l'auteur vient de dire que *moy* se construit avec les signes des cas et les prépositions, mais pas avec *le*, nous corrigeons en *a moy*.

À cet endroit, il faut savoir que ces mots *moy*, *toy*, *soy*, *luy*, *cestuy*, *celly*, *icelly* [326ra] sont obliques et doivent donc être utilisés avec les signes des cas et avec toutes les prépositions, sauf avec le signe *le*, comme *de moy*, *à moy*, et ainsi des autres. Aussi, dans les réponses, ils doivent être utilisés à la place de leurs nominatifs, comme dans cet exemple : *Janyn, que fais tu ?*, il doit répondre *Que, moy ?* [Qui, moi ?], et non pas *je* ; et l'autre <interlocuteur> doit lui dire *Voire, toy* [Oui, toi !], et non pas *tu*, et ainsi de suite.

Derechef les trois mots *cil*, *cest*, *cel* en leurs féminins, aussi bien au pluriel comme au singulier, peuvent être utilisés à la place de leurs obliques, comme *Je ay le chaperon de celle femme laquelle parla yer a cest home* [J'ai le chapeau de cette femme [génitif] qui parla hier à cet homme [datif]]. Sachez en outre que, bien que la grammaire par nature demande que l'accusatif doive suivre son verbe, toutefois la liberté du français correct met toujours ces quatre mots *moy*, *toy*, *soy*, *luy*, et les pronoms de leurs pluriels entre le verbe et son nominatif, comme *je me force* et *je luy ai dit que nous vous gratons* et *vous vous forcez*[1].

1 L'auteur pose, comme les médiévaux, le principe d'un ordre « naturel » SVO, mais remarque que le « bon français » s'autorise la liberté (*la guise*), qu'il impose toujours, de faire précéder le pronom personnel, sous la forme fléchie *me*, *te*.

[Les pronoms dérivatifs]

Maintenant il nous fault dire de declinaison et aussi de nature des pronoms derivatifs, que sont ces six : *mon*, *ton*, *son*, *nostre*, *vostre*, *leur*. Et pour ce sçachez que *mon* est derivé de *moy*, *ton* de *toy*, *son* de *soy*, *nostre* de *nous*, *vostre* de *vous*, et *leur* de *luy*[1]. Mais *mon* est masculin, et *ma* femenyn, et *mes* leur pulier, en toutz deux genres et en toutz cases, si come *mon pere*, *ma mere*, *mes freres* et *mes seures*. Et de la vient *mien* en masculin, et en pulier *miens*, *mienne* en femenyn, et en pulier [326ʳb] *miennes*. Derechief *ton* est masculin, *ta* femenyn, et en pulier *tes* ; et de la vient *tien*, *tiens* masculins, et *tienne* et *tiennes* femenyns. Et en semblable maniere *son*, *sa*, *ses* ; et de la vient *sien*, *siens*, *sienne*, *siennes*. Autre : *nostre* en masculin, et *nostre* en femenyn, et en pulier *noz* ; et en semblable maniere *vostre* et *vostre* et en pulier *voz*.

Mais cest pronom *leur* est aucun foiz primitif, aucun foiz derivatif, mais quant il est primitif il est tousjours en pulier nombre et est parlé sanz substantif, et tant il entent come *les*, si come *je leur ayme* pour *je les ayme*. Et quant il est derivatif, il peut estre en tous deux nombres, mais en pulier finant en *s*, tousjous avec un substantif, et doncques il resemble bien pres a cest pronom *son* ; bien pres, je die, pour ce que cest pronom *son* parle de une chose seulement, et cest pronom *leur* de pluseurs ensemble, si come *le meistre vient, et son filz, et leur chival, oveques leurs denrees*.

Que est la differrence entre *mon* et *mien* ? *Mon* serra parlé tousjours avec un substantif, si come *mon pere*, *ma mere*, et *mien* et *mienne* tousjours sanz aucun substantif, et tousjours en respondant, si come en ceste exemple : *A qui est celle belle femme la ?*, tu dois respondre : *Elle est mienne*, et non pas *Elle est ma*.

1 Dans une optique purement synchronique et sans doute sous l'influence de l'analyse latine (*meus*, *tuus*, *suus*, *noster* et *vester* sont les *deriuatiua* des *primitiua* que sont *ego/mei*, *tu/tui*, *sui*, *nos* et *vos*, *cf.* Priscien, *Ars*, *GL* 2, 577.6-8), le *Donait françois* fait dériver directement les possessifs des pronoms personnels français correspondants. En fait ces formes viennent évidemment des formes *latines* correspondantes.

[Les pronoms dérivatifs]

Maintenant il nous faut parler de la déclinaison et aussi de la nature des pronoms dérivatifs[1], qui sont les six suivants : *mon*, *ton*, *son*, *nostre*, *vostre*, *leur*. Et pour cela, sachez que *mon* est dérivé de *moy*, *ton* de *toy*, *son* de *soy*, *nostre* de *nous*, *vostre* de *vous*, et *leur* de *luy*. Mais *mon* est masculin, *ma* féminin, et *mes* est leur pluriel, aux deux genres et à tous les cas, comme *mon pere*, *ma mere*, *mes freres* et *mes seures* [sœurs]. Et de la vient *mien* au masculin, et au pluriel *miens*, *mienne* au féminin, et au pluriel [326ʳb] *miennes*. Derechef *ton* est masculin, *ta* féminin, et au pluriel *tes* ; et de la viennent *tien*, *tiens* masculins, et *tienne* et *tiennes* féminins. Et de semblable manière *son*, *sa*, *ses* ; et de la viennent *sien*, *siens*, *sienne*, *siennes*. Autre <pronom> : *nostre* au masculin, et *nostre* au féminin, et au pluriel *noz* ; et de semblable manière *vostre* et *vostre* et au pluriel *voz*.

Mais le pronom *leur* est quelquefois primitif, quelquefois dérivatif, mais quand il est primitif il est toujours au pluriel et est utilisé sans substantif, et il a le même sens que *les*, comme *je leur ayme* pour *je les ayme*[2]. Et quand il est dérivatif, il peut être des deux nombres, mais au pluriel finissant en *s*, toujours avec un substantif, et donc il ressemble de bien près à ce pronom *son* ; bien près, dis-je, parce que ce pronom *son* parle d'une chose seulement, et ce pronom *leur* de plusieurs ensemble, comme *le meistre vient, et son filz, et leur chival, oveques leurs denrees*.

Quelle est la différence entre *mon* et *mien* ? *Mon* sera toujours utilisé avec un substantif, comme *mon pere*, *ma mere*, alors que *mien* et *mienne* le seront toujours sans aucun substantif, et toujours dans les réponses, comme dans cet exemple : *A qui est celle belle femme la ?*, tu dois répondre : *Elle est mienne*, et non pas *Elle est ma*.

---

1 La grammaire scolaire les appellera ensuite des adjectifs possessifs.

2 *Cf. supra*, f. 325ᵛa.22-26 : selon le *Donait françois*, on peut dire aussi bien *Janyn et Guillemyn leur entreayment* que *Janyn et Gelemyn se entreayment*. Mis à part *aimer à* + infinitif, la construction *aimer à* ne semble pas d'un usage courant en moyen français. Selon P. Swiggers (communication personnelle), la construction « s'explique sans doute le mieux comme de l'anglo-normand influencé par la construction anglaise avec le pronom simple (sans *-self* / *-selves*) ».

Et sachez que, quant on demande aucune chose, le pronom que est nominatif case serra mis aprés son verbe, si come *Dis je bien ?*, *Le as tu ?* [326ᵛa] et aussi respondant a la chose avant dite, si come *Faitez bonne chere ?*, tu dois respondre *Si fois je*; aussi : *Non vous desplese ?*, et tu dois respondre *Non fait-il*, et non pas *Il non fait*.

Deraynement sçachez que cest pronom *mesme* est <relatif>[1] et demonstratif ensemble, si come *du mesmes Jehan*. Et aussi l'en le met volentiers aprés le pronom pour faire plus certaigneté, si come *moy mesmes*, *le mesmes Jehan* ; mais il ne peut pas estre oveques cest pronom *je* ne *tu* ne *cil*, qar il ne est rien a dire *je mesmes le enseignerey*, mais c'est bien dit : *Je l'enseignerey moy mesmes*, et aussi des aultres[2].

1 « relatif » : adjonction de Städtler.

2 *Ipse* est appelé *pronomen minus quam finitum* par Donat (589.5 H.). Pour Priscien, c'est un *pronomen primitiuum*, qui, en compagnie de *is*, est qualifié de *relatiuum* (*GL* 2, 577.19) et, en compagnie de *ille*, de *modo demonstratiuum modo relatiuum* (*GL* 2, 578.23-24). L'auteur veut peut-être dire que *mesme* est à la fois anaphorique (quand il reprend un *Jean* déjà cité auparavant) et déictique (ce *Jean* dont je parle et qui est bien là, Jean lui-même). Swiggers (1985a, p. 238 et note 10, p. 239) soulève la difficulté que constitue l'exemple *le mesme Jehan* par rapport au texte qui évoque la postpostion de *mesmes* par rapport au pronom. En fait, nous pensons qu'il s'agit de deux exemples différents, l'un avec pronom (en lat. *ego ipse*), l'autre avec un nom (en lat. *idem Johannes*), et rassemblés sous une formule elliptique qui ne convient qu'à l'un des deux exemples, cette concision dans l'explication n'étant pas isolée dans l'ouvrage. Le *Donait françois* semble avoir de la peine à distinguer les deux sens de *mesme*, qui cumule les deux valeurs de *idem* et de *ipse* (*cf.* note de la traduction).

Et sachez que, quand on demande quelque chose, le pronom qui est au nominatif sera mis après son verbe, comme *Dis je bien ?*, *Le as tu ?* [326ᵛa] et aussi en répondant à la chose précédemment dite, comme *Faitez bonne chere ?* [Faites-vous bon visage = bon accueil ?], tu dois répondre *Si fois je* [Si fais-je] ; aussi : *Non vous desplese ?* [Ne vous déplaît-il pas ?], et tu dois répondre *Non fait-il*, et non pas *Il non fait*[1].

En dernier lieu[2], sachez que le pronom *mesme* est <relatif> et démonstratif à la fois, comme *du mesmes Jehan*. Et on le met aussi volontiers après le pronom pour établir plus de certitude, comme *moy mesmes*, *le mesmes Jehan* ; mais il ne peut pas être avec le pronom *je* ni *tu* ni *cil*, car cela ne veut rien dire : *je mesmes le enseignerey*, mais c'est bien dit : *Je l'enseignerey moy mesmes*, et aussi des autres[3].

---

1 Autrement dit, il y a symétrie entre l'inversion de l'interrogation et entre celle de la réponse.

2 *Ideraynement* : DMF : s.v. *derrainement* : « la dernière fois ; dernièrement, récemment » ; AND : s.v. *dereinement* (mêmes sens).

3 *Mesme*, formé par agglutination de morphèmes autour de *ipse* « (soi-) même » (**metipsimus*, Zink 1989, p. 130), a repris au latin à la fois *ipse*, intensif d'opposition, et *idem*, intensif d'identification. Le *Donait françois* ne fait pas la différence. Palsgrave admet *je mesme* : « *Je mesme le vis*, I myselfe sawe it. » (1852 [1550], p. 376). Meigret appelle *meme* « réitératif de la mesme personne » (*cf.* aussi R. Estienne 1557, p. 31) et donne comme exemples *Pierr' a eté a Rome : le meme Pierr' en et revenu : ç'et le meme dont je vous ey parlé*. Il admet son utilisation après *je*, et les contraintes dans son usage sont moins restreintes : « Au surplus, ce pronom *meme* est toujours subsécutif à tous pronoms sans articles : comme *je meme*, *moe meme*, *toe meme*, *soe meme*, *luy meme*, *nou'memes*, *vou'memes*, *eu'memes*, *çe meme*, *çetuy-çy meme*, *çeluy meme*, *leur meme* : et finalement tous autres. Surquoi il faut excepter *tu*, *me*, *te*, *se*, *il*, *çil* : nous ne disons point *tu meme*, *me meme*, *te meme*, *se meme*, ni *il meme*, ni *çil meme*. » (1980 [1550], p. 63-64).

[LE VERBE]

[Définition]

Coment cognoisterey je celle partie de oraison qu'on appelle verbe ? Chescun mot que, oveques temps et sanz case, signifie fair ou seuffre, est un verbe, si come *je ayme*[1]. Et sçachez que quant nous voulons enforcier la significacion de aucun verbe, donques nous luy adjointerons cest mot *en* ou cest mot *y*, si come *je vous prie*, c'est plus fort a dire : *je vous en prie* ou *je vous y prie*. Outre sçachez que cest mot *en* peut estre devant le verbe ou aprés en belcoup des verbes, si come *en alez vous !* ou *alez vous en !*

1 Donat, *Ars minor* : « Verbum quid est ? pars orationis cum tempore et persona sine casu aut agere aliquid aut pati aut neutrum significans. » [Qu'est ce que le verbe ? une partie du discours avec temps et personne, sans cas, qui signifie que quelque chose agit ou pâtit ou n'exprime ni action ni passion.] (591.6-9 H.) – Priscien, *Ars* : « Proprium est uerbi actionem siue passionem siue utrumque cum modis et formis et temporibus sine casu significare. » [Le propre du verbe est de signifier l'action ou la passion ou l'une et l'autre, avec des modes, des formes [une morphologie spécifique] et des temps, sans cas.] (*GL* 2, 55.6-7) – Priscien, *Ars* : « Verbum est pars orationis cum temporibus et modis, sine casu, agendi uel patiendi significatiuum. » [Le verbe est une partie du discours avec temps et modes, sans cas, désignatrice de l'action ou de la passion.] (*GL* 2, 369.2-3) – *Quantes partes* : « Qu'est verbe ? Une partie d'oroison qui senefie fere ou souffrir o mues, o fourmes, o temps, o personnes sanz cases. » [Qu'est-ce que le verbe ? Une partie du discours qui signifie faire ou souffrir avec modes, avec formes, avec temps, avec personnes, sans cas.] (f. 47[v]b) – *Libellus* : « Verbum quid est ? *Qu'est-ce qu'vn Verbe ?* D. Pars orationis cum témpore et persóna, sine casu, aut ágere áliquid, aut pati, aut néutrum signíficans, *C'est vne partie d'oraison auec le temps et la personne, sans cas, signifiant ou faire quelque chose, ou endurer, ou ny l'vn ny l'autre.* » (1585 [1545], p. 11)

[LE VERBE]

[Définition]

Comment connaîtrai-je la partie d'oraison qu'on appelle verbe ? Chaque mot qui, avec temps et sans cas, signifie faire ou souffrir, est un verbe, comme *je ayme*[1]. Et sachez que quand nous voulons préciser la signification d'un verbe quelconque, alors nous lui adjoindrons ce mot *en* ou ce mot *y*, comme *je vous prie*, c'est plus fort de dire : *je vous en prie* ou *je vous y prie.* Sachez en outre que le mot *en* peut être devant le verbe ou après, dans beaucoup de verbes, comme *en alez vous !* ou *alez vous en !* [2]

---

1 La tradition latine ne comporte pas de contradiction dans la définition du verbe. Il est défini positivement par l'indication du temps (depuis Aristote) et négativement par l'absence de cas, et surtout par sa valeur sémantique. Cette dernière a déjà été donnée plus haut (f. 324ʳb.12-14), de façon assez inattendue, quand il a fallu définir le cas. Le *Donait françois* ne retient pas l'indication {ni passion, ni action} qui permettait de traiter des verbes échappant à cette distinction, dont la copule (le verbe substantif de Priscien) et les verbes neutres, c'est-à-dire ni actifs (passivables) ni passifs, pas plus que celle, pourtant essentielle, de la personne que propose Donat, mais pas Priscien.

2 L'AND a une entrée *emprier* (*enprier*). Palsgrave voit aussi dans cet usage de *en* un renforcement de l'affirmation : – « Somtyme in affyrmation they put *en*, before the verbe, more than we have in our tong in the same sentence, as for *He is fledde*, they saye *il sen est en fuy.* » (1852 [1530], p. XLI) [Parfois, dans les phrases affirmatives, ils mettent *en* devant le verbe, alors que nous ne l'avons pas en notre langue dans les mêmes phrases, comme *He is fledde*, où ils disent *il sen est en fuy.* Trad. S. Baddeley 2003, p. 156] – « For often tymes they put *en* next before theyr verbes, whan they affirme a thyng to be done, whan he signifieth nothyng, but onely is as a signe of affirmation used rather to make the sentence more fulle in sounde to the eare than for any necessite. And yet before some verbes they use hym twyse for the sayd consyderation, as : *uovs en avréz*, *nen parléz plus*, *il sen est en álle*, *il sen est en fový*, and suche lyke, where the sence is alone if I leave *en* out and say : *uovs avréz*, *ne parléz plus*, *il sest álle*, *il sest fový.* » (1852 [1530], p. 112) [Bien qu'ils mettent souvent *en* devant leurs verbes, quand ils signifient une action qui s'accomplit, cette particule ne signifie rien, mais s'utilise uniquement comme une marque d'affirmation, utilisée plutôt pour donner aux oreilles un son rond que par nécessité. Devant d'autres verbes, ils utilisent *en* pour indiquer deux fois l'action, comme dans *uovs en avréz*, *nen parléz plus*, *il sen est en álle*, *il sen est en fový* <il s'est enfui> et ainsi de suite : ici, le sens est simple si j'omets le *en* et je dis : *uovs avréz*, *ne parléz plus*, *il sest álle*, *il sest fový.* Trad. S. Baddeley 2003, p. 491] – Meigret n'attribue pas de valeur de précision ou de renforcement à *en*, mais remarque son utilisation avec les « verbes de mouvement local » : « *Ęn* est aussi usurpée et postposée à *me, te, se, nous, vous* sans note de préposition ni d'adverbe relatif, et ce, seulement avec les verbes de mouvement local, étant conjoints à leurs mêmes personnes seulement : de sorte que nous disons *je m'ęn voęs, reviens, retourne, tu t'ęn vas, il s'ęn va* et ainsi de toute autre tierce personne : comme *Pięrre s'ęn va, nou' nous ęn allons, vou' vous ęn allez, ils s'ęn vont.* » (1980 [1550], p. 119)

[Manières du verbe : verbes personnels / impersonnels]

Quantz maniers a il des verbes ? Deux. Quielx ? Verbe personel, c'est a dire, que se accordra ové son nominatif case en nombre et en personne, si come *je ayme*. Et l'autre maniere est appellé verbe impersonel, pour ce [326^{v}b] qu'il n'a point de nominatif case duquel il prendroit nombre et personne[1].

1 Chez Donat, l'impersonnel est considéré comme un mode : *cf. supra* et F. Desbordes : « La principale question est celle de la place que l'impersonnel doit occuper dans la grille des variations verbales. Dans la perspective morphologique des *artes*, l'impersonnel est évidemment un embarras, puisque rien ne le distingue intrinsèquement d'une forme non personnelle. On se demande donc s'il faut l'ajouter aux cinq modes de base [...] ou aux cinq genres de base [...]. Donat [...] accepte la première solution pour toutes les formes qui se rattachent à une conjugaison complète (moins une petite restriction à mettre dans les "défectifs") : l'idée est probablement que l'unité du verbe de rattachement doit primer. » (2007 [1991], p. 252). – Priscien (*Ars*) ne met pas l'impersonnel passif dans la liste des modes, mais en traite à la suite : « Impersonale autem uerbum suae cuiusdam est significationis et solet uel a neutris actiuam uel absolutam uim habentibus, non tamen passiuam, plerumque nasci, ut *statur, curritur, uiuitur, ambulatur*, uel ab actiuis, ut *amatur, legitur*, a passiuis uero uel communibus uel deponentibus numquam, nisi ab uno *misereor miseret*, sed magis id quoque a *misereo* est. » [Quant au verbe impersonnel, il a la signification du verbe dont il est issu et, d'ordinaire, il naît la plupart du temps de verbes neutres ayant une valeur active ou absolue, mais pas une valeur passive, par ex. *statur, curritur, uiuitur, ambulatur* [on se tient debout, on court, on vit, on marche], ou encore de verbes actifs, par ex. *amatur, legitur* [on aime, on lit] ; mais il n'est jamais issu de verbes passifs, communs ou déponents, sauf un : *misereor* [je plains], *miseret* [on plaint], mais il s'agit là plutôt du verbe *misereo*.] (*GL* 2, 425.13-18). – Le *Libellus* (1585 [1545], p. 12, *cf. supra*) n'hésite pas à en faire un sixième mode. – Sylvius au contraire refuse : « Impersonalis quem addunt nonnulli, modus non est, sed verbum modos sortitum, personis tamen certis destitutum : quod nos per *homo hom*, vel *l'hom*, et verbum finitum, vt, *curritur, hom ceûrt*, id est *homo currit*. Vt tamen in hoc singulari plurium sit significatio, pro *homines currunt*. » [L'impersonnel, que certains ajoutent, n'est pas un mode mais un verbe à qui le sort a donné des modes mais qui est cependant privé de personnes précises, ce que nous rendons à l'aide d'*homo, hom* ou *l'hom* et un verbe conjugué, comme *curritur, hom ceûrt* <on court> pour plusieurs hommes, pour *homines currunt*.] (1531, p. 113-114 ; trad. C. Demaizière 1998, p. 329).

[Manières du verbe : verbes personnels / impersonnels]

Combien y a-t-il de manières de verbes ? Deux. Lesquelles ? Le verbe personnel, c'est-à-dire, qui s'accordera avec son nominatif en nombre et en personne, comme *je ayme*. Et l'autre manière est appelé verbe impersonnel, parce [326^{v}b] qu'il n'a point de nominatif duquel il prendrait nombre et personne[1].

1 La « manière » est un recours commode utilisé dans le *Donait françois* lorsqu'une catégorie n'est pas formellement traitée comme accident dans la tradition (*cf.* introduction, « Les accidents des parties du discours », p. 43). L'impersonnel est une catégorie très importante dans les premières grammaires françaises, souvent traitée en tête, comme ici, mais aussi chez Palsgrave 1531, Pillot 1561 [1550], Bosquet 1586, Cauchie 1586 (voir Colombat 2006, p. 100). Le latin a deux façons d'exprimer l'impersonnel : par les verbes défectifs de forme active se présentant uniquement à la 3e personne du singulier (type *pluit* « il pleut », *oportet* « il faut »), mais aussi par le passif dit impersonnel, la 3e personne de forme passive pouvant être utilisée pour tous les verbes, intransitifs (*curritur*, « on court ») ou transitifs (*amatur* « on aime », à côté de « il est aimé », vrai passif ; *cf.* le texte de Priscien dans la note de la traduction). Même si le passif impersonnel est sinon impossible en français, du moins difficile à identifier (*cf. infra*), les premiers grammairiens français voient parfaitement la correspondance qu'on peut établir entre lui et la forme *on* sentie (à juste titre) comme issue de *homo* (*cf.* le texte de Sylvius dans la note de la transcription). La difficulté est alors de *nommer* cette forme (*cf.* note suivante).

Et sçachez qu'il y a deux paires de verbes, c'est assçavoir actif et passif. Mais le actif aura devant luy ou[1] aprés un de ces deux seignes *l'en* ou *on*, si come *l'en dit*, *on dit*, ou ainsi *dit l'en*, *dit on*[2]. Et le passif impersonel aura devant luy ou aprés cest seigne *il*, si come *il est dit*, ou ainsi *est il dit*. Aussi cest seigne *il* peut estre actif, si come *Il fait sçavoir que il y a grande joie en paradis*, et ainsi *fait* et *a* sont devant mis pour cest verbe *est*[3]. Et ainsi a l'en trois seignes des verbes impersonelz, c'est a sçavoir *l'en*, *on*, *il*, et deux seignes de toutz maneres de verbes, c'est a sçavoir *en* et *y*. Et aussi un verbe impersonel peut avoir deux seignez a un foiz, l'un que est le sien et l'aultre que est le enforçant, si come en cest exemple : *Ainsi en et a l'en usé*[4].

---

1 « ou » : ajouté au-dessus de la ligne, après « luy ».

2 Martin Morin, *Principia grammaticalia* : « Quant commence l'en son latin a faire par le verbe impersonel ? Quant au commenchement du françois il n'y a point de nom substantif ne de pronom primitif, mais il y a ung verbe d'ou le françois se commence par *l'en* ou *on* ou *il*, si come l'en dit *l'en chante la messe*, *cantatur missam*, *on va a vespres*, *itur ad vesperas*, *il faut estudier*, *oportet studere*. » – « Quantes manieres sont ilz de verbes impersonelz ? Deux. Quelles ? Les ungz sont de la voix active et sont terminéz en *t*, si comme *tedet tedebat*, *penitet penitebat*. Les autres sont de la voix passive et sont terminés en *r*, si comme *amatur amabatur*, *legitur legebatur*. » (p. -/2).

3 L'exemple est sans doute à comprendre ainsi : « il est connu / il est de notoriété publique qu'il y a grande joie en paradis », avec un « il fait » qui correspond à « il fait beau / il fait bon » (même si le verbe *faire* n'y fonctionne pas de la même façon). En soi, *il* n'est ni actif, ni passif, mais il est senti comme l'un ou l'autre selon qu'il est associé à une forme verbale active ou à une forme verbale passive.

4 Swiggers (1985a, p. 238) qualifie de « problématique » cette construction. Nous supposons que *ainsi* fait partie de l'exemple et qu'il faut comprendre : « de cela aussi, l'on en a usé ainsi », phrase dans laquelle *en* est le complément du verbe (*le enforçant*) et *l'en* (= on) son sujet indéfini.

Et sachez qu'il y a deux paires de verbes, à savoir l'actif et le passif. Mais l'actif aura avant ou après lui un des deux signes *l'en* ou *on*, comme *l'en dit*, *on dit*, ou ainsi *dit l'en*, *dit on*. Et le passif impersonnel aura, avant ou après lui, le signe *il*, comme *il est dit*, ou ainsi *est il dit*[1]. Le signe *il* peut être aussi actif, comme *Il fait sçavoir que il y a grande joie en paradis*, et ainsi *fait* et *a* sont utilisés pour ce verbe *est*. Et ainsi l'on a trois signes des verbes impersonnels, à savoir *l'en*, *on*, *il*, et deux signes de toutes les manières de verbes, à savoir *en* et *y*[2]. Et un verbe impersonnel peut avoir aussi deux signes à la fois, l'un qui est le sien et l'autre qui est celui qui le renforce, comme dans cet exemple : *Ainsi en et a l'en usé* [L'on en a usé ainsi aussi].

1 L'analyse de l'impersonnel français dans le *Donait françois* est intéressante : l'auteur, qui, s'il est Anglais, a dans la tête les tournures *one says / it is said*, reconnaît un impersonnel de forme active (introduit par *on*, *l'en*) et un de forme passive : *il est dit* ou *ainsi est-il dit*. Elle est d'autant plus remarquable que beaucoup de grammairiens français du XVIe siècle, transférant (indûment) la description du latin – où elle est tout à fait légitime (voir le texte de Martin Morin dans les notes de la transcription) –, au français, appelleront au contraire « impersonnel de *voix* [forme] passive » la forme avec *on* : par ex. « Impersonale rursum duplex, Actiuae vocis, cuius nota est *Il* [...]. Passiuae vocis verbi impersonalis nota est *On*. » (Pillot 1561 [1550], p. 72), ou encore : « De quantes sortes est l'impersonnel ? | De deux sortes, à sçauoir Actif (lequel a pour note, et indice *Il*) comme *il conuient*. |Et le Passif, ou passioné (quy aussy a sa notte *on*) comme *on chante*. » (Bosquet 1586, p. 68 [72] ; *cf.* Colombat 2007).

2 Le *Donait françois* a dit dans la définition du verbe que *en* et *y* étaient utilisés pour « enforcier la significacion » des verbes.

Et sçachez que quant vous aurez voulu de faire du verbe impersonel, donqe vous prendrez la tierce personne de quelque temps que vous vouldrez et luy adjointrez un de ces trois seignes et doncques il est fait, si come *l'en dit*, *on dit*, *il est dit*, et ainsi des aultres.

[Traitement du verbe dans les dialogues]

Oultre sçachez que quant vous vouldrez <otrier ou> nier[1] ce que un aultre a dit, donc il vous fault escouter que est son verbe, se il soit cest verbe *je suis* ou cest verbe *je ay* ou un aultre, quel que il soit ; car s'il soit cest verbe *je suis*, ou *je ay*, tu respondras par le mesmes verbe. Mais [327^{r}a] s'il soit un aultre verbe, donques tu respondras par cest verbe *je fois*, *tu fois*[2]. Et tousjours tu mettras devant le verbe cest mot *ce* et aprés le verbe cest mot *mon*, si come es cestz exemples : *Le meistre est en la escolle*, tu respondras, ottroiant : *Ce est mon*, ou nient : *Ce n'est mon*. Aussi *Les desciples sont ové le meistre* ; tu respondras : *Ce sont mon* ou *Ce ne sont mon*. Aussi *Le meistre a belcoup d'argent* ; tu respondra : *Ce a mon* ou *Ce ne a mon*. Aussi *Nous avons bonnes regles* ; tu respondras : *Ce avez mon* ou *Ce ne avez mon*. Aussi *Le meistre nous ensaigne bien*, tu respondras : *Ce fait mon* ou *Ce ne fait mon*. Aussi *Mes compaignons apreinnent bien*, tu respondras : *Ce font mon*, ou *Ce ne font mon*, et aussi par toutz les autres verbes.

---

1 Le ms. porte *onier* précédé d'une espace plus grande, peut-être due à un grattage et suggérant un problème à la copie ; *onier* est gardé par Swiggers et par Städtler qui le fait suivre de [?] et qui précise en note que Stengel (1879, p. 32) corrige en *otrier ou nier*, c'est-à-dire « affirmer [*cf.* octroyer] ou nier » ; le texte porte plus bas *ottroiant* « affirmant ».

2 Autrement dit, alors que seuls *être* et *avoir* sont repris dans la réponse par la forme voulue prise dans leur paradigme, les autres verbes y sont neutralisés au profit d'une forme du verbe *faire*. On peut se demander si ces règles ne sont pas dans une certaine mesure conditionnées par l'usage anglais imposant de ne pas répondre par *Yes* ou *No*, mais par des formes pleines : *Yes, I am* / *No, I am not* ; *Yes, I have* / *No, I have not* ; *Yes, I do* / *No, I don't*. Les *Manières de langage* comportent des formules similaires : « La *Manière* de 1399 contient plusieurs calques et des anglicismes sémantiques. La salutation *Sire, coment le faites vous ?* (59.21) reprend la tournure anglaise analogue [...]. Ces marques anglaises montrent que la langue enseignée est essentiellement un français 'd'Angleterre', qui correspond aux besoins d'un public local et ne vise pas que les échanges linguistiques avec le Continent. » (Kristol éd. 1995, p. XXXIX-XL). Mais il est difficile de trancher, l'usage de *faire* comme verbe vicaire (*cf.* Ponchon 1994) étant largement répandu aussi en moyen français. Et R. Ingham (2014) montre que c'est même le français qui a pu influencer l'anglais dans ces constructions.

Et sachez que quand vous voudrez faire un verbe impersonnel, vous prendrez la troisième personne de quelque temps que vous voudrez et vous lui adjoindrez l'un de ces trois signes : et voilà qui est fait, comme *l'en dit*, *on dit*, *il est dit*, et ainsi de suite.

[Traitement du verbe dans les dialogues]

Sachez en outre que quand vous voudrez <affirmer ou> nier ce qu'un autre a dit, alors il vous faut écouter quel est son verbe, qu'il soit le verbe *estre* ou le verbe *avoir*[1] ou un autre, quel qu'il soit ; car s'il est le verbe *estre*, ou *avoir*, tu répondras par le même verbe. Mais [327^{r}a] si c'est un autre verbe, alors tu répondras par le verbe *je fois*, *tu fois* [*faire*]. Et tu mettras toujours devant le verbe le mot *ce* et après le verbe le mot *mon*, comme dans ces exemples : *Le meistre est en la escolle*, tu répondras, en affirmant [*ottroiant*] : *Ce est mon*[2] [*Oui*], ou en niant : *Ce n'est mon* [*Non*]. De même *Les desciples sont ové le meistre* [Les disciples sont avec le maître] ; tu répondras : *Ce sont mon* [*Oui*] ou *Ce ne sont mon* [*Non*]. De même *Le meistre a belcoup* [beaucoup] *d'argent* ; tu répondras : *Ce a mon* [*Oui*] ou *Ce ne a mon* [*Non*]. De même *Nous avons bonnes regles* ; tu répondras : *Ce avez mon* [*Oui*] ou *Ce ne avez mon* [*Non*]. De même *Le meistre nous ensaigne bien*, tu répondras : *Ce fait mon* [*Oui*] ou *Ce ne fait mon* [*Non*]. De même *Mes compaignons apreinnent bien*, tu répondras : *Ce font mon* [*Oui*], ou *Ce ne font mon* [*Non*], et de même pour tous les autres verbes.

---

1 Conformément à l'habitude des grammairiens latins, les verbes sont cités, non à l'infinitif (que nous rétablissons, selon l'usage actuel), mais à la 1re personne de l'indicatif présent.

2 C. Marchello-Nizia 1997, p. 318 : « *Mon* se rencontre dans une réponse en discours direct immédiatement après les verbes *faire*, *estre* et *avoir* reprenant un autre verbe précédemment énoncé ; si *ce fait mon* ne dépasse pas le XVIe siècle, *c'est mon* ("certes !") est encore attesté en 1672, mais appartient au style "bas". » Le *Donait françois* comporte 15 occurrences de cet emploi de *mon*, dont 12 dans des paires affirmation / négation, et 3 associées à *ne*, donc dans un contexte négatif. La *Manière* de 1396 comporte : « Cen fait mon. *Ou si* : Ce fait mon. » (Kristol éd. 1995, p. 17.27). Palsgrave classe *mon* dans les adverbes affirmatifs : « Some betoken affirmation, and serve to affirme a thynge or saye *ye* [*yes*] to a question, as *ouy*, ye, *uóyre* [*voire*], ye, *cest mon*, it is in dede [indeed], *ce fait mon*, it dothe in dede » (1852 [1530], p. 146). De même R. Estienne : « Il y en a vng qui en respondant afferme, qui est, *Cest mon*, pour *C'est moult* : comme qui diroit en Latin, est multum » (1557, p. 79). Cauchie note les graphies *mon*, *mont* « pro *mout* Latine maximè », mais dit qu'il pourrait être tiré du grec μέν « quod certè et quidem significat » (1586 [1570], f. 79^{v}). Périon (1555, f. 146^{v}) le fait remonter à μῶν ou à μέν. En fait, *mon* vient certainement du latin *monde* [*munde*] « nettement » (Buridant 2000, § 424, p. 425). La difficulté de son usage vient de ce que, à la différence des adverbes *oui* et *non*, il impose des variations du verbe, mais les jeunes Anglais étaient habitués à une gymnastique similaire dans leur propre langue.

Derechief, quant vous estez esbaÿ ou en doute de ce que aultre a dit, donques vous luy demandrez par un de ces trois verbes : *je suis* ou *je ay* ou *je fois*[1], si come es cestz exemples : *Le meistre est courous*, tu respondras ainsi demandant : *Est ?* Aussi *Le meistre a bonne cause d'estre marry*, tu respondras : *A ?* Aussi *Le meistre par courous bat fort ses disciples*, tu respondras : *Fait ?* Et se tu auras voulu de le nyer, donques tu respondras : *Ce n'est mon*, *Ce ne a mon*, *Ce ne fait mon*, come devant, ou ainsi : *Non est*, *Non a*, *Non fait*, lequel que tu vouldras. Oultre sçachez que <pour> cest verbe *je ay* est volentiers mis [pour][2] cest verbe *je suys*, si come ainsi : *Quantez lieues est il de Londres jusques a Paris ?*

[Substitutions possibles]

Aussi la troisiesme personne singuler de cest verbe *je suys* est volentiers mys pour la troisiesme [327rb] personne pulier, si come *Quantez heures est il ?* pour *Quantez heures sont ils ?* Aussi la troisiesme personne singuler de cest verbe *je suis* ou la seconde personne pulier de cest verbe *je fois* est volentiers mise en demandant pour la seconde personne pulier de cest verbe *je vaulx*, si come *Coment vous est il*[3] *?* ou *Coment le faitez vous ?* pour *Coment valez vous*[4] *?* Oultre sçachez que quant cest mot *entre* est adjoint au un verbe, doncques cel verbe signifie diverses personnes faisantez a eulx mesmes, si come *Nous nous entreymons*, c'est a dire que chescun de nous ayme l'un l'autre[5].

---

1 C'est-à-dire *être*, *avoir*, *faire*, correspondant à l'usage beaucoup plus systématique en anglais de *to be*, *to have*, *to do*.

2 Suivant la proposition d'A. Grondeux, nous déplaçons le *pour*, ce qui rend l'exemple compréhensible et le texte cohérent avec la suite qui traite de l'usage de *est-il* à la place de la forme attendue.

3 *Cf.* Palsgrave : « Howe do you : *Comment vous est il* or *comment va il*, be vsed as imparsonals, as *il nous estoyt bien*, *il nous alloyt mal*, etc. » (1852 [1530], p. 524) – « Howe is it with you : *Comment vous est il*, *comment va il*, or *comment va*, or *comment est il*. » (*ibid.*, p. 595)

4 L'emploi de *valoir* (<lat. *ualere* « se (bien/mal) porter ») au sens de « aller (bien/mal) » (*je vais* <lat. *vado*) est attesté dès le XIIe siècle. Le passage s'est certainement fait par la première personne du singulier (*je vaux* / *je vais*).

5 L'auteur a déjà utilisé *entreaymer* (à propos de l'usage du « pronom receproc » *se*) et *entrehaïr* dans ses exemples ; il y a également dans le Prologue « s'entrescrivent » et « entrecomuner », ce qui correspond à l'extrême productivité du préfixe *(s')entre-* en moyen français.

Derechef, quand vous êtes étonné ou dans le doute de ce qu'un autre a dit, alors vous l'interrogerez par l'un des trois verbes : *estre* ou *avoir* ou *faire*, comme dans ces exemples : *Le meistre est courous*, tu répondras ainsi demandant : *Est ?* De même *Le meistre a bonne cause d'estre marry*, tu répondras : *A ?* De même *Le meistre par courous bat fort ses disciples*, tu répondras : *Fait ?* Et si tu veux le nier, alors tu répondras : *Ce n'est mon*, *Ce ne a mon*, *Ce ne fait mon*, comme ci-dessus, ou ainsi : *Non est*, *Non a*, *Non fait*, n'importe lequel que tu voudras. Sachez en outre qu'à la place du verbe *avoir* on utilise volontiers le verbe *estre*, comme : *Combien de lieues est il de Londres jusques a Paris ?*[1]

[Substitutions possibles]

La troisième personne du singulier du verbe *estre* est aussi volontiers mise pour la troisième [327^{r}b] personne du pluriel, comme *Quantez heures est il ?* [quelle heure est-il ?] pour *Quantez heures sont ils*[2] *?* La troisième personne du singulier du verbe *estre* ou la seconde personne du pluriel du verbe *faire* est aussi volontiers utilisée dans les demandes pour la seconde personne du pluriel du verbe *valoir* [aller], comme *Comment vous est il ?* ou *Comment le faitez vous ?* pour *Comment valez vous ?* [Comment allez-vous ?] Sachez en outre que, quand le mot *entre* est adjoint à un verbe, alors ce verbe désigne diverses personnes agissant sur elles-mêmes, comme *Nous nous entreymons*, c'est-à-dire que chacun d'entre nous, nous nous aimons l'un l'autre.

---

1 Curieusement, l'auteur fait l'ellipse de la formule qui en résulterait et que serait : *Combien de lieues (y) a il* [y a-t-il] *de Londres jusques a Paris ?* (en anglais : *How many leagues is it / are there from London to Paris ?*).

2 La remarque se trouve encore dans la *Grammaire générale et raisonnée* de Port-Royal (1676 [1660], p. 158-159) qui y voit une syllepse : « Celle [la figure] qui s'accorde plus avec nos pensées qu'avec les mots du discours s'appelle SYLLEPSE ou *Conception* ; comme quand je dis ; *il est six heures*. Car selon les mots il faudroit dire *elles sont six heures*. » *Cf.* aussi Irson (1662, p. 86) : « On prend aussi bien souvent un Nombre ou un Genre pour un autre. Exemple [...] *Il est dix heures*. » Certains grammairiens insistent sur le fait qu'on utilise le nombre cardinal, et non le numéral : Chiflet (1659, p. 22) : « Parlant des heures, on dit, *Il est une heure, Il est deux heures* etc. et non pas, *la premiere heure* etc. » La Touche 1730 [1696], p. 244 : « En comptant les heures, nous disons, *Il est une heure, deux heures, trois heures*, etc. au lieu de dire, *il est la prémiére heure, il est la seconde heure, il est la troisième heure*, etc. » La tournure est également présentée comme un gallicisme dans les grammaires françaises à l'usage des Anglais.

[Modes et temps]

Maintenant come il est dit en chapitre des accidens, il fault sçavoir qu'il y a cinq meufs des verbes.

Maintenant il fault sçavoir que en toutz verbes françois il y a huyt temps et chescun de eulx n'est qu'un seul mot decliné, c'est a sçavoir le present, le pretert inparfait, le pretert parfait, le future de l'indicatif, et toutz lez trois temps de l'optatif, et le present de l'infinitif. Ces sont les huyt, mais toutz les aultre temps, en quelque meuf que ils soient trouvez, sont fais des deux ou des trois mots ensemble declinez, c'est a sçavoir ou de cest verbe *je ay*, ou de cest verbe *je suis*, et du participre pretert de mesmes le verbe, si come on dira cy avant. Mais primierement il fait bon aprendre a decliner ces deux verbes *je ay* et *je suys*.

Le epiloge[1], c'est a dire le brief reacenter[2] ou decliner de cestuy, est cest : *je ay, je avoie, je eu, je aurey, je auroie, je eusse, je aye, avoir, ayant, eu.*

1 Städtler (*Glossar*, 1988, p. 205) glose *epilogue* par « résumé de ce qui a été dit dans un texte ou dans un discours ». Swiggers (1985b, p. 415) a proposé de voir dans *epilogue* « un terme technique employé pour désigner le paradigme verbal » : « paradigme, inventaire, répertoire (systématique) de formes grammaticales », mais l'éditeur de la revue, Kurt Baldinger (*ibid.*, p. 416), estime qu'on peut y voir le sens traditionnel de « dernière partie, conclusion ». Du fait que ce paradigme est suivi de remarques sur la prononciation de formes verbales, remarques qui auraient pu trouver place dans la première partie de la grammaire, il ne faut pas prende *epilogue* au sens de conclusion générale de l'opuscule.

2 Städtler (*Glossar*, 1988, p. 275), repris par le *DMF*, propose pour *reacenter* : « répéter (une énumération) ». Swiggers (1985b, p. 415) glose : « Dans la forme *reacenter* on pourrait voir une composition *re* + *acenter* (*cf.* latin médiéval *accentuare*, formé sur le substantif latin *accentum*), au sens de "accentuer de nouveau, insister (en guise de récapitulation)". Le maintien de la voyelle du morphème *re* devant la voyelle *a* indique une formation latinisante. »

[Modes et temps]

Maintenant, comme il a été dit au chapitre des accidents, il faut savoir qu'il y a cinq modes des verbes[1].

Maintenant il faut savoir que, dans tout verbe français, il y a huit temps et chacun d'eux n'est qu'un seul mot conjugué, à savoir le présent, le prétérit imparfait, le prétérit parfait, le futur de l'indicatif, les trois temps de l'optatif, et le présent de l'infinitif[2]. Tels sont les huit temps : tous les autres temps, en quelque mode qu'on les trouve, sont faits de deux ou de trois mots conjugués ensemble, à savoir ou du verbe *avoir*, ou du verbe *estre*, et du participe prétérit du même verbe, comme on le dira ci-dessous[3]. Mais premièrement il est bon d'apprendre à décliner les deux verbes *avoir* et *estre*[4].

L'épilogue, c'est-à-dire le bref résumé ou la conjugaison du verbe [*avoir*] est le suivant : *je ay, je avoie, je eu, je avrey, je avroie, je eusse, je aye, avoir, ayant, eu*[5].

---

1 *Cf. supra*, f. 324^{v}a.

2 Plus haut l'auteur donnait trois temps, le passé étant divisible en trois, ce qui en faisait cinq (dont le plus-que-parfait pour l'indicatif). Ici la perspective est différente : le classement combine modes et temps et les temps formés par périphrase sont comptés à part. De même, on peut supposer que seul l'optatif est donné, car les formes du subjonctif se confondent avec celles d'indicatif et d'optatif.

3 Cette remarque montre clairement que le manuscrit est incomplet.

4 Le *Donait françois* ne donne que le paradigme de *avoir*.

5 C'est-à-dire, si l'on admet que ce paradigme illustre exactement ce qui a été dit au paragraphe précédent : *je ay* indicatif présent ; *je avoie* ind. imparfait ; *je eu* ind. prétérit (passé simple), *je avrey*, ind. futur ; *je avroye* optatif présent, *je eusse* optatif passé [?] ; *je aye* optatif futur (*cf.* f. [324^{v}b]) ; *avoir* infinitif ; *ayant* participe présent, *eu* participe passé. *Cf.* l'ex. *supra* : *quant je ayme, tu serras amé.* La flexion (simplifiée) de *avoir* a déjà été donnée comme exemple de « déclinaison » au début du développement sur les parties du discours. Voir aussi le tableau du verbe *aimer* dans l'introduction, p. 50. – La flexion donnée semble être très proche graphiquement de celle qui sera encore en vigueur 150 ans plus tard chez Pillot et différer sensiblement de celle que propose Loodwood pour le *Norman French* (1975, p. 228) :

DF :	*ay*	*avoie*	*eu*	*avrey*	*avroie*	*eusse*	*aye*	*avoir*	*ayant*	*eu*
NF :	*ai*	*avoue*	*oi*	*avrai*	*avreie*	*oüsse*	*aie*	*aveir*	*avanz*	*oü*
Pillot :	*ay*	*auois*	*eu*	*auray*	*aurois*	*eusse*	*aye*	*auoir*	*ayant*	*eu*

Mais, comme me le fait remarquer A. Kristol, la graphie est trompeuse : si l'on prend conscience que *avroie* est prononcé [avrɛ] et *avoir* [avɛr], on perçoit mieux la proximité du *Donait françois* avec l'anglo-normand du XXe siècle.

Oultre sçachez que le [327^{v}a] future de l'indicatif et le present de l'optatif en belcoup des verbes françois peuent estre sincopés, c'est à dire coupés en la moienne selabre, si come *je arey* pour *aurey*, *je aroie* pour *auroie* ; et c'est la plus belle language de ainsi couper que de parler tout entier.

Oultre sçachez que quant il y a *n* et *s*, et aprés *o* en la primiere personne pulier, doncques cel *s* ne serra pas sonné, si come *nous avons*[1], et ainsi des aultres.

Aussi sçachez que quant *n* est entre *e* et *t* en la tierce personne pulier, doncques cel *n* ne serra pas sonné, et cel *e* serra sonné soubtilement come il fust un *i*, si come es ces mots : *enurent*, *furent*.

1 Prononcé [avɔ̃n].

Sachez en outre que le [327ᵛa] futur de l'indicatif et le présent de l'optatif[1], dans beaucoup de verbes français, peuvent être syncopés, c'est-à-dire coupés en la syllabe intermédiaire, comme *je arey* pour *avrey*, *je aroie* pour *avroie* ; et c'est une plus belle langue, de couper ainsi, plutôt que de tout dire[2].

Sachez en outre que, quand il y a *n* et *s*, et après *o* à la première personne du pluriel, alors ce *s* ne sera pas prononcé, comme *nous avons*, et ainsi des autres.

Sachez aussi que quand *n* est entre *e* et *t* à la troisième personne du pluriel, alors ce *n* ne sera pas prononcé, et le *e* sera prononcé faiblement comme s'il était un *i*, comme dans ces mots : *enurent* [honorent], *furent*[3].

---

1 C'est-à-dire la forme en *-roie* (*-rais*), quand elle apparaît dans un contexte de souhait (lat. *utinam* + subjonctif).

2 Meigret : « *Avoer* et *savoer* tournent *voer* en *rey, ras, ra :* et peuvent ajouter à l'*a* précédent un *o* pour faire diphtongue, de sorte que nous disons *j'arey* et *j'aorey*, *je sarey* et *saorey*. » (1980 [1550], p. 93). De même, on peut dire à l'optatif, *j'aroe eymé* aussi bien que *j'aoroe eymé* (*ibid.*, p. 95), et au futur : *nous arons*, *il' aront* (*ibid.*, p. 104). R. Estienne observe que, au lieu de *j'Auroye*, « Aucuns escriuent, *i'Aroye*, *tu Arois*, etc. » (1557, p. 38).

3 Ce qui laisse supposer une prononciation [enyri], [fyri], en fait plutôt [enyrə], [fyrə], si le *i* est bien la marque du schwa, comme on l'a supposé *supra* dans le *-i* final de *rieulis* (f. 322ᵛb.12). Le verbe *enorer* (= *onorer*) est courant en ancien français, et la forme anglo-normande avec *u* normale (*cf.* AND s.v. *honurer*).

BIBLIOGRAPHIE

ÉDITIONS DU *DONAIT FRANÇOIS*

ca. 1400-1409 : manuscrit 182 de la Codrington Library (All Souls College, Oxford), f. 322ʳb-327ᵛa (anciennement : f. 316ʳb-321ᵛa).

1879 : *in* Edmund STENGEL, Edmund, « Die ältesten Anleitungsschriften zur Erlernung der französischen Sprache », *Zeitschrift für neufranzözische Sprache und Litteratur*, 1, 1879, p. 1-40 [*Donait françois* : p. 25-33].

1985 : *in* Pierre SWIGGERS, Pierre, « Le *Donait françois* : la plus ancienne grammaire du français. Édition avec introduction », *Revue des langues romanes*, 89/2, p. 235-251 [*Donait françois* : p. 240-251].

1988 : in Thomas STÄDTLER, *Zu den Anfängen der französischen Grammatiksprache. Textausgaben und Wortschatzstudien*, Tübingen, Niemeyer [*Donait françois* : p. 128-137].

SOURCES PRIMAIRES

ARNAULD, Antoine, LANCELOT, Claude (1676 [1660]) *Grammaire générale et raisonnée*, 3ᵉ éd., Paris, P. le Petit.

BARCLAY, Alexander (1521) *Here begynneth the introductory to wryte and to pronounce Frenche*, Londres, Robert Coplande. Disponible sur Early English Books Online 1501-1660 (EEBO).

BELLOT, Jacques (1588) *The French Method*, Londres, Robert Robinson. Trad. et éd. Baddeley, Susan, Paris, Éditions Classiques Garnier, 2010.

BOSQUET, Jean (1586) *Elemens ou Institutions de la langue françoise*, Mons, Charles Michel. Éd. Demaizière, Colette, Paris, Champion, 2005.

CAUCHIE, Antoine [Caucius, Antonius] (1586) *Grammaticae Gallicae libri tres*,

Argentinae [Strasbourg], Bernhardus Iobinus. Trad. et éd. Demaizière, Colette, Paris, Champion, 2001.

CHIFLET, R. P. Laurent (1659) *Essay d'une parfaite Grammaire de la langue françoise*, Anvers, Jacques van Meurs.

DE LA MOTHE, Giles ou Georges (1647 [1592]) *The French Alphabet*, Londres, A. Miller.

DESPAUTÈRE [Despauterius / De Spauter], Jean (1537) *Commentarii Grammatici : Rudimenta, Prima Pars, Syntaxis, Ars Versificatoria, De accentibus, De carminum generibus, De figuris, Ars epistolica, Orthographia*, Paris, Robert Estienne.

DONAT [Aelius Donatus] (1981 <ca 350>) *Ars Donati grammatici urbis Romae*, éd. par L. Holtz, *Donat et la tradition de l'enseignement grammatical* [...], p. 585-674.

[DONAT] (1585 [1545]) *Aelii Donati de octo partibus orationis libellus, in dialogi formam Latinam et Gallicam redactus*, Paris, Robert Estienne II.

[DONAT], *Quantes parties d'oroison sont ?* Paris, Bibliothèque Mazarine, ms. 3794, f. 41rb-52rb. Éd. Colombo-Timelli, Maria, *Traduction françaises de* l'Ars minor *de Donat au Moyen Âge*, version M2, Florence, La Nuova Italia, 1996, p. 164-179.

DUBOIS, Jacques. Voir *Sylvius*.

ESTIENNE, Robert (1557) *Traicté de la grammaire françoise*, [Genève], L'Olivier de Rob. Estienne. Éd. Demaizière, Colette, Paris, Champion, 2003.

GARNIER, Jean (1558) *Institutio Gallicae Linguae, In usum iuuentutis germanicae*, Genève, Jean Crispin. Trad. et éd. Cullière, Alain, Paris, Champion, 2006.

GUARINO VERONESE (ca 1418) *Grammaticales regulae*, working edition, W. Keith Percival.

HENRI D'ANDELI (2003 <entre 1223 et 1237>) *La Bataille des sept arts*, in *Les dits d'Henri d'Andeli*, éd. et trad. par Alain Corbellari, Paris, Champion (Les classiques français du Moyen Âge, 146, p. 59-72 ; Traduction des classiques du Moyen Âge, 66, p. 63-74).

IRSON, Claude (1656) *Nouvelle methode pour apprendre facilement les principes et la pureté de la langue française*, Paris, l'auteur.

LA TOUCHE, Pierre DE (1730⁴ [1696]) *L'art de bien parler françois, qui comprend tout ce qui regarde la grammaire, & les façons de parler douteuses*, Amsterdam, Wetsteins & Smith.

LINACRE, Thomas (1524) *De emendata structura Latini sermonis libri sex*, Londres, R. Pynson [Reprint *English Linguistics (1500-1800)* 83, Menston (England), Scolar Press, 1968].

MAUPAS, Charles (1618 [1607]) *Grammaire et syntaxe françoise*, Orléans, Olivier Boynard et Jean Nyon.

MEIGRET, Louis (1550) *Le trȩtté de la grammȩre françoȩze*, Paris, Chrestien Wechel. Voir Hausmann, Franz Josef éd. (1980).

Morin Martin (s. d. [ca 1498]) *Principia grammaticalia*, Rouen, Martin Morin. Éd. Colombo Timelli, Maria, 2004.

Nebrija [Lebrija / Lebrixa], Elio Antonio [Nebrissensis, Aelius Antonius] (1510 [1481]) *Introductiones in Latinam grammaticén cum longioribus glossematis*, Logroño, Arnao Guillén de Brocar.

Palsgrave, John (1530) *Lesclarcissement de la langue françoyse*, London, Johann Haukyns [Reprint : Genève, Slatkine, 1972]. Éd. Génin, François, Paris, Imprimerie nationale (Collection de documents inédits de l'histoire de France), 1852. Trad. et éd. Baddeley, Susan, Paris, Champion, 2005.

Peletier du Mans, Jacques (1550) *Dialogę de l'Ortografę e Prononciacion Françoęsę, dęparti en deus Liurę s*, Lyon, Jean de Tournes.

Périon, Joachim (1555) *Dialogorum de linguae Gallicae origine, eiusque cum Graeca cognatione, libri quatuor*, Paris, Sébastien Nivelle. Trad. et éd. Demerson, Geneviève et Jacquetin, Alberte, Paris, Champion, 2003.

Pierre Hélie (1993 [ca 1140]) *Summa super Priscianum*, éd. Leo Reilly, 2 vol., Toronto, Pontifical Institute of Medieval Studies.

Pillot, Jean (1561 [1550]) *Gallicae linguae institutio* [*Institution de la langue française*], Paris, Étienne Grouleau. Trad. et éd. Colombat, Bernard, Paris, Champion, 2003.

Priscien [Priscianus Caesariensis] (1855-1859 <ca 526-527>) *Institutionum grammaticarum libri XVIII*, éd. par Martin Hertz, *in* H. Keil dir. *Grammatici Latini*, vol. 2 (en entier) et 3 (p. 1-377), Leipzig, Teubner [reprod. Hildesheim, Olms, 1961].

Ramus, Petrus (1562) *Gramerę*, Paris, André Wechel [Genève, Slatkine Reprints, 1972].

Ramus, Petrus (1572) *Grammaire*, Paris, André Wechel. Éd. Demaizière, Colette, Paris, Champion, 2001.

Sainliens, Claude de [dit Holyband] (1580) *De Pronunciatione linguae Gallicae*, Londres, Thomas Vautrollerius [Genève, Slatkine Reprints, 1973].

Sanctius [Sánchez de las Brozas], Franciscus (1587) *Minerua : seu de causis linguae Latinae*, Salmanticae [Salamanca], J. & A. Renaut [Reprod. avec une introd. par M. Breva-Claramonte, Grammatica Universalis, 16, 1986, Stuttgart-Bad Cannstatt, Frommann-Holzboog].

Scaliger, Jules-César (1540) *De causis linguae Latinae libri tredecim*, Lyon, S. Gryphius.

Serreius, Jo(h)annes (1623) *Grammatica Gallicae nova*, Strasbourg, L. Zezner. Trad. et éd. Jacquetin-Gaudet, Alberte, Paris, Champion, 2005.

Servius (1864 <ve s.>) *In Donati artem maiorem*, éd. par T. Mommsen, *in* H. Keil dir. *Grammatici Latini*, vol. 4, Leipzig, Teubner, p. 421-448 [reprod. Hildesheim, Olms, 1961]

Sylvius, Iacobus — Ambianus [Dubois, Jacques] (1531) *Isagωge* et *Grammatica Latino-Gallica*. Trad. et éd. Demaizière, Colette, Paris, Champion, 1998.

RESSOURCES EN LIGNE (DICTIONNAIRES ET GRAMMAIRES)

Corpus grammaticorum Latinorum, Alessandro Garcea et Valeria Lomento ed., à l'adresse : http://htl2.linguist.jussieu.fr:8080/CGL/

Dictionnaire étymologique de l'ancien français [*DEAF*], à l'adresse : http://www.deaf-page.de/fr/index.htm.

Dictionnaire du moyen français [*DMF*], sur le site de l'ATILF (Analyse et traitement informatique de la langue française), à l'adresse : http://www.atilf.fr/dmf.

GODEFROY, Frédéric (1881-1902) *Dictionnaire de l'ancienne langue française et de tous ses dialectes du 9e au 15e siècle*, Paris, Classiques Garnier Numérique.

Grand Corpus des grammaires françaises, des remarques et des traités sur la langue (XIVe-XVIIe siècles), Bernard Colombat, Jean-Marie Fournier, Wendy Ayres-Bennett dir., Paris, Classiques Garnier Numérique.

HUGUET, Edmond (1925-1967) *Dictionnaire de la langue française du XVIe siècle*, Paris, Classiques Garnier Numérique.

LA CURNE DE SAINTE-PALAYE, Jean-Baptiste DE (1875-1882) *Dictionnaire historique de l'ancien langage français depuis son origine jusqu'au siècle de Louis XIV*, Paris, Classiques Garnier Numérique.

The Anglo-Norman Dictionary [*AND*], à l'adresse : http://www.anglo-norman.net.

Trésor de la langue française informatisé [*TLFi*], sur le site de l'ATILF, à l'adresse : http://atilf.atilf.fr/.

BIBLIOGRAPHIE SECONDAIRE

ARS GRAMMATICA (Groupe) éd. (2010) *Priscien, Grammaire, livre XVII, Syntaxe 1*, texte latin, traduction introduite et annotée, Paris, Vrin (Histoire des doctrines de l'antiquité classique, 41).

AUROUX, Sylvain (1994) *La Révolution technologique de la grammatisation*, Liège, Mardaga.

BAKER, John Hamilton (1990²) *Manual of Law French*, Aldershot (GB), Scolar Press.

BARATIN, Marc (1989) *La naissance de la syntaxe à Rome*, Paris, Éd. de Minuit.

BOUARD, Bérengère (2012) « Verbe pronominal et voix pronominale dans les grammaires françaises des XVIIIe et XIXe siècles », *in* Bernard Colombat, Jean-Marie Fournier, Valérie Raby dir., *Vers une histoire générale de la grammaire française. Matériaux et perspectives*, Paris, Champion, p. 733-757.

BRAND, Paul (2000) « The Languages of the Law in Later Medieval England », *in* D. A. Trotter ed., *Multilingualism in later medieval Britain*, Cambridge, D. S. Brewer, p. 63-76.

BURIDANT, Claude (2000) *Grammaire nouvelle de l'ancien français*, Paris, SEDES.

CERQUIGLINI, Bernard (1995) *L'Accent du souvenir*, Paris, Éd. de Minuit.

CERQUIGLINI, Bernard (2004) *La Genèse de l'orthographe française (XIIe-XVIIe s.)*, Paris, Champion.

CHARLET, Jean-Louis (1991) « Préoccupations pédagogiques dans les *Rudimenta grammatices* de Niccolò Perotti », *L'educazione e la formazione intellettuale nell'età dell'Umanesimo*, Milan, Mentis itinerarium, p. 205-215.

CHAURAND, Jacques *et al.* (1999) *Nouvelle histoire de la langue française*, Paris, Éd. du Seuil.

CHEVALIER, Jean-Claude (1994) *Histoire de la grammaire française*, Paris, PUF (Que sais-je ? n° 2904).

CHEVALIER, Jean-Claude (2006² [1968]) *Histoire de la syntaxe : Naissance de la notion de complément dans la grammaire française (1530-1750)*, Paris, Champion [Genève, Droz].

CLERICO, Geneviève (1995a) *Analyses phoniques et prosodiques au XVIe siècle : origine et préhistoire d'une discipline*, thèse pour le doctorat d'État, Université Paris 8.

CLERICO, Geneviève (1995b) « Le nom des lettres. Les enjeux d'un débat au XVIe siècle », *Mélanges d'histoire de la langue française, de dialectique et d'onomastique offerts au Professeur Jacques Chaurand, Parlure*, 7-8-9-10, Institut Charles Bruneau, p. 55-70.

COLOMBAT, Bernard (1999) *La grammaire latine en France à la Renaissance et à l'Âge classique : théories et pédagogie*, Grenoble, Ellug.

COLOMBAT, Bernard (2003) « La *Gallicae Linguae institutio* de Jean Pillot : Comment adapter le cadre grammatical latin à la description du français », *in* Gérard Defaux dir., *Lyon et l'illustration de la langue française à la Renaissance*, Lyon, ENS Éditions, p. 77-107.

COLOMBAT, Bernard (2006) « Les "accidents" du verbe, les *genera verborum* et le subjonctif dans les premières grammaires françaises », *in* Jean-Claude Colbus & Brigitte Hébert dir., *Les Outils de la Connaissance. Enseignement et Formation intellectuelle en Europe entre 1453 et 1715*, Saint-Étienne, Publications de l'Université de Saint-Étienne, p. 95-116.

COLOMBAT, Bernard (2007) « Some Problems in Transferring the Latin Model to First French Grammars : Verbal voice, impersonal verbs and the *-rais* form », *in* Eduardo Guimarães & Diana Luz Pessoa de Barros ed., *History of Linguistics 2002. Selected Papers from the Ninth International Conference on the History of the Language Sciences (ICHoLS IX), 27-30 August 2002, São Paulo-Campinas*, Amsterdam-Philadelphia, Benjamins (SiHoLS 110), p. 3-16.

COLOMBAT, Bernard, (2013) « Le *Donait françois* est-il un vrai Donat ? », *in* Sybille Große, Anja Hennemann, Kathleen Plötner, Stefanie Wagner ed., *Angewandte Linguistik. Linguistique appliquée. Zwischen Theorien, Konzepten und der Beschreibung sprachlicher Äußerungen. Entre théories, concepts et la description des expressions linguistiques* [Hommage à Gerda Haßler], Francfort-sur-le-Main, Peter Lang, p. 31-46.

COLOMBAT, Bernard (2014) « La contribution des bases de données spécialisées à la recherche en histoire des théories linguistiques : deux exemples », *in* Sylvie Archaimbault, Jean-Marie Fournier, Valérie Raby éd., *Penser l'histoire des savoirs linguistiques, Hommage à Sylvain Auroux*, Lyon, ENS Éditions (coll. Langages), p. 207-218.

COLOMBO TIMELLI, Maria (1990) « La traduction-remaniement de l'*Ars minor* de Donat du manuscrit B. N. n. a. f. 4690, Introduction et édition », *Archives et Documents de la Société d'Histoire et d'Épistémologie des Sciences du Langage*, seconde série, 4, p. 1-26.

COLOMBO TIMELLI, Maria (1992) « Une version française imprimée de l'*Ars minor* de Donat (incunable de la Bibliothèque de l'Université d'Utrecht), Introduction et édition », *Archives et Documents de la Société d'Histoire et d'Épistémologie des Sciences du Langage*, seconde série, 7, p. 93-106.

COLOMBO TIMELLI, Maria (1996) *Traductions françaises de l'Ars minor de Donat au Moyen Age (XIIIe-XVe siècles)*, Florence, La Nuova Italia.

COLOMBO TIMELLI, Maria (1996-1997) « Le lexique français de la grammaire et de la syntaxe : créations du XIIIe au XVe siècle », *Le Moyen Français*, 39-40-41, p. 151-172.

COLOMBO TIMELLI, Maria (1997) « Manuels français de syntaxe latine du XVe siècle », *Histoire Épistémologie Langage*, 19/2, p. 133-153.

COLOMBO TIMELLI, Maria (2001) « La terminologie française de la syntaxe dans quelques manuels du XVe siècle », *in* Bernard Colombat et Marie Savelli dir., *Métalangage et terminologie linguistique*, Leuven, Peeters, p. 359-377.

COLOMBO TIMELLI, Maria (2003) « Les *Principes en françoys* (Anthoine Denidel, Paris, ca. 1499). Introduction et édition », *in* Enrica Gallazi et Giuseppe Bernardelli ed., *Lingua, cultura e testo. Miscellanea di studi francesi in onore di Sergio Cigada*, Milan, Vita e Pensiero, vol. I, p. 263-274.

COLOMBO TIMELLI, Maria (2004) « Les *Principia grammaticalia* de Martin Morin, Rouen, s.d. [1498. Introduction et édition », *in* Maria Colombo Timelli et Claudio Galderisi éd., *"Pour acquerir honneur et pris". Mélanges de Moyen Français offerts à Giuseppe Di Stefano*, Montréal, CERES, p. 209-224.

COLOMBO TIMELLI, Maria (2008) « Un petit traité de syntaxe latine en français : le manuscrit London, B.L., Add. 10352 (XVe siècle) », *Le Moyen Français*, 62, p. 27-49.

COLOMBO TIMELLI, Maria (2012) « Ruptures ou continuité ? La grammaire de matrice donatienne au siècle de la Renaissance », *in* Bernard Colombat, Jean-Marie Fournier, Valérie Raby dir., *Vers une histoire générale de la grammaire française. Matériaux et perspectives*, Paris, Champion, p. 97-114.

CRÉPIN, André (2004) « Quand les Anglais parlaient français », *Comptes rendus des séances de l'Académie des Inscriptions et Belles Lettres*, 148/4, p. 1569-1588.

DANIEL, Pascaline (2013) *Les règles de graphie et phonie du* Donait françois, mémoire de M2, Université Paris Diderot.

DEMAROLLE, Pierre (1980) « Pronom relatif ? Contribution à l'histoire de la terminologie et des concepts grammaticaux », *Verbum*, 3/1, p. 93-113.

DESBORDES, Françoise (1990) *Idées romaines sur l'écriture*, Lille, Presses de l'université de Lille.

DESBORDES, Françoise (2007) « L'impersonnel d'après les textes théoriques de l'Antiquité », *in* Ead., *Idées grecques et romaines sur le langage, Travaux d'histoire et d'épistémologie*, Lyon, ENS Éditions, p. 251-258.

FOURNIER, Jean-Marie (2007) « La *généralité* dans les théories du son à l'âge classique », *Histoire Épistémologie Langage*, 29/1, p. 85-103.

FOURNIER, Nathalie (1998a) *Grammaire du français classique*, Paris, Belin.

FOURNIER, Nathalie (1998b) « Anonyme, Donait françois », in B. Colombat dir., *Corpus représentatif des grammaires et des traditions linguistiques*, vol. 1, *Histoire Épistémologie Langage*, hors série, 2, p. 115-116 (notice 2103).

GESSLER, Jean (1934) *La manière de langage qui enseigne à bien parler et écrire le français. Modèles de conversations composés en Angleterre à la fin du XIVe siècle*, Nouvelle édition avec Introduction et Glossaire, Paris /Bruxelles.

GODEFROY, Frédéric (1881-1902) *Dictionnaire de l'ancienne langue française et de tous ses dialectes du IXe au XVe siècle*, 10 volumes, Paris, F. Vieweg. En ligne sur le site Classiques Garnier Numérique.

HAUSMANN, Franz Josef éd. (1980) *Meigret, Louis, Le Traité de la Grammaire française (1550). Le Menteur de Lucien. Aux lecteurs (1548)*, Tübingen, Gunter Narr.

HEINIMANN, Siegfried (1963) « Zur Geschichte der grammatischen Terminologie im Mittelalter », *Zeitschrift für romanische Philologie*, 79, p. 23-37.

HEINIMANN, Siegfried (1966) « L'*Ars minor* de Donat traduit en ancien français », *Cahiers Ferdinand de Saussure*, 23, p. 49-59.

HOLTZ, Louis (1981) *Donat et la tradition de l'enseignement grammatical, Étude sur l'Ars Donati et sa diffusion (IVe-IXe siècle) et édition critique*, Paris, CNRS.

HUGUET, Edmond (1925-1967) *Dictionnaire de la langue française du XVIe siècle*, 7 volumes, Paris, Champion, puis Didier. En ligne sur le site Classiques Garnier Numérique.

HUNT, Tony (1991) *Teaching and Learning Latin in Thirteenth Century England*, 3 vol. (I. Texts ; II. Glosses ; III. Indexes), Cambridge, D. S. Brewer.

INGHAM, Richard (2006) « Syntactic change in Anglo-Norman and Continental French Chronicles : was there a 'Middle' Anglo-Norman ? », *Journal of French Language Studies* 16/1, p. 25-49.

INGHAM, Richard (2007) « Bilingualism and language education in medieval England », *Multilingualism in the Middle Ages*, en ligne : http://www.wun.ac.uk/external/multilingualism/seminar_archive/07_08_program/ingham.html

INGHAM, Richard (2010a) « Later Anglo-Norman as a contact variety of French ? », *in* R. Ingham ed., *The Anglo-Norman language and its contexts*, Woodbridge, Boydell, p. 8-25.

INGHAM, Richard (2010b) « The Transmission of Anglo-Norman », *in* R. Ingham ed., *The Anglo-Norman language and its contexts*, Woodbridge, Boydell, p. 164-182.

INGHAM, Richard (2010c) « L'anglo-normand et la variation syntaxique en français médiéval », *in* Maria Iliescu, Heidi M. Siller-Runggaldier et Paul Danler éd., *Actes du XXVe Congrès international de linguistique et de philologie romanes (Innsbruck, 3-8 septembre 2007)*, Berlin, Walter de Gruyter, vol. 6, p. 163-174.

INGHAM, Richard (2011) « The Decline of Bilingual Competence in French in Medieval England : Evidence from the PROME Database », *in* Nils Langer, Steffan Davies & Wim Vandenbussche ed., *Language and History, Linguistics and Historiography – Interdisciplinary Problems and Opportunities*, Berne, Peter Lang, p. 271-292.

INGHAM, Richard (2012) *The Transmission of Anglo-Norman : Language History and Language Acquisition*, Amsterdam & New York, John Benjamins (Language Faculty and Beyond, 9).

INGHAM, Richard (2014) « Chapter Three. Contact with French as a factor in the rise of English elliptical discourse constructions », *in* Henry Tyne, Virginie André, Christophe Benzitoun, Alex Boulton, Yan Greub ed., *French through Corpora: Ecological and Data-driven Perspectives in French Language Studies*, Cambridge, Cambridge Scholars Publishing, p. 26-45.

INGHAM, Richard (à par.) « John Gower, poète anglo-normand : perspectives linguistiques sur *Le Myrour de l'Omme* », Rome, La Sapienza, 1er mars 2013.

INGHAM, Richard ed. (2010) *The Anglo-Norman language and its contexts*, Woodbridge, Boydell.

JOLY, Geneviève (2002) *Précis d'ancien français, Morphologie et syntaxe*, Paris, Armand Colin.

JOHNSTON, Ronald Carlyle ed. (1987) *Orthographia Gallica*, Londres, Anglo-Norman Text Society (Plain Texts Series, 5).

KIBBEE, Douglas A. (1979) *The Establishment of the French Grammatical Tradition, 1530-1580, Thèse (Ph.D)*, Indiana University [notamment p. 104-117 : *Barton – The First Real Grammar*].

KIBBEE, Douglas A. (1989a) « L'enseignement du français en Angleterre au XVIe siècle », *in* P. Swiggers & W. Van Hoecke éd., p. 54-77.

KIBBEE, Douglas A. (1989b) « Enseigner la prononciation du français au seizième siècle », *Documents de la Société Internationale pour l'Histoire du Français Langue Étrangère ou Seconde*, 3, p. 15-20.

KIBBEE, Douglas A. (1991) *For to Speke Frenche Trewely. The French Language in England, 1000-1600, its Status, Description and Instruction*, Amsterdam, John Benjamins (SiHoLS 60) [en particulier p. 86-92].

KIBBEE, Douglas A. (1996) « Emigrant languages and acculturation : the case of Anglo-French », *in* Hans Frede Nielsen & Lene Schøsler ed., *The origins and development of emigrant languages*, Denmark, Odense, Odense University Press, p. 1-20.

KIBBEE, Douglas A. (2000) « Historical Perspectives on the place of Anglo-Norman in the history of the French language », *French Studies*, 54/2, p. 137-153.

KRISTOL, Andres Max (1989) « Le début du rayonnement parisien et l'unité du français au Moyen Âge : le témoignage des manuels d'enseignement du français publiés en Angleterre entre le XIIIe et le début du XVe siècle », *Revue de linguistique romane*, 53, p. 335-367.

KRISTOL, Andres Max (1990) « L'enseignement du français en Angleterre (XIIIe-XVe siècles). Les sources manuscrites », *Romania*, 111/3-4, p. 289-330.

KRISTOL, Andres Max (1990-1991) « Un nouveau fragment de manière de langage : Lincoln, Linc. Arch. Off., Formulary 23 », *Vox Romanica*, 49/50, 311-341. En ligne : http://retro.seals.ch/digbib/fr/view?rid=vxr-001:1990-1991:49-50::321&id=home&id2=browse4&id3=

KRISTOL, Andres Max (1994) « La prononciation du français en Angleterre au XVe siècle », *in* Jacqueline Cerquiglini & Olivier Collet éd., *Mélanges de philologie et de littérature médiévale offerts à Michel Burger*, Genève, Droz, p. 67-87.

KRISTOL, Andres Max éd. (1995) *Manières de langage (1396, 1399, 1415)*, Édition et introduction linguistique, Londres, Anglo-Norman Text Society, vol. 53.

KRISTOL, Andres Max (1998) « Comment on apprenait le français au Moyen Âge : ce qu'il nous reste à apprendre », *ARBA. Acta Romanica Basiliensia* 8, p. 177-197.

KRISTOL, Andres Max (2000a) « L'intellectuel "anglo-normand" face à la pluralité des langues : le témoignage implicite du ms. Oxford, Magdalen 188 », *in* David A. Trotter ed., *Multilingualism in later medieval Britain*, Cambridge, D. S. Brewer, p. 37-52.

KRISTOL, Andres Max (2000b) « Les premières descriptions grammaticales du français », *in* Sylvain Auroux, E. F. K. Koerner, Hans-Josef Niederehe, Kees Versteegh ed., *History of the Language Sciences – An International Handbook on the Evolution of the Study of Language from the Beginnings to the Present.* Berlin, W. de Gruyter, Vol. 1, p. 764-770.

KRISTOL, Andres Max (2001) « Le ms. lat. 188 de Magdalen College Oxford : une "pierre de Rosette" de l'enseignement médiéval du français en Angleterre ? », *Vox Romanica* 60, p. 149-167.

KRISTOL, Andres Max (à par.) « Les 'transcriptions phonétiques' du *Femina* (Trinity College Cambridge, ms. B.14.40, vers 1415) et le français parlé en Angleterre à la fin du Moyen Âge : une tentative de réhabilitation », *in* Dominique Lagorgette éd., *Actes du 2e colloque « Repenser l'histoire du français »*, Université de Savoie, Chambéry, 13-15 octobre 2011.

LAGARDE, Jean-Pierre (1985) « L'influence de Donat et de Priscien sur la description du pronom au XVIe siècle », *Verbum, De la plume d'oie à l'ordinateur, études de philologie et de linguistique offertes à Hélène Naïs*, p. 263-275.

LALLOT, Jean (1998) *La grammaire de Denys le Thrace*, traduite et annotée par J. Lallot, Paris, CNRS Éditions.

LALLOT, Jean, ROSIER-CATACH, Irène éd. (2005) *L'autonymie*, *Histoire Épistémologie Langage* 27/1.

LAMBLEY, Kathleen (1920) *The Teaching and Cultivation of the French Language in England during Tudor and Stuart Times*, Manchester, Manchester University Press.

LARDON, Sabine, THOMINE, Marie-Claire (2009) *Grammaire du français de la Renaissance*, Paris, Éditions Classiques Garnier.

LE BRIZ, Stéphanie et VEYSSEYRE Géraldine dir. (2010) *Approches du bilinguisme latin-français au Moyen Âge – Linguistique, codicologie, esthétique*, Turnhout, Brepols.

LEGGE, Mary Dominica ed. (1941) *Anglo-Norman letters and petitions from All Souls M. S. 182*, Oxford, B. Blackwell (the Kemp Hall press). Reprint : New-York / Londres, Johnson.

LEGGE, Mary Dominica (1980) « Anglo-Norman as a Spoken Language », *in* R. Allen Brown ed., *Proceedings of the Battle Conference on Anglo-Noman Studies II-1979*, Woodbridge, The Boydell Press, p. 108-117.

LOCKWOOD, William Burley (1975) *Languages of the British Isles, past and present*, Londres, A. Deutsch.

LODGE, R. Anthony (1997) *Le français. Histoire d'un dialecte devenu langue*, traduit de l'anglais par Cyril Veken, Paris, Fayard [*French, from Dialect to Standard*, Londres & New York, Routledge, 1993].

LUSIGNAN, Serge (1987) *Parler vulgairement. Les intellectuels et la langue française aux* XIIIe *et* XIVe *siècles*, Paris / Montréal, Vrin / Presses de l'Université de Montréal.

LUSIGNAN, Serge (2004) *La langue des rois au Moyen Âge : le français en France et en Angleterre*, Paris, Presses universitaires de France.

LUSIGNAN, Serge (2011) « Le français médiéval : histoire d'une langue plurielle », *in* S. Lusignan, France Martineau, Yves-Charles Morin et Paul Cohen, *L'introuvable unité du français. Normes, contacts et variations linguistiques en Europe et en Nouvelle France (XII*^e^*-XVIII*^e^ *siècle)*, Québec, Presses de l'Université Laval, p. 5-107.

MARCHELLO-NIZIA, Christiane (1979) *Histoire de la langue française aux* XIVe *et* XVe *siècles*, Paris, Bordas.

MARCHELLO-NIZIA, Christiane (1995) *L'évolution du français : ordre des mots, démonstratifs, accent tonique*, Paris, Armand Colin.

MARCHELLO-NIZIA, Christiane (1997) *La langue française aux* XIVe *et* XVe *siècles*, Paris, Nathan. Version remaniée de Marchello-Nizia 1979.

MARCHELLO-NIZIA, Christiane (2000) « Les grammaticalisations ont-elles une cause ? Le cas de *beaucoup*, *moult* et *tres* en moyen français », *L'information grammaticale*, 87, p. 3-9.

MARSHALL, J. H. (1969) *The Donatz Proensals of Uc Faidit*, Londres, Oxford University Press.

MARTIN, Robert, WILMET, Marc (1980) *Syntaxe du moyen français* (Manuel du français du Moyen Âge, 2), Bordeaux, SOBODI.

MERRILEES, Brian (1982) « Anglo-Norman Literature », *in* Joseph R. Strayer ed., *Dictionary of the Middle Ages*, 13 vol., 1982-1989, New York, Charles Scribener's sons, vol. I, p. 259-272.

MERRILEES, Brian (1987) « Teaching Latin in French : Adaptations of Donatus' *Ars minor* », *Fifteenth-Century Studies*, 12, p. 87-98.

MERRILEES, Brian (1988) « Les débuts de la terminologie grammaticale en français : à propos de quelques travaux récents », *Romania*, 109, p. 397-411.

MERRILEES, Brian (1990) « L'*Art mineur* français et le curriculum grammatical », *Histoire Épistémologie Langage*, 12/2, p. 15-29.

MERRILEES, Brian (1993) « Donatus and the Teaching of French in Medieval England », *in* Ian Short dir., *Anglo-Norman Anniversary Essays*, Londres, Anglo-Norman Text Society, p. 273-291 [en particulier, p. 278-281].

MERRILEES, Brian, DALZELL, Ann (1990a) « Les manuscrits de l'*Art mineur* en ancien et moyen français », *Archives et Documents de la Société d'Histoire et d'Épistémologie des Sciences du Langage*, seconde série, 4, p. 27-44.

MERRILEES, Brian, DALZELL, Ann (1990b) « L'*Art mineur* de Vatican, Bibliotheca Apostolica Vaticana, Vat. lat. MS 1479 », *Archives et Documents de la Société d'Histoire et d'Épistémologie des Sciences du Langage*, seconde série, 4, p. 45-52.

MERRILEES, Brian, SITARZ FITZPATRICK, Beata (1993) *Liber Donati, A*

Fifteenth-Century Manual of French, Londres, Anglo-Norman Text Society, Plain Texts Series, 9.

MOK, Q. I. M. (1975) « Un traité médiéval de syntaxe latine en français », *Mélanges de linguistique et de littérature offerts à Lein Geschiere*, Amsterdam, Rodopi, p. 37-53.

MONSONÉGO, Simone, DERNIAME, Odile (1998) « Vocabulaire de la syntaxe au XVe siècle d'après quelques documents en français », *in* Charles Brucker dir., *Mélanges de langue et de littérature françaises du Moyen Âge offerts à Pierre Demarolle*, Paris, Honoré Champion, p. 175-192.

MORIN, Yves Charles (2009). « Histoire des systèmes phonique et graphique du français », *in* Gerhard Ernst, Martin-Dietrich Gleßgen, Christian Schmitt et Wolfgang Schweickard (dir.), *Romanische Sprachgeschichte / Histoire linguistique de la Romania – Ein internationales Handbuch zur Geschichte der romanischen Sprachen / Manuel international d'histoire linguistique de la Romania*, t. 3, Berlin / New York, Mouton de Gruyter, p. 2907-2926.

ORMROD, William Mark (2003) « The Use of English : Language, Law, and Political Culture », *Speculum* 78, p. 772-781.

PONCHON, Thierry (1994) *Sémantique lexicale et sémantique grammaticale : le verbe* Faire *en français médiéval*, Genève, Droz.

POPE, Mildred Katherine (1952 [1934]) *From Latin to Modern French with especial consideration of Anglo-Norman : phonology and morphology*, Manchester, University Press.

POWER, Daniel (2004) *The Norman Frontier in the Twelfth and Early Thirteenth Centuries*, Cambridge, Cambridge University Press.

PRICE, Glanville (1985) « Anglo-Norman », *in* Glanville Price ed., *The languages of Britain*, Londres, E. Arnold, p. 217-231.

REY, Alain, DUVAL, Frédéric, SIOUFFI, Gilles (2011 [2007]) *Mille ans de langue française, histoire d'une passion*, 2 vol. (I. Des origines au français moderne ; II. Nouveaux destins), Paris, Perrin (coll. Tempus).

RICHARDSON, Henry Gerald (1943) « Review » of Legge 1941, *English Historical Review*, 58, p. 222-230.

RICHTER, Michael (1979) *Sprache und Gesellschaft im Mittelalter. Untersuchungen zur mündlichen Kommunikation in England von der Mitte des elften bis zum Beginn des vierzehnten Jahrhunderts*, Stuttgart, Hiersemann.

ROSIER[-CATACH], Irène (1995) « Les grammaires médiévales en vernaculaire des vernaculaires » (3e partie de : G. Dahan, I. Rosier et L. Valente, « L'arabe, l'hébreu, le grec et les vernaculaires »), *in* S. Ebbesen ed., *Sprachtheorien in Spätantike und Mittelalter*, Tübingen, Gunter Narr, p. 291-303.

ROSIER-CATACH, Irène (2011) « La *Suppositio materialis* et la question de l'antonymie au Moyen Âge », *in* Jacqueline Authiez-Revuz, Marianne

Doury, Sandrine Reboul-Touré dir., *Parler des mots, Le fait autonymique en discours*, Paris, Presses Sorbonne Nouvelle, p. 21-55.

ROSIER, Irène, STÉFANINI, Jean (1990) « Théories médiévales du pronom et du nom général », *in* G. L. Bursill-Hall, Sten Ebbesen & Konrad Koerner ed., *De Ortu Grammaticae, Studies in medieval grammar and linguistic theory in memory of Jan Pinborg*, Amsterdam, John Benjamins (SiHoLS 43), p. 285-303.

ROTHWELL, William (1968) « The Teaching of French in Medieval England », *The Modern Language Review*, 63/1, p. 37-46.

ROTHWELL, William (1993) « The "faus français d'Angleterre" : later Anglo-Norman », *in* Ian Short ed., *Anglo-Norman anniversary essays*, London, Anglo-Norman Text Society, p. 309-326.

ROTHWELL, William (1996) « Playing "follow my leader" in Anglo-Norman Studies », *Journal of French Language Studies*, 6, p. 177-210.

ROTHWELL, William (2000) « Aspects of Lexical and Morphosyntactical Mixing in the Languages of Medieval England », *in* David A. Trotter ed., *Multilingualism in later medieval Britain*, Cambridge, D. S. Brewer, p. 213-232.

ROTHWELL, William (2001a) « English and French in England after 1362 », *English Studies*, 82, p. 539-559.

ROTHWELL, William (2001b) « The Teaching and Learning of French in Later Medieval England », *Zeitschrift für französische Sprache und Literatur*, 111, p. 1-18.

ROTHWELL, William ed. (1990) *Walter of Bibbesworth 'Le Tretiz'*, Londres, Anglo-Norman Text Society, Plain Texts Series 6. Republished (2002) The Anglo-Norman On-Line Hub. http://www.anglo-norman.net/texts/bibbes-contents.html

ROTHWELL, William ed. (2005) *Femina (Trinity Collge, Cambridge MS B. 14.40, edited with an Introduction and Notes*, The Anglo-Norman On-Line Hub (University of Wales Aberystwyth, UK, and University of Wales Swansea, UK). http://www.anglo-norman.net/texts/femina.rtf

SHORT, Ian (2009) « L'Anglo-normand au siècle de Chaucer : un regain de statistiques », *in* Claire Kappler & Suzanne Thiolier-Méjean éd., *Le Plurilinguisme au Moyen Age : Orient – Occident, de Babel à la langue une*, Paris, L'Harmattan, p. 67-77.

SHORT, Ian (2010) « Another Look at "le faus franceis" », *Nottingham Medieval Studies*, 54, p. 35-55.

SOUTET, Olivier (1992) *Études d'ancien et de moyen français*, Paris, PUF (Linguistique nouvelle).

STÄDTLER, Thomas (1988) *Zu den Anfängen der französischen Grammatiksprache. Textausgaben und Wortschatzstudien*, Tübingen, Niemeyer [*Donait françois* : p. 128-137].

STENGEL, Edmund (1879) « Die ältesten Anleitungsschriften zur Erlernung der französischen Sprache », *Zeitschrift für neufranzözische Sprache und Litteratur*, 1, 1879, p. 1-40 [*Donait françois* : p. 25-33].

STENGEL, Edmund (1890) *Chronologisches Verzeichnis französischer Grammatiken, vom Ende des 14. bis zum Ausgange des 18. Jahrhunderts nebst Angabe der bisher ermittelten Fundorte derselben*, Oppeln, Eugen Franck [Neu herausgegeben mit einem Anhang von Hans-Josef Niederehe, Amsterdam, John Benjamins, SiHoLS 8, 1976].

STREUBER, Albert (1962) « Die ältesten Anleitungsschriften zur Erlernung des Französischen in England und den Niederlanden bis zum 16. Jahrhundert », *Zeitschrift für französische Sprache und Literatur*, 72, p. 37-86 ; p. 186-211 [sur le *Donait françois* : p. 200-210].

SWIGGERS, Pierre (1984) « La plus ancienne grammaire du français », *Medioevo Romanzo*, 9/2, p. 183-188.

SWIGGERS, Pierre (1985a) « Le *Donait françois* : la plus ancienne grammaire du français. Édition avec introduction », *Revue des langues romanes*, 89/2, p. 235-251 [*Donait françois* : p. 240-251].

SWIGGERS, Pierre (1985b) « Un emploi du mot *épiloge* en moyen français », *Zeitschrift für romanische Philologie*, 101, p. 413-416.

SWIGGERS, Pierre (1986) « *Miel à enbeure* : un nom complectif », *Revue de linguistique romane*, 50, p. 129-132.

SWIGGERS, Pierre (1988) « Les premières grammaires des vernaculaires gallo-romans face à la tradition latine : stratégies d'adaptation et de transformation », *in* Irène Rosier dir., *L'héritage des grammairiens latins de l'Antiquité aux Lumières*, Leuven, Peeters, p. 259-269.

SWIGGERS, Pierre (1989) « Les premières grammaires occitanes : les *Razos de trobar* de Raimon Vidal et le *Donatz proensals* d'Uc (Faidit) », *Zeitschrift für romanische Philologie*, 105, p. 134-147.

SWIGGERS, Pierre (1990) « Französisch : Grammatikographie », *in* Günter Holtus, Michael Metzeltin, Christian Schmitt ed., *Lexikon der romanistischen Linguistik*. Tübingen, Niemeyer, vol. 5/1, p. 843-869 [spécialement, p. 844-845].

SWIGGERS, Pierre (1991) « La tradition de l'Ars de Donat et les premières grammaires vernaculaires du français : un moment de conversion », *in* Wolfgang Dahmen, Günter Holtus, Johannes Kramer, Michael Metzeltin et Peter Wunderli ed., *Zur Geschichte der Grammatiken romanischer Sprachen*, Tübingen, Gunter Narr (Romanistisches Kolloquium IV), p. 139-159.

SWIGGERS, Pierre (1997) *Histoire de la pensée linguistique. Analyse du langage et réflexion linguistique dans la culture occidentale, de l'Antiquité au* XIX*e siècle*, Paris, Presses Universitaires de France.

SWIGGERS, Pierre (2001a) « Linguistique et grammaticographie romane », *in* Günter Holtus, Michael Metzeltin, Christian Schmitt ed., *Lexikon der romanistischen Linguistik*, Tübingen, Niemeyer, vol. 1/1, p. 36-121 [spécialement, p. 45-46].

SWIGGERS, Pierre (2001b) « L'histoire des grammaires et des manuels de langue romane dans la Romania (et dans les pays en partie romanophones) », *in* Günter Holtus, Michael Metzeltin, Christian Schmitt ed., *Lexikon der romanistischen Linguistik*, Tübingen, Niemeyer, vol. 1/1, p. 476-505, 506-517 et 526-532 [spécialement, p. 506-507].

SWIGGERS, Pierre (2003) « Continuités et discontinuités, tension et synergie : les rapports du latin et des langues vernaculaires, reflétés dans la modélisation grammaticographique », *in* Michèle Goyens & Werner Verbeke ed., *The Dawn of the Written Vernacular in Western Europe*, Leuven, Leuven University Press, p. 71-105 [spécialement, p. 80-88].

SWIGGERS, Pierre (2009) « John [Johan] Barton », *in* Harro Stammerjohann ed., *Lexicon grammaticorum, A Bio-Bibliographical Companion to the History of Linguistics*, 2 vol., Tübingen, Niemeyer, p. 750-752.

SWIGGERS, Pierre, VAN HOECKE, Willy éd. (1989) *La langue française au XVIe siècle : usage, enseignement et approches descriptives*, Leuven, Leuven University Press / Peeters.

TOBLER, Adolf, LOMMATZSCH, Erhard (1925-1995) *Altfranzösisches Wörterbuch*, Wiesbaden, Franz-Steiner-Verlag.

TROTTER, David A. (2000) « Anglo-Norman », *in* Glanville Price ed., *Languages of the British Isles*, Oxford, Blackwell, p. 197-206.

TROTTER, David A. (2003a) « L'anglo-normand : variété insulaire, ou variété isolée », *Médiévales*, 45, p. 43-54.

Téléchargeable à l'adresse : http://medievales.revues.org/760.

TROTTER, David A. (2003b) « Not as eccentric as it looks : Anglo-French and French French », *Forum for Modern Language Studies*, 39, p. 427-438.

TROTTER, David A. (à par.) « Peut-on parler de variation interne dans l'anglo-normand ? », *in* Dominique Lagorgette éd., *Actes du 2e colloque « Repenser l'histoire du français »*, Université de Savoie, Chambéry, 13-15 octobre 2011.

TROTTER, David A. ed. (2000) *Multilingualism in later Medieval Britain*, Cambridge, D. S. Brewer.

WATSON, Andrew G. (1997) *A Descriptive Catalogue of the Medieval Manuscripts of All Souls College Oxford*, Oxford, Oxford University Press.

WOGAN-BROWNE Jocelyn *et al.* ed. (2009) *Language and Culture in Medieval Britain : The French of England, c. 1100-c. 1500*, York Medieval Press.

ZINK, Gaston (1989) *Morphologie du français médiéval*, Paris, Presses universitaires de France.

INDEX DES TERMES MÉTALINGUISTIQUES[1]

1 Nous renvoyons aux pages de la transcription adaptée (pages paires). Pour éclairer les termes ici répertoriés, le lecteur pourra se reporter avec profit aux deux glossaires copieux et fort utiles de Städtler (1988, p. 153-300) et de Colombo Timelli (1996, p. 80-135). Est également intéressante la liste des métatermes donnée par Rothwell (2001, p. 14) pour montrer que l'ouvrage s'adresse plus à des étudiants avancés qu'à des débutants.

INDEX DES TERMES CITÉS ET DES EXEMPLES[1]

1 Nous renvoyons aux pages de la transcription adaptée (pages paires).

TERMES LATINS

TABLE DES MATIÈRES

DONAIT FRANÇOIS

IMPRIM'VERT®

Achevé d'imprimer par Corlet Numérique,
à Condé-sur-Noireau (Calvados), en juin 2015
N° d'impression : 119260 – Dépôt légal : juin 2015
Imprimé en France